U0498770

郑 军◎著

寿险业助推乡村振兴战略的
制度创新研究

SHOUXIANYE ZHUTUI XIANGCUN ZHENXING ZHANLÜE DE
ZHIDU CHUANGXIN YANJIU

中国财经出版传媒集团

经济科学出版社
Economic Science Press

·北京·

图书在版编目（CIP）数据

寿险业助推乡村振兴战略的制度创新研究／郑军著
. --北京：经济科学出版社，2023.12
ISBN 978 - 7 - 5218 - 5509 - 8

Ⅰ.①寿…　Ⅱ.①郑…　Ⅲ.①农村 - 人寿保险 - 研究
- 中国　Ⅳ.①F842.622

中国国家版本馆 CIP 数据核字（2024）第 009266 号

责任编辑：杜　鹏　武献杰　常家凤
责任校对：郑淑艳
责任印制：邱　天

寿险业助推乡村振兴战略的制度创新研究
郑　军◎著
经济科学出版社出版、发行　新华书店经销
社址：北京市海淀区阜成路甲 28 号　邮编：100142
编辑部电话：010 - 88191441　发行部电话：010 - 88191522
网址：www. esp. com. cn
电子邮箱：esp_bj@ 163. com
天猫网店：经济科学出版社旗舰店
网址：http://jjkxcbs. tmall. com
固安华明印业有限公司印装
710 × 1000　16 开　15.25 印张　230000 字
2023 年 12 月第 1 版　2023 年 12 月第 1 次印刷
ISBN 978 - 7 - 5218 - 5509 - 8　定价：118.00 元
（图书出现印装问题，本社负责调换。电话：010 - 88191545）
（版权所有　侵权必究　打击盗版　举报热线：010 - 88191661
QQ：2242791300　营销中心电话：010 - 88191537
电子邮箱：dbts@ esp. com. cn）

前　言

　　党的二十大报告中提出要"全面推进乡村振兴……加快建设农业强国"，为新时代"三农"工作提供新思路，也为解决当前我国社会主要矛盾和农村现实问题提出新要求。2018 年，中共中央、国务院在《乡村振兴战略规划（2018－2022 年）》中强调，乡村振兴战略是建设现代化经济体系的重要基础，乡村兴则国家兴，乡村衰则国家衰。2021 年，党的十九届六中全会强调，立足新发展阶段、贯彻新发展理念、构建新发展格局、推动高质量发展。《中国银保监会办公厅关于 2021 年银行业保险业高质量服务乡村振兴战略的通知》提出优化"三农"金融服务体系和机制，构建层次分明、优势互补的服务体系。2023 年，中央一号文件提出"推动乡村产业高质量发展"，以及通过"发挥多层次资本市场支农作用，优化"保险和期货""支持以市场化方式设立乡村振兴基金"。寿险业作为现代重要金融服务业的重要组成部分，引导更多资源配置到农村经济社会发展的重点领域和薄弱环节，通过保障和改善民生、完善农村产业服务体系，有效助推乡村振兴战略。风险保障是保险的本源，寿险业解决退休、养老、医疗问题是发挥保险社会"稳定器"作用的重要途径。寿险业还能通过业务拓展延长养老、医疗等相关产业链，通过创新资金投入机制支持农村小微企业、特色产业发展，完善农村产业服务体系。我国寿险业经过近 40 年的飞速发展，寿险业服务经济社会发展的能力不断提升。2022 年，我国寿险原保险保费收入超过 3.42 万亿元，寿险业务给付 3791 亿元①，寿险业在助推乡村振兴战略中的作用日益重要。

寿险业助推乡村振兴战略，实现高质量发展，必须持续提升服务经济社会发展质效。为了增强保险的风险保障和服务民生的功能，中国人寿累计开发推广扶贫保险产品 110 余款，为贫困户提供风险保障超过 12 万亿元，大病保险覆盖 4 亿城乡居民，赔付超过 1000 亿元②。创新是引领发展的第一动力，制度创新是寿险业助推乡村振兴战略新的发展方向。然而，寿险业助推乡村振兴战略要从哪些层面进行制度创新？制度创新对于寿险业助推乡村振兴战略的效果如何？怎样探索寿险业助推乡村振兴战略制度创新的实现路径？以上问题显然已成为寿险业助推乡村振兴战略制度创新必须解决的重点和难点。对上述问题的理论分析和实证研究，不仅是对寿险业助推乡村振兴战略相关理论的补充和完善，也为寿险业高质量发展以及助推乡村振兴战略提供决策依据和政策建议。

基于上述背景，本书作者综合应用制度创新理论、乡村振兴理论、戴蒙德模型、汉密尔顿模型、时间序列分析、面板分析等相关理论和研究方法，以寿险业的制度体系为研究对象，结合寿险业发展困境和乡村振兴战略相关要求，对寿险业助推乡村振兴战略的制度创新进行理论分析和实证研究，以试图解答三个问题。

问题一：寿险业助推乡村振兴战略如何进行制度创新？

问题二：如何对寿险业助推乡村振兴战略的制度创新效果进行实证检验？

问题三：寿险业助推乡村振兴战略的制度创新应提出怎样的

---

① 国家统计局 . 2022 年国民总收入 1197215 亿元，增长 2.8% ［EB/OL］. ［2023 - 02 - 28］. http：//www. ce. cn/xwzx/gnsz/gdxw/202302/28/t20230228_38416896. shtml.

② 共筑乡村振兴梦 中国人寿为"三农"发展保驾护航 ［EB/OL］. ［2021 - 04 - 01］. https：// m. chinanews. com/wap/detail/zw/business/2021/04 - 01/9445572. shtml.

政策建议？

本书的主要内容和结论陈述如下。

内容一：寿险业助推乡村振兴战略制度创新的理论框架研究。

乡村振兴战略是新时代"三农"工作的总抓手，为寿险业高质量发展提供契机。寿险业通过保障和改善民生、完善农村产业服务体系，能够更好地促进乡村振兴战略的实施。本书基于制度创新理论，结合寿险业面临的现实困境和乡村振兴战略的发展要求，在拓展寿险业助推乡村振兴战略制度创新的内涵和外延的基础上，尝试从产品、技术、市场、资源配置和组织五个维度构建一个寿险业助推乡村振兴战略制度创新的理论框架，具体包括：第一，通过多元化产品制度创新，实现寿险产品适配乡村产业发展，推动产业振兴；第二，通过现代化信息技术制度创新，创造寿险人才需求和就业市场，实现人才振兴；第三，通过农村寿险市场普及创新，逐渐构造和完善个人保障的意识和氛围，推动文化振兴；第四，通过绿色产业资源投入制度创新，支持生态产业发展，推动生态振兴；第五，通过加大寿险组织与农村组织协调创新实现组织制度创新，推动组织振兴。

内容二：寿险业助推乡村振兴战略制度创新的实证检验研究。

根据创新理论，制度创新要从产品、技术、市场、资源配置和组织五个层面进行。本书的实证分析以此为基础，分别从多元产品制度创新、信息化制度创新、市场普及创新、资源投入制度创新、组织制度创新五个维度，对寿险业助推乡村振兴战略制度创新进行实证研究，具体包括：第一，通过戴蒙德模型，探究普惠型商业养老保险与土地流转的关系，构建了寿险业助推产业振兴的实证模型；第二，通过时间序列分析，验证信息化技术制度创新的经济效应，构建了寿险业助推人才振兴的实证模型；第三，通过面板分析，探究农村寿险市场普及创新与农村社会保障水平的关系，构建了寿险业助推文化振兴的实证模型；第四，通过汉密尔顿模型，建立资金余额投资与乡村生态产业发展之间的关系，构建了寿险业助推生态振兴的实证模型；第五，结合柯布—道格拉斯生产函数模型，提出保险与政府的合作关系对乡村组织建设的影响，构建了寿险业助推组织振兴的实证模型。

内容三：寿险业助推乡村振兴战略制度创新的政策建议研究。

制度创新是寿险业助推乡村振兴战略新的发展方向，制度创新离不开良好的政策环境以及科技和人才的支持。因此，寿险业助推乡村振兴战略的制度创新，要以政策体系的完善化增强制度创新的合法性、以人才和科技的中心化促进制度创新的可持续性。不同地区寿险业助推乡村振兴战略面临着不同的困境，寿险业助推乡村振兴战略的制度创新还要通过监管考核的差异化促进制度创新的有效性。对于保险服务得不到满足的农村地区，寿险企业要统筹经济效益和社会效益，提高寿险服务的可得性。此外，寿险业助推乡村振兴战略的制度创新还要结合各个维度的研究内容和结论提出具体的政策建议：第一，以多层次、全方位、宽领域为目标创新寿险产品和服务；第二，线上线下相结合创新寿险普及方式助推文化振兴；第三，加强信息化制度创新的经济效应转化助推人才振兴；第四，协同投资规模和结构创新资源配置助推生态振兴；第五，借助信息技术探索寿险业组织制度创新的多方合作模式。

本书的出版旨在为寿险业助推乡村振兴战略的制度创新提供决策支持。

感谢伍安琪、蒋成飞、王真、王浩南、徐天宇、郭晓晴、马田田等在数据收集整理及部分观点撰写等方面作出的贡献。由于作者知识水平与时间精力有限，本书可能存在不足之处，恳请广大读者批评指正。

郑　军

2023 年 11 月

目　　录

| 第一章 |

引　言

本章首先分析了寿险业助推乡村振兴战略的制度创新的研究背景、目的与意义，对寿险业助推乡村振兴战略制度创新的相关文献进行梳理与评述；其次，分析本书的研究框架与主要内容；最后，阐明本书的研究方法，并总结主要创新与不足之处。

第一节　研究背景、目的及意义

随着人口老龄化的加剧以及寿险业服务经济社会能力的提升，其助推乡村振兴战略的作用日益重要。本节研究寿险业制度创新的背景，并对其助推乡村振兴战略制度创新的目的进行探究，分析其理论与现实意义。

一、研究背景

（一）寿险业助推乡村振兴战略是应对农村老龄化加剧的现实需要

党的十九届六中全会强调，要立足新发展阶段、贯彻新发展理念、构建新发展格局、推动高质量发展，践行以人民为中心的发展思想。改革开放以来，特别是中国特色社会主义进入新时代以来，我国经济社会等各领域都取得了长足发展，但我国还没有完成现代化发展进程，老龄化就已经提前到来。在过去的几十年里，我国人口结构发生了巨大变化，老龄化程度不断增强。2021 年公布的第七次全国人口普查数据显示：2020 年，我国 65 岁以上人口占总人口的比例为 13.5%，有 30 个省份 65 岁以上人口比例超过 7%，有 12 个省份 65 岁以上人口比例超过 14%，其中，60 岁和 65 岁以上乡村常住人口比重分别高出城市 7.99 个百分点和 6.61 个百分点[①]。受农村人口预期寿命提高和农村劳动力转移等因素的影响，我国农村人口老龄化形势更加严峻。此外，农村应对人口老龄化的经济实力不强、社会保障水平不高、养老医疗服务体系不完善。因此，积极应对人口老龄化，关键是农村，突出短板也在农村。人口作为经济社会发展的基础性要素，也是我国实现乡村振兴战略目标的基础条件（刘厚莲和张刚，2021）。寿险业具有保障和改善民生功能，对于解决农村养老、健康、医疗等人口老龄化问题具有重要意义。2021 年，中国人寿以承办大病保险、补充医疗保险、长期护理保险、老龄保险等业务为抓手，支持积极应对人口老龄化的国家战略。全国 33 家分公司开展老年人意外险业务，承保超过 2830 万老龄人口[②]。寿险业助推乡村振兴战略是应对农村人口老龄化现实需要。

（二）寿险业助推乡村振兴战略体现农村金融体制改革要求

乡村振兴战略的提出为解决"三农"问题提供了新思路，是新时代"三农"工作的总抓手。金融是现代经济运行的血液，实施乡村振兴战略离不开金融的支持。党的二十大报告强调，"深化金融体制改革""强化金融稳定保障体系""完善农业支持保护制度，健全农村金融服务体系"。乡村振兴战略需要金融机构提供更多的、更有效的金融服务，但是当前农村金融在机构设置、服务方向、政策保障等方面存在着很大的滞后性（陈放，2018）。《中国银保监会办公厅关于 2021 年银行业保险业高质量服务乡村振兴战略的通知》提出优化"三农"金融服务体系和机制，构建层次分明、

---

① 国家统计局. 第七次人口普查主要数据 [EB/OL]. [2021 – 11 – 17]. https：//www. stats. gov. cn/sj/pcsj/rkpc/d7c/.

② 喜报！中国人寿斩获多项方舟奖 [EB/OL]. [2021 – 11 – 17]. https：//baijiahao. baidu. com/s? id = 1716641342618415215&wfr = spider&for = pc.

优势互补的服务体系。金融助推乡村振兴战略必须改革农村金融体制、健全农村金融体系。2021 年，中国人寿寿险公司全力服务第三支柱养老保障体系建设，大病保险承保 220 多个项目，覆盖近 3.6 亿城乡居民，长期护理保险承办 57 个项目，覆盖 2200 多万人①。随着农村人口老龄化加剧，农村养老政策体系的不完整和养老服务体系的不健全影响着农村经济的发展和乡村振兴战略的推进。乡村振兴战略的实施必须建立完善的农村金融服务体系。寿险业作为现代重要金融服务业，能通过保障和改善民生、服务实体经济，促进社会公平和社会和谐，引导更多资源配置到经济社会发展的重点领域和薄弱环节，对助推乡村振兴具有重要作用。

（三）寿险业助推乡村振兴战略具有独特优势

农民是乡村振兴战略的主体，与构建农业现代产业体系、基础设施建设、公共服务供给等密切相关（韩长赋，2019）。寿险业助推乡村振兴战略的独特优势可以概括为保障和改善民生以及完善农村产业服务体系两个方面。

1. 寿险业具有保障和改善民生的功能优势。党的十九届六中全会强调，坚持在发展中保障和改善民生。为了提升我国农村居民的社会保障水平，我国 2009 年就建立新型农村社会养老保险，并于 2014 年建立了全国统一的城乡居民养老保险制度。由于负担能力低，农村居民大多选择低档次缴费，保障水平弱。2021 年前三季度，我国居民人均医疗保健支出为 1557 元，而农村居民人均医疗保健支出仅为 1171 元②。农村基本养老保险只是为农村居民提供了最基本的社会保障，随着农村人口老龄化加剧，农村民生需求不仅仅局限于养老问题，农村健康、医疗问题也成为乡村振兴过程中亟待解决的问题，农村社会保障安全网仍需完善。风险保障是保险的本源，寿险业解决退休、养老、医疗问题是发挥保险社会"稳定器"作用的重要途径。

---

① 中国人寿：2020 年开展 220 余个大病保险项目_覆盖 3.6 亿城乡居民 ［EB/OL］．［2021 - 04 - 22］．https：//finance. eastmoney. com/a2/202104221895754771. html.

② 2021 年前三季度全国居民人均可支配收入 26265 元_实际增长 9.7% ［EB/OL］．［2021 - 10 - 18］．https：//baijiahao. baidu. com/s? id = 1713924156694837729&wfr = spider&for = pc.

2. 寿险业具有完善农村产业服务体系优势。2023 年，中央一号文件强调，"坚持农业农村优先发展，坚持城乡融合发展，全面推进乡村振兴，加快农业农村现代化"。金融资源助推乡村振兴战略，能通过提供有效的金融服务推动农村产业转型发展，完善农村产业服务体系（刘赛红和杨颖，2021）。改革开放以来，与我国工业化、城市化带来的城市繁荣相比，城乡差距不断扩大，乡村逐渐衰落。2021 年前三季度，我国居民人均可支配收入为 26265 元，而农村居民人均可支配收入仅为 13726 元①。长期以来，城乡二元化发展模式导致城乡发展差距拉大，农村居民在收入水平上的落后是突出表现，产业服务体系的不完善是农村地区落后的重要原因。寿险业作为重要的金融资源，能有效服务实体经济发展。寿险业一方面能通过业务拓展延长养老、医疗等相关产业链，另一方面能通过创新资金投入机制支持农村小微企业、特色产业发展，完善农村产业服务体系。

（四）寿险业助推乡村振兴战略是寿险业高质量发展的契机

2022 年 1 月，推动保险业高质量发展座谈会提出，保险业高质量发展要融入国家大局，提升服务社会民生能力②。我国寿险业经历了近四十年的高速增长，2021 年，我国寿险业保费收入超过 3.2 万亿元③，这仅仅表现为市场规模的持续扩大，发展质量仍然较低。我国经济发展进入新常态以后，人口红利消退与经济下行压力加剧，我国寿险业面临更加复杂的经济环境。经济环境的日益复杂以及老龄化风险持续加剧都对寿险业服务经济社会发展的能力提出新的要求。乡村振兴战略的实施提高了农村居民的生活和收入水平，基本医疗、养老保险已经无法满足农村居民的需要，农村寿险产品需求不断增加且向多样化方向转变。面对广阔的农村寿险市场，长期以城市为中心的发展模式导致农村寿险产品供求失衡严重，对于农村老

---

① 2021 年前三季度全国居民人均可支配收入 26265 元_实际增长 9.7% ［EB/OL］.［2021 - 10 - 18］. https：//baijiahao. baidu. com/s? id = 1713924156694837729&wfr = spider&for = pc.

② 中国银保监会召开推动保险业高质量发展座谈会 ［EB/OL］［2022 - 01 - 10］. http://www. cbirc. gov. cn/cn/view/pages/ItemDetail. html? docId = 1030844&itemId = 915.

③ 2021 年中国保险行业现状：全年新增保单件数 489 亿件，保险金额为 12146 万亿元 ［EB/OL］.［2022 - 02 - 25］. https：//www. chyxx. com/industry/202202/996732. html.

龄化风险加剧等问题无法形成有效性解决。乡村振兴战略的提出不仅对寿险业提出新的要求，也给寿险业的高质量发展带来新的契机。服务国家战略、契合"三农"需求明确了当前保险业高质量发展的内涵与要求（张海军，2019）。寿险业助推乡村振兴战略，通过保障和改善民生、服务实体经济等功能在满足农村发展需求、完善农村产业服务体系的同时，实现高质量发展。

二、研究目的

随着农村人口老龄化问题不断加剧以及对养老、健康、医疗等需求不断增加，寿险业助推乡村振兴战略作用日益重要。我国寿险业助推乡村振兴战略面临许多新的问题，如农村寿险业产品结构性失衡、信息化技术缺失、专业人才不足、资源配置的创新和绿色理念不突出等问题，这使得不同群体的多样化需求难以得到满足，不利于提升农村寿险业发展水平。此外，这些问题进一步影响了农村寿险组织发展与完善，难以有效助推乡村振兴战略的实施。创新是引领发展的第一动力，必须进行制度创新才能真正发挥寿险业助推乡村振兴战略的作用，促进农业农村现代化。乡村振兴战略提出以来，农业保险、农村金融助推乡村振兴战略的研究较多，但寿险业助推乡村振兴战略的研究还处于起步阶段。

为此，本书以制度创新为研究视角，在厘清寿险业助推乡村振兴战略制度创新内涵及其外延的基础上，结合熊彼特创新理论和乡村振兴战略五个振兴的发展要求，充分考察了寿险业助推乡村振兴战略在实践中存在的不足和面临的困境。针对上述的诸多问题，从产品、技术、市场、资源配置和组织创新五个层面构建寿险业助推乡村振兴战略制度创新的理论框架，通过建立多元产品制度、信息化制度、市场普及、资源投入制度、组织制度五个维度创新的实证模型进行实证研究，明确了我国寿险业助推乡村振兴战略制度创新的方向，最终为解决上述问题提供了解决思路和具体的对策建议。

三、研究意义

（一）理论意义

1. 构建了寿险业助推乡村振兴战略制度创新的理论框架，为该领域后续研究提供了理论框架借鉴。寿险业助推乡村振兴战略的研究还处于起步阶段，现有研究大多围绕农村金融、农业保险助推乡村振兴战略进行相关研究。

2. 建立了寿险业助推乡村振兴战略制度创新的实证模型，为后续助推乡村振兴战略制度创新的相关实证研究，提供了研究方法借鉴。

3. 提出了寿险业通过制度创新能有效助推乡村振兴战略的观点，为该领域后续研究，提供了研究观点借鉴。

（二）现实意义

1. 在人口老龄化问题不断加剧的情况下，深入研究寿险业助推乡村振兴战略的制度创新，为实施积极应对人口老龄化的国家战略提供重要指导。随着农村人口老龄化加剧，农村养老、健康、医疗等问题亟待解决。由于农村寿险产品结构性失衡严重，无法满足农村居民多样化需求，其保障和改善民生的作用难以发挥。寿险业通过制度创新将对农村基本医疗和养老保险覆盖不到的区域进行补充，为农村养老、医疗等问题提供新的解决方案，完善农村社会保障体系。因此，寿险业助推乡村振兴战略的制度创新对于解决农村养老、健康、医疗等现实问题，积极应对人口老龄化具有重要意义。

2. 在全面建成小康社会的背景下深入研究寿险业助推乡村振兴战略的制度创新，为完善农村产业服务体系、加快实现农业农村现代化提供重要指导。乡村振兴战略作为新时代"三农"工作的总抓手，坚持农业农村优先发展，加快实现农业农村现代化。按照 2021 年中央一号文件部署，2025 年，我国农业农村现代化要取得重要进展，但当前我国农村现代化水平不高，农业现代化问题仍没有得到根本性改善。产业服务体系的不完善是农村地区落后的重要原因，寿险业进行制度创新有助于发挥保险服务经济社会发展的功能，引导更多资源配置到农村经济社会发展的重点领域和薄弱环节，加快实现农业农村现代化。

3. 为产品供求失衡、专业人才不足等寿险业面临的现实障碍提供了解决思路，对寿险业高质量发展和助推乡村振兴战略具有现实指导意义。寿险业在助推乡村振兴战略过程中面临着产品、技术、市场、资源配置等多方面问题，这使得寿险业保障和改善民生、服务实体经济等功能难以发挥作用，无法有效助推乡村振兴战略的实施。创新是引领发展的第一动力，寿险业助推乡村振兴战略必须进行制度创新。基于熊彼特创新理论，结合实践中农村寿险业发展困境和五个振兴发展要求，从多元产品制度、信息化制度、市场普及、资源投入制度、组织制度五个层面进行制度创新，有利于寿险业助推乡村振兴战略，也契合了寿险业高质量发展的要求。

第二节　国内外相关研究述评

当前，寿险业助推乡村振兴战略的研究还处于起步阶段，本节围绕农村金融、农业保险助推乡村振兴战略等相关研究，对寿险业助推乡村振兴战略制度创新的必要性、困境和对策相关文献进行梳理和评述。

一、寿险业助推乡村振兴战略制度创新的必要性

自 20 世纪 90 年代起，我国寿险业经历了近 40 年的高速增长，服务经济社会发展能力逐步提升。随着我国发展环境日趋复杂，保险业发展面临新的挑战。乡村振兴战略的提出为保险业转型升级、创新发展提供了新的路径。2019 年，《关于推动银行业和保险业高质量发展的指导意见》提出引导金融资源配置到社会发展的薄弱环节和重点领域。农业保险和农村寿险都属于金融资源的保险范畴，其功能与发展具有普遍性和特殊性，这为分析寿险业助推乡村振兴战略的功能发挥和发展定位提供了基础。因此，本部分通过比较分析农村金融、农业保险助推乡村振兴战略的功能与作用，进一步结合

时代背景和乡村振兴战略要求进行逻辑分析，具体探讨寿险业服务经济民生、完善产业服务体系对于助推乡村振兴战略从而实现高质量发展的必要性。

（一）寿险业创新发展助推乡村振兴战略体现保障和改善民生需求

保险具有服务经济和民生的功能，发展现代保险服务业要切实保障和改善民生、健全社会保障体系。乡村振兴战略提出以后，李实和陈基平等（2021）学者在探究乡村振兴过程中的问题及挑战时发现农村民生保障存在严重短板。"新农合"和"新农保"只是为农村提供了最基本的社会保障，农村社会保障安全网仍需完善。李瑾（2018）认为我国农村社会养老保险覆盖范围有限、保障力度不足等发展瓶颈，农村养老保障体系亟待完善。随着农村人口老龄化加剧，农村民生需求不仅仅局限于养老问题，农村健康、医疗问题也成为乡村振兴过程中亟待解决的问题。高凌宇和王小利（Gao and Wang, 2019）认为全民医疗保险制度使我国人口的平均医疗支出和整个社会的支出大幅增加，人们对于优质的医疗服务需求增加。这些都为寿险业的创新发展提供了机遇和挑战。风险保障是保险的本源，寿险业解决退休、养老、医疗问题是发挥保险社会"稳定器"作用的重要途径。以人为本、执政为民是乡村振兴战略的逻辑起点，必须把保障和改善民生，实现城乡基本公共服务均等化摆在突出位置（Zhang et al., 2020）。寿险业助推乡村振兴战略，要突出保障和改善民生作用，创新寿险产品服务对农村基本医疗与养老保险覆盖不到的区域进行补充，为农村养老、医疗等问题提供新的解决方案，完善农村社会保障体系。

（二）寿险业创新发展助推乡村振兴战略体现完善农村产业服务体系要求

农村地区落后具有多方面原因，而完善产业服务体系对于改变农村发展现状具有重要意义。刘彦随等（Liu et al., 2020）发现，与许多国家的农村地区一样，由于老龄化加剧、经济机会缺乏等原因，我国农村社会的落后体现在各个领域。城乡二元化发展模式导致城乡发展差距拉大，农村地区在经济发展水平上的落后是突出表现，城乡产业服务体系的不均等是造成这一现象更深层次的原因。进一步结合乡村振兴战略要求分析，构建完善的农村产业服务体系对于实现乡村振兴至关重要。陈野和王平（2018）认为，实施乡村振兴战略要推动公共服务均等化，通过完善农村产业体系推动乡村产业振兴。当前，我国农村产业服务体系的完善面临着资金、人才等多方面困境。杜鑫（2019）提出农村金融发展薄弱，必须通过农村金融改革与创新推动农村产业发展。寿险业作为重要的金融资源，其创新发展助推乡村振兴战略，可以把服务实体经济作为出发点和落脚点，通过创新资金投入机制支持农村小微、特色产业发展，进行业务拓展，延长养老、医疗等相关产业链，完善农村产业服务体系。因此，寿险业助推乡村振兴战略具有合理性和必要性。

（三）寿险业创新发展助推乡村振兴战略，实现高质量发展要求

保险的保障功能对于经济社会发展具有重要作用。姜华（2019）认为，农业保险高质量发展要回归保险本源，立足农业农村优先发展，更要充分发挥保险在经济转型过程中的作用。对于保险发展与乡村振兴战略的关联，许梦博和陈楠楠（2021）认为，乡村振兴战略改变了农业保险市场的发展环境，为农业保险功能的发挥与高质量发展提供了新的条件和契机。新时期农业保险发展具有普遍性和特殊性，乡村振兴战略的提出不仅给农业保险发展带来新的契机，给整个保险业高质量发展都带来了新的机遇。我国寿险业经历了近40年的高速增长，这仅仅表现为保费的持续增加，保险深度仍然较低（童光荣等，2013）。我国经济发展进入新常态以后，人口红利消退与经济下行压力加剧，我国寿险业面临更加复杂的经济环境。经济环境的日益复杂以及老龄化风险持续加剧都对寿险业服务经济社会发展的能力提出新的要求。张海军（2019）从服务国家战略、契合"三农"需求、夯实发展基础、优化运营机制四个方面明确了农业保险高质量发展的内涵。比较分析农业保险高质量发展的内涵与要求，寿险业创新发展助推乡村振兴战略，通过保障和改善民生、服务实体经济功能的实现，满足农村发展需求、完善农村产业服务体系，充分契合了保险高质量发展的内涵。

二、寿险业助推乡村振兴战略制度创新的困境

我国自引入保险代理人制度，保险代理人的无序发展引发了保险专业人才不足。我国经济发展进入新常态，保险业发展面临的经济社会环境日益复杂，国家政策支持与地方政府衔接不足困境也开始显现。随着乡村振兴战略的实施，学者们研究发现，农村金融助力乡村振兴过程中面临产品结构失衡、政策衔接不足、数据资源缺失和专业人才匮乏等困境（张林和温涛，2019；何宏庆，2020）。农村金融、农业保险助推乡村振兴战略研究具有普遍性，结合当前时代背景与乡村振兴战略相关要求，对农村金融、农业保险困境进行比较分析和逻辑分析，为探究寿险业助推乡村振兴战略的困境提供了明晰的视角。

（一）产品结构性失衡

温涛和王煜宇（2018）在研究我国农村金融制度时发现，长期以来，我国农村金融需求满足度偏低，农村金融供求结构失衡严重。供求结构性失衡普遍存在于农村金融服务之中，这也包括农村寿险业。乡村振兴战略提出以后更是直接制约了其对于乡村振兴的推动效应，使得金融服务效能难以得到有效发挥。许梦博等（2018）以吉林省为例研究乡村振兴战略背景下农业保险发展面临的挑战时，就提出结构性失衡严重制约农业保险功效的发挥。比较分析农村金融和农业保险困境，我国寿险业经过近 40 年的高速增长，服务经济社会发展的能力有所提升，但面临的产品创新性不足以及产品结构性失衡问题仍然没有得到显著改善。周灿和欧阳挥义（2008）认为，农村寿险创新不足和结构性失衡问题阻碍了农村寿险业可持续发展。寿险业助推乡村振兴战略是一个长期过程，在这个过程中必须形成可持续性的发展模式。当前寿险业产品供求失衡对于农村老龄化风险加剧等问题无法有效解决，将引发寿险业发展错位等问题。乡村振兴战略的实施提高了农村居民的生活和收入水平，基本医疗、养老保险已经无法满足农村居民的需要，农村寿险产品无法满足农村居民多样化需求，从而削弱了其保障和改善民生功

能的发挥。创新性不足与产品结构性失衡是寿险业助推乡村振兴战略面临的最大困境。

（二）相关政策不足

王修华（2019）在乡村振兴战略的金融支撑研究中指出，金融政策不足、金融环境亟待优化是金融支持乡村振兴战略面临的困境。乡村振兴战略提出以后，我国从 2018~2021 年连续四年在中央一号文件中对保险业服务乡村振兴提出要求、作出部署，寿险业作为农村金融服务的一种，在助推乡村振兴战略中也面临地方政策衔接不足的困境。庹国柱（2019）认为农业保险政策要随着农业发展、农村金融改革以及国家重大战略的推进，进行调整和完善。与农业保险相似，寿险业政策也要因时制宜。当前，地方政府对于保险的重视程度不够直接导致相关政策不完善，寿险业助推乡村振兴战略也不可避免地面临相关政策支持力度不足的困境。洪秀和苏曼（Hongsoo and Soonman，2021）认为，保险相关政策对于一个国家保险业的发展至关重要。寿险业助推乡村振兴战略由于缺乏相关政策的辅助，国家政策利好的释放力度有限，寿险业服务民生、完善农村产业服务体系的目标难以实现。以商业健康保险为例，地方政府对商业健康保险的重视程度不足导致在配套政策和实施机制上缺位，使得商业健康保险对基本医疗保险的补充作用难以发挥，保障和改善民生的效能受到削弱。此外，我国基本医疗保障制度存在的不同险种之间的衔接不畅等问题（顾海和吴迪，2021），养老保险管理体制变革过程中存在的部门冲突、权责不清等问题（鲁全，2020），保险科技兴起带来的新的监管和发展等问题（完颜瑞云和锁凌燕，2019），这些都折射出在寿险业助推乡村振兴战略中存在的相关政策不完善等困境。

（三）数据资源缺失

海瑟姆（Haitham，2021）认为，大数据分析的发展为保险技术的推进提供了新的机遇。寿险业作为保险业的分支，大数据分析为其创新发展助推乡村振兴战略提供机遇的同时，也带来了新的发展困境。我国寿险业从电子化服务创新初步探索到提出数字化发展方向，受多方面因素的影响，其发展面临的数据资源缺失困境一直没有得到有效解决。蒋远胜和徐光顺（2019）认为乡村振兴战略下农村金融改革必须解决基础设施、信息成本等方面造成的数据资源不足困境。受经济发展水平与基础设施完善程度的影响，我国农村医疗、保险等行业信息系统不完善，数据基础更加薄弱。农村居民整体文化水平有限、数字化观念不足，对于相关数据的采集更加困难。农村寿险业数据资源缺失的原因不仅仅局限于农村的基础设施和文化水平。王小茵（2020）认为，农村信用体系建设的滞后也是农村金融服务"三农"面临信息收集困境的重要原因。农村寿险业发展面临较高的道德风险，社会征信制度不完善、信息采集与评估的困难也都加剧了农村寿险业创新发展数字资源缺失的困境。数据资源和数据能力是风险管理的基础，但是我国农村地区保险数据挖掘与共享平台严重缺失，利用数据进行风险管理和产品创新的能力严重不足（贺娟和肖小勇等，2019），这成为我国寿险业运用保险科技进行创新发展时必须破解的困境。

（四）专业人才匮乏

杨帆和梁伊馨（2021）从职业发展理论视角探究了民族地区乡村振兴面临的人才困境，认为人才是乡村振兴战略的基础。乡村振兴面临的人才困境催生了相应政策体系的形成。卢向虎和秦富（2019）在研究乡村振兴战略的政策体系时就提出，"人"是乡村振兴的保障政策体系构成的重要因素。乡村振兴战略以人为主要因素形成的政策体系也体现了人才的重要性。"人"这个因素在保险业中是智力资本的重要组成部分，对我国保险业发展至关重要（Lu et al.，2014）。从 20 世纪 90 代开始，我国寿险业进入快速增长时期，寿险业的快速增长吸引了大量非专业的人从事寿险业，专业保险人才缺失就已经成为寿险业发展的一大困境。乡村振兴战略提出以后，伴随着保险科技的迅速发展，寿险业人才要求发生改变，人才匮乏困境进一步加剧。许飞琼（2011）认为，我国保险业存在着人才队伍供给结构性紧缺矛盾。进一步地，与寿险业传统的人才需求不同，当前我国寿险业的高质量发展不仅需要风险管理、精算和销售等不同类型的专业化人才，还新增加对互联网人才、数据管理人才和国际化人才的需求。我国寿险业以营销人员为主，保险科技人才和医疗养老等相关产业专业人才严重不足。

三、寿险业助推乡村振兴战略制度创新的对策

自 20 世纪 90 年代，我国寿险业经历了近 40 年的高速增长，不同的时期经历着不同的困境。我国经济发展进入新常态以来，随着乡村振兴战略的实施，经济社会发展环境复杂多变，寿险业要通过保障和改善民生、服务实体经济等功能服务国家重大战略，从而实现高质量发展。农村寿险业与农村金融有一定的相关性，与农业保险也有较高的相似性，通过比较分析农村金融、农业保险助推乡村振兴中产品结构失衡、相关政策不完善、数据资源缺失、专业人才匮乏等困境的破解对策，为研究寿险业助推乡村振兴战略困境的破解提供了重要方向。进一步结合时代背景与乡村振兴战略要求进行逻辑分析，为破解这些困境提供了符合寿险业发展特征的对策，为寿险业高质量发展提供了新的路径。

（一）强化金融供给，创新寿险产品和服务

刘社欣和刘亚军（2020）认为，创新金融产品和服务能有效解决农村金融产品滞后和供求失衡问题。这也为寿险业助推乡村振兴战略，破解产品结构性失衡困境提供了对策。需要进一步考虑的是寿险业如何创新产品和服务。王海巍和周霖（2017）提出，借助科技手段对产品的开发与设计进行赋能，在服务体验和运营模式方面对保险业进行重塑。寿险业创新保险产品要确立需求导向，强化金融供给，借助信息技术对用户体验、意见进行收集，进而创新产品和服务，推进寿险业供给侧结构性改革化解供需矛盾。寿险业进行产品创新助推乡村振兴战略，要切实加强保障和改善民生功能。范红丽和闫庆悦（Fan and Yan，2021）认为，"新农合"倾向于提高医疗利用率，这反过来又增加了自费医疗支出。因此，寿险业要深度挖掘客户需求，开发差异化、定制化创新产品，将服务民生做到实处。肖望喜和陶建平（2019）提出，丰富保险产品、织密织实服务网络提升农业保险服务乡村振兴的质

量。这为寿险业创新产品和服务提供了新的思路。寿险业创新发展助推乡村振兴战略也可以将保险与医疗、养老等相关产业结合，完善保险产业链，提供全方位、多元化的保险产品。保险科技对于产品和服务创新至关重要，对于技术的获得性问题，冈萨雷斯等（Gonzalez et al.，2013）认为，保险公司可以将信息技术外包给金融科技公司，实现共同发展。

（二）完善相关政策，建立专业化体制机制

陆静超（2021）认为，完善相关政策体系推动涉农金融体制建设为新时期金融精准支持乡村振兴提供了对策。完善相关政策体系不仅对于破解我国保险业发展一直存在的相关政策不足困境具有重要意义，对于寿险业与经济发展的关系也具有重要影响。我国经济社会环境的变化也影响着保险业的发展。贝克和韦伯（Beck and Webb，2003）认为稳定的经济环境对于寿险业经济发展作用的发挥至关重要。完善相关政策有利于构建健康的制度环境，为寿险业作用的发挥营造良好的条件。各级政府通过完善寿险业服务农村民生与实体经济发展的监管、审批和保障等相关政策，营造健康高效的制度环境，能够提升寿险业服务经济社会发展的能力。保险科技不仅能够赋能寿险业发展，也带来了新的问题。王媛媛（2019）认为，保险科技的普及和应用颠覆并重塑了传统保险业的发展，也带来了客户信息安全、消费者权益等问题。寿险业助推乡村振兴战略面临的困境，除了完善相关政策，还可以通过机制建立予以解决。张晓山（2015）提出，将行政系统与人保系统对接，建立政府、企业、农民良性互动机制能有效解决农业保险问题。政府和寿险业也可以建立服务乡村振兴的专门机构，形成专业化的体制机制。专业化的体制机制有利于严格限制权力与职能的范围，提高寿险业助推乡村振兴战略的效率。

（三）加强信息共享，改善农村信用环境

鲍文爽（2019）认为综合信息服务平台对于打破农村金融信息孤岛、满足数据信息需求具有重要意义。加强信息共享需要金融机构、政府部门、扶贫机构进行合作，如何合作是一个重要问题。徐一楠等（Xu et al.，2021）

认为，新的管理模式对于切实解决农村资源、技术等问题具有显著效果。因此，加强信息共享可以由政府牵头组织，统筹协调保险公司、医保机构及参保群体等多方主体搭建信息共享平台。搭建信息共享平台还要进一步探究如何进行数据共享。学者们对于数据共享方面的研究多集中于健康险与大病保险等数据信息更为密集的险种。张军发（2017）根据农村信用体系建设面临的问题认为统一技术标准、加强数据融合研究至关重要。寿险业加强数据共享要进行信息化和互联网化改造、建立统一的技术标准，并对基础的数据进行采集。政府要鼓励医疗、养老等多方机构加强与保险机构的信息数据共享，促进数据融合。对于数据共享的技术支持，沈秉庆等（Shen et al.，2019）认为，区块链技术提高了数据共享的灵活性和高效性。寿险机构可以借助区块链技术将内部业务与用户数据结合，通过对社保部门和各类医疗机构之间的信息进行梳理和连接，建立统一的保险信息系统。加强信息共享可以通过开展信用建档评级工作改善农村信用环境，进一步提高数据的准确性。

（四）加大人才培养，形成服务乡村振兴长效机制

余锦凯和于静（Yu and Yu，2020）认为，人才支持对于现代保险业的发展具有重要意义，破解人才困境必须要提高人才素养。寿险业助推乡村振兴战略要充分发挥寿险业服务民生和实体经济的功能，推动农村产业服务体系的完善。因此，寿险业的发展不仅需要大量具有保险知识、能够运用信息技术的复合型人才，还需要医疗、保健、法律等方面的人才。除了提高人才素养，曹中秋（2019）认为，打造人才引擎是乡村振兴的关键。破解人才不足的困境要加大人才培养。我国保险人才困境由来已久，保险人才培养相关研究相对较多。胡运良（2009）和王飞（2015）提出，高校加强保险专业人才培养、校企产学研一体化育人。针对新型保险人才的要求，高校保险专业的课程不能局限于保险知识，还要在课程中设置中安排保险科技、管理、法律等基础课程。寿险业与高等院校合作育人，高校加强基础理论培养，寿险企业强化实践操作能力。寿险业通过对高校人才培养提供资金支持以获取稳定的人才供应。王绪瑾和王浩帆（2020）认为应该培育专业化的保险人

才、创新人才培养体系、加强培训机制建设。寿险企业可以借助高校育人平台为企业员工提供进修机会，通过定期培训和监管加强员工的信息化、专业化能力。形成寿险业助推乡村振兴战略的人才培养体系对于提升乡村寿险人才整体素质，形成服务乡村振兴长效机制具有重要意义。

四、现有文献评析

乡村振兴战略提出以来，学者们多是研究农业保险助推乡村振兴战略的困境与路径以及农村金融如何服务乡村振兴，这也为研究寿险业助推乡村振兴战略提供了文献基础。寿险业具有保障和改善民生、服务实体经济的功能，能有效解决当前农村老龄化加剧引发的养老、医疗问题以及产业服务体系不完善等问题，对助推乡村振兴战略具有重要意义。寿险业助推乡村振兴战略契合了寿险业高质量发展的内涵与要求。由于寿险业助推乡村振兴战略的研究还处于起步阶段，缺乏专门研究寿险业的相关文献，通过梳理农村金融、农业保险在助推乡村振兴战略困境与对策相关文献，虽然为探究寿险业助推乡村振兴战略的困境与对策提供了明确的方向，但也存在研究深度不足、针对性不强等问题，并且寿险业助推乡村振兴战略的作用机制以及面临的困境和对策不够明晰。此外，以往助推乡村振兴战略制度创新的研究多是基于狭义的制度创新视角，选取某一要素研究制度改革和顶层设计对乡村振兴战略发展的影响，缺少对助推乡村振兴战略制度创新的整体性研究。

鉴于此，本书以制度创新为研究视角，首先，厘清寿险业助推乡村振兴战略制度创新内涵及外延的基础上，基于熊彼特创新理论和乡村振兴战略发展要求，结合寿险业助推乡村振兴战略中存在的困境，从产品、技术、市场、资源配置和组织创新五个层面构建寿险业助推乡村振兴战略制度创新的理论框架。其次，通过建立多元产品制度、信息化制度、市场普及、资源投入制度、组织制度创新五个维度的实证模型进行实证研究。最后，结合寿险业助推乡村振兴战略制度创新理论分析和实证分析内容，为我国寿险业制度创新提出发展设想和政策建议。

第三节 研究框架和主要内容

一、研究框架

本书的研究思路是提出问题→理论研究→实证研究→政策建议，即第一章主要进行寿险业助推乡村振兴战略制度创新的研究背景与文献研究、全书思路安排；第二章主要对寿险业助推乡村振兴战略进行理论分析，建立理论框架；第三章到第七章分别从多元产品制度、信息化制度、市场普及、资源投入制度、组织制度五个维度，对寿险业助推乡村振兴战略的制度创新进行实证分析；第八章结合寿险业助推乡村振兴战略制度创新理论分析和实证分析内容，为我国寿险业制度创新提出发展设想和政策建议。

本书总共有八个章节的内容，其研究思路与框架如图1－1所示。

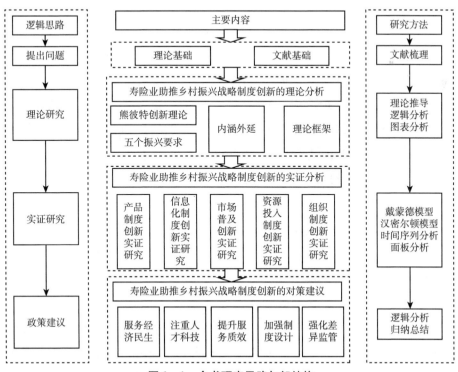

图1-1 全书研究思路与架结构

二、主要内容

围绕研究主题，研究内容主要有八个部分，其中，第一章为引言，第二章为理论分析，第三章至第七章从助推乡村振兴战略制度创新的五个维度进行实证分析，第八章为结论建议。

第一章：引言。首先，介绍了选题的背景及研究意义；其次，对国内外相关文献进行梳理，阐述研究框架和主要内容；最后，说明研究方法、创新和不足之处。

第二章：寿险业助推乡村振兴战略制度创新的理论分析。首先，厘清了寿险业助推乡村振兴战略制度创新的内涵及外延；其次，基于熊彼特制度创新理论介绍了寿险业助推乡村振兴制度创新的理论基础；最后，结合五个振兴的发展要求构建了寿险业助推乡村振兴战略制度创新的理论框架，并进行简要分析。

第三章：寿险业助推乡村产业振兴的多元产品制度创新的实证分析。首先，阐述寿险业产品创新服务乡村产业振兴的背景，并对国内外相关研究进行梳理；其次，尝试构建普惠型商业养老保险与土地流转的理论模型，通过实证探究普惠型商业养老保险与土地流转意愿以及土地流转规模的关系，分析普惠型商业养老保险影响土地流转，进而影响乡村产业振兴的作用机制及效果；最后，根据实证结果提出政策建议。

第四章：寿险业信息化制度创新助推乡村人才振兴的实证分析。首先，通过阐述研究背景、梳理国内外相关研究分析寿险业信息化制度创新与乡村人才振兴之间的联系与机制作用；其次，尝试构建包含寿险业信息化制度创新和乡村人才振兴的理论模型，并通过实证方法分析寿险业信息化制度创新对乡村人才振兴的作用渠道和影响效应；最后，根据实证结果提出政策建议。

第五章：寿险业助推乡村文化振兴的市场普及创新的实证分析。首先，从保险市场普及创新和农村社会保障水平两个方面进行背景介绍和文献梳理；其次，尝试构建包括寿险深度失衡、密度失衡与农村居民社会保障水平的理论模型，通过实证分析探讨寿险深度失衡和密度失衡对农村居民社会保障水平的影响路径和作用机制；最后，根据实证结果提出政策建议。

第六章：寿险业助推乡村生态振兴的资源投入制度创新的实证分析。首先，从我国生态振兴的政策建设情况和寿险业资源配置现状进行背景介绍，并梳理乡村生态振兴和保险发挥绿色金融作用的国内外相关研究；其次，尝试构建寿险业资金余额投入和生态产业产出模型，并通过实证分析探究寿险业资源投入制度创新对乡村生态产业发展的促进作用；最后，根据实证结果提出政策建议。

第七章：寿险业助推乡村组织振兴的寿险组织制度创新的实证分析。首先，通过阐述研究背景、梳理国内外相关研究，对寿险组织制度创新模式及组织振兴影响因素进行归纳；其次，借助道格拉斯生产函数尝试构建制度创新影响农村居民收入及社会保障水平的理论模型，并进行实证分析检验；最后，根据实证结果提出政策建议。

第八章：研究结论和政策建议。根据寿险业助推乡村振兴战略制度创新在不同维度的理论和实证分析进行总结，为我国寿险业助推乡村振兴战略的制度创新提供发展设想和对策建议。

第四节　研究方法、主要创新、不足之处

一、研究方法

（一）文献梳理法

文献梳理法是指对收集到的相关文献资料进行整理，依据研究对象的特点对现有资料中的研究观点结论进行归纳总结，为后续研究提供思路以及方法依据。由于寿险业助推乡村振兴战略的研究还处于起步阶段，本书第一章对寿险业助推乡村振兴战略的必要性、困境和对策相关文献进行梳理，从而明确本课题研究起点和可能贡献与创新。针对乡村振兴发展目标和要求，本书第三章至第七章分别从产业振兴、人才振兴、文化振兴、生态振兴和组织

振兴的角度梳理相关文献，总结现有研究经验，针对目前我国乡村振兴在各个方向的发展现状，对乡村振兴中存在的产业发展水平不高、人才流失、文化传承困难、生态环境污染和组织建设不完善等问题进行分析，并结合目前对农地流转与产业发展、经济效应与人才吸引、社会保障水平与文化发展、资金投资与生态产业发展以及政企合作与农村组织建设等研究，为寿险业助推乡村振兴战略制度创新研究提供理论支撑。

（二）逻辑分析和理论推导法

逻辑分析是从事物的本质和发展规律入手，研究事物的发展过程。本书第二章结合目前寿险业发展困境和乡村振兴战略目标要求，初步确定运用的基本理论，基于乡村振兴战略理论阐述整个研究背景，借助熊彼特创新理论和制度创新理论初步构建寿险业助推乡村振兴战略的理论框架。具体包括充分利用现有研究成果，通过逻辑分析，比较商业养老保险创新与土地流转、信息技术化创新经济效应与人才发展、寿险市场普及度与农村社会保障水平、寿险资金余额投资与生态产业发展以及寿险组织创新与农村组织建设的相关关系，并运用理论推导的方法尝试构建寿险业助推乡村振兴战略制度创新的理论框架。

（三）戴蒙德模型推导的实证研究方法

实证研究方法基于统计推断的理论和技术，并经过严格的检验，引进数量模型，对社会现象进行数量分析，其目的在于揭示各种社会现象的本质联系。戴蒙德模型是为宏观经济模型建立微观基础的两大基本模型之一。本书第三章寿险业助推乡村产业振兴的多元产品制度创新的实证研究中，在戴蒙德（1965）世代交叠模型以及劳动供给理论的基础上，尝试构建一个面向农村低收入群体的普惠型商业养老保险与土地流转的理论模型，分别探究普惠型商业养老保险与土地流转意愿以及土地流转规模的关系，并由此系统诠释与分析商业养老保险对于土地流转的影响效应与作用途径。经过理论模型推导，得到商业养老保险产品创新与土地流转的均衡关系，为实证检验提供理论依据。

（四）汉密尔顿模型推导的实证研究方法

在一个可完全预见的经济中，无论是中央计划经济还是竞争经济，其运动规律都可以用汉密尔顿的动态体系或用他的一个简单的扰动体系来描述。在本书第六章寿险业资源配置创新助推生态振兴的实证研究中，结合柯布—道格拉斯生产函数，推导汉密尔顿模型均衡解，建立寿险业资金余额投资作用生态产业发展的理论模型，探索适合乡村生态振兴的寿险业资金余额投资创新。结合理论推导，得到具有充分理论依据的模型假设，为实证分析提供理论依据。

（五）时间序列分析方法

时间序列分析法，是根据过去的变化趋势预测未来的发展，运用一定的数字方法使其向外延伸，预计市场未来的发展变化趋势，确定市场预测值。在本书的第四章寿险业信息化制度创新助推乡村人才振兴的实证分析中，借助柯布—道格拉斯函数尝试构建一个同时包含寿险业信息化制度创新和乡村人才振兴的理论模型，深入分析寿险业信息化制度创新对乡村人才振兴的作用渠道和影响效应，对衡量信息化制度创新水平的科技投入和人才收入数据进行时间序列分析，得到较为稳健的实证检验结果。

（六）面板数据分析方法

面板数据分析方法是最近几十年来发展起来的新的统计方法，面板数据可以克服时间序列分析受多重共线性的困扰，能够提供更多的信息、更多的变化、更少共线性、更多的自由度和更高的估计效率。在本书第五章寿险业助推乡村文化振兴的市场普及创新的实证分析中，尝试构建包含寿险深度失衡、密度失衡与农村居民社会保障水平的理论模型，深入探讨寿险深度失衡和密度失衡对农村居民社会保障水平的影响路径和作用机制。通过对衡量寿险普及度和农村社会保障水平的面板数据构建固定效应模型，采用面板分析的实证研究方法，实现稳健的实证检验和计量研究。在本书第七章寿险业助推乡村振兴战略寿险组织制度创新的实证分析中，采用道格拉斯生产函数将组织振兴的经济保障层面与寿险组织制度创新进行联系，通过面板数据分析方法深入探究寿险组织制度创新对农村居民收入和农村社会保障水平的作用效果。

（七）运用图表分析方法

图表分析是采用绘制相关逻辑或统计图像说明与建立相关数据表格，形象说明阐述的事实或为观点提供佐证。图表分析方法减少了文字说明，通过图表说明使得分析结果简洁明了，具有明确的显示性，同时，图表分析中的材料、图表具有客观性，可以提高观点或事实的信服力。如本书第二章运用寿险业统计数据建立图表，分析寿险业助推乡村振兴战略制度创新的理论框架。通过观察我国保险业的发展规模以及寿险业近十年的发展深度和密度相关图表，直观表明了我国保险规模不断扩大、深度不断提升，但我国保险深度仍较低，人身险深度更低，深刻分析了我国寿险业产品创新的必要性，提高了研究结果的可信度与说服力。

二、主要创新

寿险业具有保障和改善民生、服务实体经济等功能，能有效解决农村养老、医疗以及产业服务体系不完善等问题，对助推乡村振兴战略具有重要意义。但寿险业在助推乡村振兴战略过程中面临着产品、技术、市场、资源配置等多方面问题，这使得寿险业难以有效助推乡村振兴战略。寿险业助推乡村振兴战略的制度创新研究关系到寿险业高质量发展以及"三农"问题的解决。本书在充分借鉴已有研究成果的基础上，综合运用多种研究方法，力图在寿险业助推乡村振兴战略的研究上取得突破，主要体现在以下三个方面。

（一）构建了寿险业助推乡村振兴战略制度创新的理论框架

乡村振兴战略提出以来，农村金融、农业保险助推乡村振兴战略受到学术界的正视与重视。现有研究大多是探索农业保险助推乡村振兴战略的困境与路径以及农村金融如何服务乡村振兴。综观我国的现有研究成果，其大部分是关于农村金融、农业保险助推乡村振兴战略的相关研究，而寿险业助推乡村振兴战略制度创新的文献研究很少。现有助推乡村振兴战略研究中也大都是选取某一角度，对某一要素进行分析，较为片面，缺少对乡村振兴战略创新的总结性和整体性创新研究。

因此，本书在对现有文献进行梳理评析的基础上，对乡村振兴战略的发展进行总结研究，力图较为全面地提出寿险业助推乡村振兴战略的制度创新理论。通过较为全面的理论和实证研究，从整体的视角提出了理论框架和实践路径。本书基于创新理论，结合寿险业面临的现实困境和乡村振兴战略五个振兴的要求，从多元产品制度创新、信息化制度创新、市场普及创新、资源投入制度创新、组织制度创新五个维度构建了寿险业助推乡村振兴战略制度创新的理论框架，为后续实证分析提供理论支撑，为寿险业制度创新助推乡村振兴战略发展，提供了一个新的研究思路。

（二）建立了寿险业助推乡村振兴战略制度创新的实证模型

寿险业助推乡村振兴战略制度创新研究还处于起步阶段，综观我国农村金融、农业保险助推乡村振兴战略的相关研究成果，也大多是为理论分析，或是从整体上构建模型、选取指标进行实证研究，但乡村振兴是一个系统性工程，涉及各个领域，整体探究虽然能够说明乡村振兴水平在各种力量的推动下不断提升，但对其中的推动力量或作用机制的分析不够明确，其作用机制分析的说服力相对不足。

本书在不同维度的实证研究中，充分结合宏观经济理论，探索适合各领域乡村振兴发展水平的实证模型，通过戴蒙德模型，探究普惠型商业养老保险与土地流转的关系，构建了寿险业助推产业振兴的实证模型；通过时间序列分析，验证信息化技术制度创新的经济效应，构建了寿险业助推人才振兴的实证模型；通过面板分析，探究农村寿险市场普及创新与农村社会保障水平的关系，构建了寿险业助推文化振兴的实证模型；通过汉密尔顿模型，建立资金余额投资与乡村生态产业发展之间的关系，构建了寿险业助推生态振兴的实证模型；结合柯布—道格拉斯生产函数模型，提出保险与政府的合作关系对乡村组织建设的影响，构建了寿险业助推组织振兴的实证模型。

（三）提出了寿险业通过制度创新能有效助推乡村振兴战略的观点

由于寿险业助推乡村振兴战略研究还处于起步阶段，其研究多是借鉴我国农村金融、农业保险助推乡村振兴战略的相关研究进行。乡村振兴战略提出以来，学者们多是结合农村金融、农业保险助推乡村振兴战略的困境探究其如何服务乡村振兴战略，因而提供的政策建议也多是在现有制度进行修修补补，对于助推乡村振兴战略的作用有限。此外，在传统制度创新研究中，多从狭义的制度创新视角，研究制度改革和顶层设计创新对乡村振兴战略发展的影响，涉及的制度创新观点较为片面。

因此，本书将熊彼特创新理论与乡村振兴战略五大振兴要求紧密结合，通过较为全面的理论和实证研究，提出寿险业通过多元产品制度创新、信息化制度创新、市场普及创新、资源投入制度创新、组织制度创新，能有效助推乡村振兴战略的实现。普惠型养老保险会促进农村土地流转和劳动力流动，农村寿险业通过多元产品制度能促进乡村产业发展，助推乡村产业振兴的实现；农村寿险业信息化制度创新能提高人才收入水平、扩大就业市场，助推乡村人才振兴的实现；寿险深度和寿险密度失衡会影响农村社会保障水平，农村寿险业通过市场普及创新降低寿险深度与密度失衡，助推乡村文化振兴的实现；农村寿险业通过资源投入制度创新有利于农村生态产业发展，助推乡村生态振兴的实现；农村寿险组织制度能提高农村居民收入和社会保障水平，助推乡村组织振兴的实现。

三、不足之处

第一，在寿险业助推乡村振兴战略制度创新的不同维度研究中以及构建模型的相关指标体系中，选取的指标可能存在难以量化和数据缺失等不足，使得模型说服力下降。本书在选取指标的过程中尽量遵循完备性、可操作性、显著性的原则，使得指标体系具有客观性和科学性。在本书第五章寿险业助推乡村文化振兴的市场普及创新的实证分析中，指标体系中具有难以量化的指标，如农村寿险业的市场普及水平，乡村文化振兴水平，直接选取指标可能难以进行科学、准确的量化，造成模型拟合的效果出现偏差。但本章节选取农村寿险深度、密度与农村居民社会保障水平进行量化，深入探讨寿险深度失衡和密度失衡对农村居民社会保障水平的影响路径和作用机制。农村寿险深度、密度能够反映市场的推广和普及水平，而农村居民社会保障水平的提升会完善基本公共服务建设，进而促进乡村文化振兴，提高了实证分析的科学性。

　　第二，在寿险业助推乡村振兴战略制度创新的不同维度研究中，不同制度创新在不同层面上会受到不同经济发展水平与技术条件的影响，存在一定的异质性问题，单从某个层面构建模型使得寿险业助推乡村振兴战略的制度创新研究不够全面，实证分析的说服力下降。因此，本书进一步分析了寿险业助推乡村振兴战略制度创新的区域异质性问题。在本书的第四章寿险业信息化制度创新助推乡村人才振兴的实证分析中，选择寿险业信息化制度创新角度，缺乏对市场与技术等创新的研究。但本章节结合柯布—道格拉斯函数构建寿险业信息化制度创新助推乡村人才振兴的实证模型，选取城镇化率衡量不同地区经济发展水平的差异以及选取普惠金融数字化指数和普惠金融覆盖指数衡量不同地区金融科技发展程度，通过控制变量使得寿险业信息化制度创新助推乡村人才振兴的实证分析中重点突出，提高了实证分析的科学性、准确性。

寿险业助推乡村振兴战略制度创新的理论分析

党的二十大报告强调，"必须坚持守正创新""加快实施创新驱动发展战略"。熊彼特在《经济发展理论》一书中，首先提出了创新理论，为日后对创新发展的研究奠定了基础。本章基于熊彼特创新理论，以寿险业助推乡村振兴战略制度创新的内涵和外延为基础，借鉴熊彼特创新与制度创新的相关关系，针对乡村振兴战略的"五个振兴"发展要求，提出寿险业制度创新的五个维度的理论框架，以寿险业产品、技术、市场、资源配置和组织创新适配乡村产业振兴、人才振兴、文化振兴、制度振兴和组织振兴，为研究寿险业助推乡村振兴战略的制度创新提供一个新的视角，以期为我国乡村振兴战略的进一步发展作出贡献。

第一节 寿险业助推乡村振兴战略制度创新的相关概念界定

中国的农村发展战略经历了几十年的不断探索和改革，从家庭联产承保责任制到新农村建设战略、土地制度改革、再到现如今的乡村振兴战略，乡村振兴战略是在总结过去经验的基础上不断创新发展的结果（黄少安，2018）。对于乡村振兴战略，要结合其继承的历史发展沿革，深入贯彻其内涵和外延，才能不断找到新的创新发展方向和实践路径。本章将通过乡村振兴战略的政策内容，理解其政策内涵，并结合寿险业制度创新的理论内涵，研究寿险业助推乡村振兴战略制度创新的内涵和外延。

一、寿险业助推乡村振兴制度创新的内涵

（一）乡村振兴战略的政策内涵

习近平总书记在提出乡村振兴战略时指出，"三农"问题是关系到我国民生的根本问题。中国共产党第十九届中央委员会第五次全体会议提出要"坚持农业农村优先发展，坚持农民主体地位"，要"坚持因地制宜、循序渐进"。[①] 2018 年两会期间，习近平进一步提出要推动乡村产业振兴、人才振兴、生态振兴、文化振兴和组织振兴。[②] "五个振兴"的科学论断全面覆盖了实现乡村振兴战略目标的各个层面的要求，乡村振兴即推动"五个振兴"全面发展，这是习近平总书记对实现乡村振兴战略目标的明确指示。

乡村振兴战略是从根本上解决"三农"问题的现实选择（张海鹏等，2018）。因此，寿险业助推乡村振兴战略的制度创新，是寿险行业通过制度改革，推动乡村实现"五个振兴"，从而解决我国农业、农村和农民在发展中存在的问题，实现振兴乡村的美好愿景。寿险业作为保险行业的重要组成部分，在乡村振兴战略下，追求自身经济效益的同时，还要考虑为我国乡村振兴战略作出贡献，因此，寿险业的制度创新追求的是社会效益和自身利益的双赢，既要使得寿险行业获得额外利润，又要考虑乡村振兴"五个振兴"要求的实现，推动农业农村振兴发展，实现乡村振兴战略发展目标。

（二）寿险业制度创新的理论内涵

创新是发展的前提，为实现乡村振兴战略目标，各行业都要发挥创新作用（唐任伍，2018），寿险业也要推动制度创新。在介绍寿险业助推乡村振

---

① 中国共产党第十九届中央委员会第五次全体会议公报［EB/OL］.［2020 - 10 - 29］. https：//www. gov. cn/xinwen/2020 - 10/29/content_5555877. htm? eqid = e8945e1a00011e8400000006648d63fe.

② 央视快评：以"五个振兴"扎实推进乡村振兴战略［EB/OL］.［2018 - 03 - 08］. http：//opinion. people. com. cn/GB/n1/2018/0308/c1003 - 29856864. html.

兴战略的制度创新内涵之前，首先要明确寿险业制度创新的内涵。寿险业务是以人的生命为保险标的的保险。由于以人的寿命为保险标的，寿险具有长期性和稳定性，寿险的赔付更具有可预见性。这些特征使得寿险业可以获得较为长期且稳定的资金，寿险业对所获资金的配置影响资本市场的结构及资本市场作用机制的变化，因此，寿险行业对经济发展具有重要影响作用。

制度创新理论是诺思和戴维斯在熊彼特创新理论的基础上发展的结果。熊彼特认为，企业是为了获得利润，可以实现任何一种工业的新组织（文魁和徐则荣，2013）。基于此，戴维斯和诺思认为，制度创新即为可以使创新者获得额外的利润的制度变革，反映为个人或者企业等的组织行为、组织与环境的关系等的变化（Davis and North，1970）。这种变革是创新体追求利润的结果，如果成功获得预期希望获得的额外利润，则成为一个有效的制度创新。寿险业的制度创新即寿险企业通过其产品的创新、服务方式的变化、资源配置和组织形式变革等创新，追求获得新的利润（刘玉焕和江生忠，2013）。

因此，寿险业制度创新是寿险业通过改变其生产、服务、资源配置方式等，调整寿险业与市场环境的关系，改善生产和销售，提高生产效率和市场份额，获得新的额外利润。或者说，寿险业制度创新即寿险业以获得额外利润为目标，对寿险业的生产、销售和资源配置进行创新改革。

（三）寿险业助推乡村振兴战略的制度创新内涵

在乡村振兴战略下，期望获得和实现的"额外的利润"即乡村振兴战略各项政策目标的实现。基于此，充分把握"五个振兴"、做好统筹推进是实现乡村振兴战略全面发展的关键。产业振兴即实现产业兴旺，产业兴旺是乡村振兴的基础（黄祖辉，2018），推动产业振兴即推动农业发展，促进第一、二、三产业融合发展；人才振兴即实现人才发展，人才是乡村振兴的核心要素（蒋卓晔，2018），推动乡村人才发展才能实现乡村振兴的可持续发展；生态振兴即实现乡村的生态宜居，推动生态环境建设和绿色产业发展，建设美丽乡村（张志胜，2020）；文化振兴即实现乡风文明，乡村文化建设是民族发展的灵魂（孙喜红，2019），只有传承好传统文化，才能继往开来，更好地实现民族发展；组织振兴即通过培育乡村自治组织，充分发挥乡村自治作用，提高治理能力，实现乡村基层组织建设、实现治理有效（张照新和吴天龙，2019）。因此，乡村振兴战略的制度创新，以能够实现"五个振兴"的要求、在每项振兴中获得创新发展为标准。

因此，本书中寿险业助推乡村振兴战略的制度创新即：寿险要帮助农村产业发展，助推乡村产业振兴；为人才创造发展空间，留住人才，助推人才振兴；帮助构建乡村环境绿色发展，助推生态振兴；通过构筑文明乡村，提升保障意识，助推文化振兴；通过寿险组织开展与乡村基层组织合作，推动乡村治理能上升，助推组织振兴。以"五个振兴"目标的实现助推乡村振兴。

二、"五个振兴"下寿险业助推乡村振兴制度创新的外延

根据寿险业助推乡村振兴战略制度创新的内涵，寿险业要通过制度创新提高乡村发展效率，需要通过各项创新发展研究，推动乡村振兴的"五个振兴"协调发展。因此，本章基于乡村振兴"五个振兴"目标的要求，以"五个振兴"定义寿险业助推乡村振兴制度创新的发展方向。其中，值得注意的是，在乡村振兴的众多目标中，产业振兴是实现乡村振兴的重要基础，没有产业发展就没有经济发展的基础，因此，寿险业助推乡村振兴战略的首要目标即是保障乡村产业发展。人才是产业发展的基石和不竭动力，创新的主体是人，人才是保障创新得以持续实现的基础，因此，要保障人才发展，才能更好地保障产业发展的可持续性。寿险助推生态振兴和文化振兴，是为乡村创造适宜的氛围和环境。寿险推动农村基层组织发展是乡村自主治理的动力，也是乡村振兴战略的重要保障。

（一）寿险业助推乡村振兴产业振兴的制度创新

本章将寿险业制度创新推动乡村产业振兴定义为寿险业通过制度创新推动乡村各项产业发展。寿险行业通过将与企业相关的保险产品进行创新，创造适应乡村企业发展的保险产品。同时，寿险业可以发挥其资源配置的作

用，为乡村企业提供金融服务，以第一、二、三产业融合助推乡村产业顺利平稳发展。

产业振兴需要培养新的发展理念，走现代化农业发展道路，要立足于"两山"发展理论，创造具有可持续经济效益的乡村企业；要在农业发展的基础上，通过产业间的合作发展、以第二、三产业助推第一产业发展，促使第一、二、三产业融合发展。同时，还要具有市场化发展理念，调节政府、企业与市场的关系，充分发挥市场作用，推动小农业向现代化农业转型发展，推动供给侧结构性改革。因此，寿险助推乡村振兴产业振兴，要为乡村企业提供金融服务，扶持乡村企业成长和发展，将金融服务融入农业发展中，以充分的资金支持和金融服务支持，推动农业现代化发展。

（二）寿险业助推乡村振兴人才振兴的制度创新

本章将寿险业制度创新推动乡村人才振兴定义为，寿险业通过制度创新创造人才需求，为乡村人才发展创造成长的平台。寿险业通过产品和服务的技术创新增加产品多样性、提高服务质量，要实现技术创新离不开人才的支持，从而产生了对人才的需求。在乡村市场通过创造需求和发展机会，吸引人才向乡村流动，从而实现乡村人才振兴。

人才振兴需要培养助推乡村振兴战略发展的人才队伍。人才是实现乡村振兴的重要因素，要实现人才振兴需要兼顾人才发展的来源、环境以及人才成长的平台。由于我国乡村人才流失严重，因此，首先，要在乡村形成人才引流机制，促使城市人才回流乡村；其次，要在乡村建立人才成长发展的环境，创造就业机会，通过激励机制，留住人才。除了吸引人才回流，还要在乡村本土培养本土人才队伍，更好地发挥乡村现存资源的作用。因此，寿险业助推乡村振兴人才振兴，要在寿险业的行业范围内，尽可能多地创造人才就业的机会和发展的平台，通过就业激励，促使人才投入乡村寿险市场建设中，在巩固寿险乡村市场的同时，推动人才振兴。

（三）寿险业助推乡村振兴生态振兴的制度创新

本章将寿险业制度创新推动乡村生态振兴定义如下：寿险业通过制度创

新，在贯彻乡村振兴战略的基础上，将资源配置倾向于有利于乡村生态发展的绿色产业，促进生态绿色产业发展，实现乡村生态宜居。寿险业要发挥绿色金融、绿色保险的作用，为绿色产业发展提供金融支持。

生态振兴的发展基于发展理念的转变，绿水青山就是金山银山，要促进乡村生态振兴就是要建设生态宜居的绿色乡村。寿险要以绿色产业为支撑，在创造经济效益的同时，保障生态环境平衡，还要充分而有效地利用地方的生态资源，在不破坏地方生态环境的基础上，通过结合当地生态特点，因地制宜地创新发展人与自然和谐共生的生态产业。因此，寿险业助推乡村振兴生态振兴即通过向绿色产业倾斜，推出支持绿色产业发展的优惠政策，促使生态产业稳健成长，推动乡村创建绿色可持续发展的生态产业。同时，通过帮助乡村环境建设，创建美好乡村。

（四）寿险业助推乡村振兴文化振兴的制度创新

本章将寿险业制度创新推动乡村文化振兴定义如下：寿险业通过制度创新，大力发展普惠保险、创新保险产品设计、丰富保险产品种类、满足农村居民随着收入水平的提高日益增长的保险需求，推动保险保障意识深入人心，结合乡风文明建设，提高农村居民的保障意识，丰富文化意识体系。

文化振兴是推动乡村振兴的底蕴，中华文化博大精深，但文化的传承与发展事在人为。乡村是中华民族的根，是传统文化传承的载体，发展好文化，也有利于乡村振兴。其中，孝文化是传承千年的传统美德，巩固和发展孝文化，更有利于推动寿险保障的文化意识深入人心，在我国人口老龄化程度不断加深的情况下，保护和传承孝文化也更有利于提高和改善我国养老保障发展水平。此外，乡贤文化在于传承榜样学习的力量，在乡村创造良好的习惯和氛围，推动人才发展水平的提高。因此，寿险助推乡村振兴、人才振兴，通过宣传养老保障，提高养孝亲敬老文化意识，进而推动乡村寿险市场发展；通过培养人才发展，推动乡村人才水平提升，创造乡贤文化发展的基础。

（五）寿险业助推乡村振兴产组织振兴的制度创新

本章将寿险业制度创新推动乡村组织振兴定义如下：寿险业通过加强与

基层组织的合作，推动基层组织创新，增加基层组织治理能力。寿险助推组织振兴即创新农村的组织形式、优化组织结构、培育自主治理力量。通过加大与乡村政府组织的合作，共同培养乡村建设组织力量，在乡村振兴中积累经验，培养队伍，实现可持续的治理和发展，推动组织振兴。

组织振兴即建设乡村基层组织。基层组织是实现乡村振兴的重要力量，加强基层自治组织建设可以为乡村振兴长效建设监理自治力量，发挥乡村振兴自治力量。基层党组织是基层组织的中坚领导力量，起组织振兴的思想引导作用，农村还有专业合作经济组织，通过合作生产，更好地提高生产效率，除此之外，还有一些社会组织，通过提供一些社会帮助和志愿行动，推动乡村振兴。因此，寿险业助推乡村振兴制度创新要加强与这些基层乡村组织的联系与合作，在更好地了解乡村发展情况的前提下，更有效地发挥寿险业的助推作用，同时，通过加深合作为乡村组织建设提供更多的经验，储备乡村治理组织力量。

第二节　基于熊彼特创新理论的制度创新理论依据

在充分理解了寿险业助推乡村振兴战略制度创新的内涵与外延后，为深入探讨寿险业制度创新的途径，本节将分析基于熊彼特理论的制度创新理论依据。以熊彼特创新的五个方向为制度创新的途径，分析产品创新、技术创新、市场创新、资源配置创新和组织创新对实现制度创新的促进作用。回归创新的本源，寻找实现制度创新的根本途径，为通过熊彼特创新理论实现制度创新成果提供理论依据。

一、熊彼特创新理论与制度创新

熊彼特为创新理论的发展奠定了重要基础。制度创新理论是熊彼特创新理论的延伸和发展，因此，本节首先介绍熊彼特创新理论及制度创新理论。

（一）熊彼特创新理论

熊彼特在《经济发展理论》中首次对创新作出了系统的定义（Schumpeter，1934）。熊彼特创新理论认为，经济社会内部有一种力量可以打破一切现有平衡，这种力量不仅仅是外部力量，也依赖于内在自主追求（王聪和何爱平，2016）。创新通过创造一种新的状态或者一种新的生产函数，打破现有的经济平衡，经济体经过一段时间的发展和调整会产生一个新的平衡，这也对应于经济发展的周期规律。熊彼特定义创新为一种破坏性的创造，强调"新商品、新技术、新供给来源、新组织类型的竞争"比价格竞争更加有效。这种破坏性的创造意味着要在生产中引入新的生产要素或生产技术。这种新的要素或生产技术主要包括五个部分，分别为产品、技术、市场、资源配置和组织。在熊彼特创新理论下，人们对于制度创新的认识也逐渐深化。

（二）制度创新理论

制度创新理论的提出是熊彼特创新理论与制度经济学相结合的结果，戴维斯和诺思指出，制度创新是创新实施者为了追求获得额外的利润，而对原有制度中阻碍发展和额外利润获得的因素的改变和创新（Davis and North，1970）。制度创新既包括根本制度的改变，也包括在基本制度不变的情况，对现存运行机制和体制形式进行创新的变革。制度创新是一个不断演进和变化的过程。制度创新的发展学派认为制度创新是制度主体通过建立新的制度形式，增加自身可获得利润的行为结果（李文涛和苏琳，2001）。这种行为的目的是获得更多的利润，决定是否为成功的制度创新，就看是否能够带来额外的利润。同时，制度创新是一种组织间关系的转变和创新。在熊彼特理论下，本书将制度创新由狭义的制度发展拓展为包括产品、技术、市场、资源配置和组织等多方面的创新。

二、基于熊彼特创新理论的制度创新途径

对于乡村振兴战略的实施，制度创新的关键作用得到了一致的认可，但

众多制度创新理论局限于制度改革本身，将创新限制于制度范围内，使得创新的研究思路偏向狭义。因此，本部分基于熊彼特五大创新理论及以此为基础不断发展的制度创新理论，将创新回归到最本源的定义，从熊彼特创新理论要求的产品、技术、市场、资源配置和组织创新五个层面发展制度创新，并对每一维度的创新形式与制度创新的关系进行分析。

（一）熊彼特产品创新与制度创新

产品销售是企业创造利润的基础，因此，产品创新是熊彼特创新的基础。本部分将首先分析产品创新的含义，其次分析产品创新对制度创新的基础作用。

1. 产品创新。产品创新即创造一种新的产品或者开发一种新的产品特性（刘客，2014）。在现存的市场上，若现有的产品已经不能够满足或者适配市场需求，则需要根据现存的市场环境设计一种新的产品形式。产品是一个企业发展的基础，创新型产品的开发是企业适应市场发展和市场需求变化的根本途径。因此，产品创新是最大化发展企业活力的重要途径。产品创新就是企业在充分了解市场需求状况和需求方向的条件下，将产品的销售、服务形式和产品内容进行相应的调整，与需求市场的需求量和需求类型相适配，从而最大化发挥产品的市场效应。

2. 产品创新是制度创新的基础。基于产品创新的内涵与特征，通过配合市场需求的变化创造新的产品，可以进一步拓展市场范围，从而创造新的利润。要实现制度创新，创造更多的效益，产品创新应从产品的形式、内容及配套服务等多方面寻求创新突破，其根本是要实现与市场需求相适应的供给侧革新，因此，产品创新的前提是要充分了解市场需求，同时，通过产品创新实现成本降低，提升利润空间，还可以更好地开辟市场。以基础产品创新为基石，层层推进，推动产品的大范围全面创新，循序渐进，配合管理创新和技术创新，更好地实现创新成果。

（二）熊彼特技术创新与制度创新

技术创新是企业获得创新利的根本途径，是实现制度创新的核心。本部分将首先分析技术创新的含义，其次分析技术创新的核心地位。

1. 技术创新。技术创新包括生产技术与服务技术等，指通过引入新的科学技术等，提高产品的生产效率，推动行业科技创新，实现更符合现代化市场发展要求的行业技术创新。技术创新是制度创新发展的基础，以技术为保障，才能更好地发挥制度创新的作用（徐浩和冯涛，2018）。技术进步和技术创新是实现产品优化和企业进步的不竭动力。科技是第一生产力，随着互联网技术发展日新月异，众多的产业和行业借助互联网＋，充分利用互联网发展带来的红利。要实现技术创新，需要不断的实践和创新投入，建设创新实践激励机制，鼓励创新，从不断的创新实践中获取有效的创新技术。

2. 技术创新是制度创新的核心。基于技术创新的内涵与特征，技术创新是产品创新的根本。要实现制度创新，获得额外利润，技术创新是核心。依托销售平台和服务平台的产品销售和服务背后都凝结着技术创造。我国互联网信息技术发展迅速，通过人工智能、大数据、区块链等信息技术可以实现信息的收集，可以更好地了解市场动态，同时可以提供更有效的智能服务，为销售服务提供多种高质量提升途径，从而获得销售市场、创造额外利润。企业应不断通过创新，发展新的生产、服务技术，提高产品服务质量。要实现技术创新，需要产品研发的资金、人才、时间等方面的投入支持，因此，要实现技术创新的制度创新，需要秉承创新发展理念，加大创新技术研发投入。

（三）熊彼特市场创新与制度创新

市场创新是实现制度创新的重要途径，市场竞争力是企业创新追求的目标。本部分将首先分析市场创新的含义，其次分析市场创新的重要地位。

1. 市场创新。企业要进一步实现创新成果，需要市场创新与技术创新协同作用（张峰和邱玮，2013）。市场创新即通过创新供给，实现供需匹配，充分开发市场。市场创新是企业探索新兴市场，追求企业效益的重要途径。创新市场是产品创新的目的，是产品创新成果的扩大，实现市场创新是行业追求更高的产出效率的结果。产品的设计和改良是为了实现有效供给，从而促进市场效率提高，实现经济效益。通过市场创新，适应市场需求，做到供给与需求相适应，可以更好地开发市场潜力。我国乡村市场具有良好的未来发展前景，随着农民的生活水平的不断提高，农民的消费需求、保障需求将会不断增长。因此，面对一个庞大的待开发市场，依据熊彼特创新理论下的制度创新，需要通过产品、销售和服务多角度进行创新，实现与农村市场需求的适配。

2. 市场创新是制度创新的重要形式。基于市场创新的内涵和定义，市场创新是针对市场环境和市场参与主体的创新变化。市场创新既是一种实现制度创新的重要形式和途径，也是产品创新和技术创新的结果。要实现制度创新获得额外的创新利润，需要创新市场主体形式和市场发展环境。要避免市场参与主体过于单一化、市场销售过于集中化，要创新企业参与市场中的形式和方式，加强多个主体间的交流和合作，在合作的基础上进一步创新产品形式、丰富产品内容，从而更好地推动市场发展。同时，要开辟新的市场，避免过度集中于某一区域，提高市场发展潜力。结合产品创新和技术创新，充分开发市场范围，探索未来发展的新方向，为企业未来发展提供新的发展思路，保障企业发展活力。

（四）熊彼特资源配置创新与制度创新

资源配置创新是实现制度创新的重要保障，企业资源配置影响企业的生产和销售，进而影响企业的效率。本部分将首先分析资源配置创新的含义，其次分析资源配置创新的重要保障作用。

1. 资源配置创新。资源配置创新，即开发新的资源配置方式，提高资源配置效率。企业的技术创新不仅依赖于资源的支持，更依赖于资源配置战略产生的资源配置效率（王向楠和吴婷，2019）。从行业内部来看，要进行产品生产需要各种生产要素资源的共同作用，这些资源遵循一定的生产方式进行配置，从行业外部来看，各种不同的行业掌握了各种其他行业生产所需的生产要素资源，因此，行业间存在相互配合的组织关系。随着生产的不断发展和技术的创新和进步，原有的生产方式可能不再适应现有的生产环境，因此，需要进行资源配置创新。所谓资源配置创新，即通过资源配置数量、比例和新的资源的开发等多种方式，最大化资源配置效率，进而提高生产效率。随着生产效率的提高，意味着资源配置的创新可以使得企业获得更高的利润，从而实现制度创新追求的超额利润的目标。

2. 资源配置创新是制度创新的重要保障。基于资源配置的内涵和定义，资源配置创新即企业为提高效率，对资源的自主选择配置方式的改变。资源配置创新是制度创新的重要保障。企业的资源是有限的，要更好地实现制度创新，企业资源配置创新要与政府政策导向相适应，包括资金配置和人力资源配置以及资源配置与市场发展行情相关。对于对外投资而言，资金与人力资源要投入到具有发展前景、政府政策支持的行业，这样的投资风险较低，回报具有一定的保障；对于对内投资的资源分配，要将资源配备到生产和经营成效好，同样具有好的发展效率和发展前景的部门当中，提高企业产出水平，提高生产积极性。同时，企业产品和技术创新也需要更多的资源支持，因此，资源配置创新在企业内部也要支持产品和技术创新发展，提高资源投入水平。

（五）熊彼特组织创新与制度创新

组织创新是根本制度形式不变条件下，实现制度创新的主要形式。本部分将首先对组织创新进行定义，其次分析组织创新的重要作用。熊彼特组织创新与制度创新之间的关系如表 2 - 1 所示。

表 2 - 1　　　　　　　　熊彼特创新理论与制度创新的关系

熊彼特创新理论五个创新途径	与制度创新理论相关关系
产品创新	基础
技术创新	核心
市场创新	重要途径
资源配置创新	重要保障
组织创新	主要形式

资料来源：约瑟夫·熊彼特. 资本主义、社会主义与民主 ［M］. 北京：商务印书馆，1999；兰斯·E. 戴维斯，道格拉斯·C. 诺思. 制度变迁与美国经济增长 ［M］. 张志华译. 上海：上海人民出版社，2019.

1. 组织创新。组织创新即开发各组织部门之间的合作关系。组织创新也是影响企业技术创新的重要因素，组织创新与技术创新在动态发展过程中对创新结果起到不同的作用（王成刚等，2018）。组织创新受组织内部个体的创新变化影响，同时也受外部环境变化的影响。从组织内部来看，在产品、技术及市场上追求制度创新时，必然要调整其内部组织结构。以企业为例，企业的生产及非生产部门之间相互协调，要进行组织内部创新，就要对各部门间的关系进行调整，目的还是追求产出效用的最大化。从组织外部看，各个体组织之间的相互关系在一定的制度下存在一定的规律和约束，在旧的制度下，各组织之间的相互关系无法进一步推动额外利润的产生，要促进整个体系的创新，需要改变整个制度环境的框架和形式，这便是体制的创新。

2. 组织创新是制度创新的主要形式。依据组织创新的内涵和定义，组织创新即现有体制形式和运行关系的变化。企业组织是加工输入的信息和资源、输出市场需求的产品的过程。输出产品的质量和效率取决企业组织形式的生产效率，因此，在企业内部要通过组织形式创新，加强部门间配合，提高工作和生产效率，加强产品销售和服务团队建设，创新产品销售和服务形式，提高产品销售和服务水平。组织创新是实现制度创新的主要形式。为进一步实现制度创新，在提高组织创新意识的同时，要加强组织形式合作的创新实践，通过实践不断尝试新的组织形式和方法，在实践中探索市场需求和市场发展方向。在市场创新中，为实现市场主体多元化需要发展外部组织创新，创新企业合作的组织形式，探索拓展市场的合作方式。

综上所述，企业要想通过制度创新获得新的利润，依据熊彼特创新理论，从产品、技术、市场、资源配置和组织五个方面进行创新可以更加协调而有效地实现制度创新，获得额外利润。以产品创新为基础、技术创新为核心、市场和组织创新为技术创新协调发展的手段、以资源配置创新为重要保障，全方面推进企业创新的探索和实践，才能更好地发挥制度创新的作用。结合前面的理论分析，下面将探讨实现寿险业助推乡村振兴战略制度创新的理论框架。

第三节　寿险业助推乡村振兴战略制度创新的理论框架

党的十九届四中全会提出，制度创新的内生动力包括两方面，一方面是实践层面的问题导向，另一方面是理论层面的顶层设计。要通过制度创新实现国家治理体系和治理能力现代化，推动实现乡村振兴，就要从理论和实践两个方面为乡村振兴战略的制度创新确定理论框架、增加创新活力。因此，本节基于熊彼特五大创新理论，结合实践中农村寿险发展的不足和存在的问题进行顶层设计，贯彻实现五个振兴的发展要求，从产品、技术、市场、资源配置和组织创新五个层面发展制度创新。

一、产品创新助推产业振兴

（一）产品创新助推的产业振兴的理论分析

寿险业产品创新即创新寿险产品形式和内容，满足农村寿险市场需求。产品创新是寿险业的主要创新形式，对于我国寿险行业，在如今乡村振兴战略的贯彻实施下，我国寿险行业在农村地区具有较大的发展潜力和机遇。但我国寿险行业存在产品与需求不一致、产品结构发展不均衡和产品形态单一等众多问题（周华林和郭金龙，2012）。寿险要推动乡村产业振兴，首先要通过调整自身产业发展结构，创新产品设计。通过产品创新，针对乡村产业发展需求设计保险产品，帮助农民防范风险、减少损失，使得第一、二、三产业在经济发展上相互配合，第三产业充分发挥金融服务作用，保障第一产业发展需求，从而促进乡村产业发展稳定，推动产业振兴持续发展。通过与农村寿险需求市场的适配，解决农村产业发展所需的资金问题、风险保障问题及金融服务问题等，为农村产业发展保驾护航。

保险深度指保险行业保费收入占 GDP 的比重，尽管历年来我国保险深度随着不断发展而有所提升，但我国保险深度仍只有 4.46%，人身险深度更低，如图 2－1、图 2－2 所示，远低于发达国家保险市场的水平。同时，我国人均持有人身险保单数与发达国家存在着较大的差距，这意味着我国保险市场具有巨大的发展潜力。从我国目前的保险产品来看，产品形式较为单一，同质化严重。尽管人们的保险消费需求有所提升，但保险产品还没有成为必需品，这是因为现有保险产品很难与需求适配，产品不具有吸引力。

因此，寿险业要通过产品创新助推乡村振兴战略，则制度创新需要解决

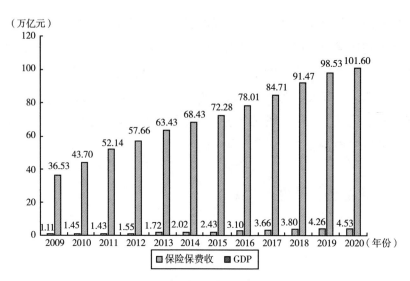

图 2 - 1　2009～2020 年我国保险保费收入及 GDP 水平

资料来源：中华人民共和国 2020 年国民经济和社会发展统计公报 ［EB/OL］. ［2021 - 02 - 28］.
https：//www. stats. gov. cn/sj/zxfb/202302/t20230203_1901004. html.

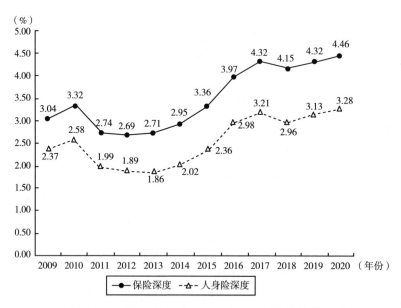

图 2 - 2　2009～2020 年保险及人身险深度发展水平

资料来源：中华人民共和国 2020 年国民经济和社会发展统计公报 ［EB/OL］. ［2021 - 02 - 28］.
https：//www. stats. gov. cn/sj/zxfb/202302/t20230203_1901004. html.

产品单一化和同质化问题，创新产品生产形式，为农业发展创新配套风险管理产品，为农业生产提供金融服务，推动第二、三产业服务第一产业，促进第一、二、三产业融合发展。改变市场主体单一的市场结构，推动多方合作，推动农业在有效的市场环境中实现现代化发展。

（二）基于寿险业产品创新实践的理论分析

一直以来，产业振兴都被视作是实现乡村振兴的关键。产业振兴是乡村振兴的基础（姜长云，2019），在政府工作报告等多项文件中都强调要推动建设乡村产业，依托乡村特色资源发展产业，为农民创收，推动乡村经济发展。但我国还存在农业经营主体弱小、产业发展结构效益不强、产业发展动力不足等问题（蒋辉和刘兆阳，2020）。寿险业作为金融服务业，自其诞生至今，产品形式经历了单一到复杂的发展过程，由最初的寿命保障到分红险等红利型保险，再到如今的健康险等，其产品形式随市场环境的变化而不断调整。面对乡村振兴产业振兴的目标要求和农村产业发展动力不足的问题，寿险业产品形式可以因地制宜地进行创新。在广西，中国人寿与当地银行展开合作，创新推出国寿扶贫贷。以寿险公司串联政府和银行，由政府和中国人寿共同出资建立风险基金，联合为小微企业贷款的担保公司，通过广发银行提供最低利率的贷款，为乡村企业发展提供金融支持。这种创新型保险加贷款的形式，使得多方分摊金融风险，更好地服务农村小微企业发展，推动乡村产业振兴。

将乡村产业振兴的视角集中于寿险的产品创新，有利于充分发挥寿险的市场体量优势，同时，在推动产业发展的同时，追求个人效用的提升，更进一步地、有效地促进乡村振兴。2018 年 4 月，浙江省发布《全面实施乡村振兴战略高水平推进乡村振兴战略行动计划（2018－2022）》，依据乡村振兴产业兴旺的发展要求，加强农村保险保障制度和体系的建设，创造全面提高农民生活水平和养老保障水平的农村社会保障体系。行动计划提出，全面实施万家新型农业主体提升计划，对应产业兴旺、富民惠民等举措，坚决打赢百姓增收攻坚战。产品创新是寿险业助推乡村振兴制度创新的基础，过去，寿险仅仅通过定期寿险等单一形式产品的规模化发展，实现"做大"；未来，寿险还要通过产品形式的多样化创新，广泛覆盖需求市场，实现"做强"。

二、技术创新助推人才振兴

（一）技术创新助推人才振兴的理论分析

寿险业技术创新指寿险业通过结合最新的科学信息技术，提高寿险服务的技术水平，如通过互联网平台提高寿险销售和服务平台技术水平，拓展寿险销售市场。在生产力的三要素中，最重要的是"人"。人是创造创新、生产和发展的关键，2018 年，《中共中央 国务院关于实施乡村振兴战略的意见》发布时，明确提出要破解乡村振兴人才瓶颈制约。人才发展是乡村振兴战略的微观基础，在我国农村地区，大量人才受发展环境的限制，向城市等地区流失，农村地区出现空心化现象。失去人才的支持，乡村发展更加艰难，从而形成了恶性循环。人才的流失导致参与农村生产经营以及治理的群体的能力和水平有限，从而导致发展效率和管理水平较低的现象存在（蒲实和孙文莺，2018）。为解决人才流失问题，需要通过技术创新等提高农村地区人才需求水平，创造农村地区人才市场，从而推动实现农村人才振兴。因此，要推动人才振兴，首先要创造就业需求，构造人才发展的平台。

在互联网科技迅速发展的时代，寿险业要加大与互联网技术的结合力度，创新产品服务形式，结合大数据和智能信息平台，提高产品信息化水平，为乡村人才发展打造生长平台。在享受互联网带来的技术进步红利的同时，要注意其可能带来的风险。首先，针对新型互联网保险的线上销售和线上服务形式，以及电子信息和电子保单等电子化保险形式，要加强自我监督，既要给予电子寿险一定的发展和生存空间，又要确保其不会产生法律问题。其次，针对乡村互联网技术普及范围较有限、群众对于互联网操作使用能力较弱的情况，寿险业要加强宣传，组织进行学习，提高信息技术惠及范围，保障寿险业务的顺利开展。同时，针对乡村人才缺失的现象，寿险业可以制定相关人才激励和补贴机制，吸引人才流入。

（二）基于寿险业技术创新实践的理论分析

新冠疫情的暴发使得各行各业都追求新产品以及技术创新，以应对突发的疫情造成的经营困境。寿险公司多拓展疾病险、寿险、意外险的保障范围，对由此造成的损失也会进行相应的赔偿，这是顺应事件发展的产品创新。同时，由于疫情的影响，阻断了线下业务的开展，各寿险公司也纷纷转向线上业务的开发，这就是对信息技术的应用与创新。寿险技术的创新突破了发展困境，打开了新的局面。而线上技术的应用必然需要信息技术人才支持，同时，传统的线下服务方式需要作出改变，这也需要能够与之相适应的创新服务人才队伍。由此，寿险技术创新创造了人才需求。除了寿险行业，在寿险业推动乡村产业振兴发展的同时，产业振兴意味着乡村企业的发展，以产业发展为平台，人才有了成长的地方，才能在乡村留住人才，从而为乡村振兴提供不竭的发展动力。中国人寿在推动乡村振兴、人才振兴中，强调民生幸福，为广大农村寿险需求客户提供适宜的服务。在为农民工提供专项收入保障保险的同时，创新教育保险和基金，为乡村教育建设提供保障，实现长远的人才振兴。

在寿险业追求技术创新与寿险产品、销售、服务相结合的同时，首先，高质量的创新科技寿险产品和服务可以更好地服务寿险市场，促进乡村社会保障体系的完善。其次，具有高技术性的寿险产品设计需要相应的人才队伍与之配套，当寿险业针对乡村市场构造起较为完善的技术产品体系时，能够创造一定数量的就业机会，从而吸引具有高技术水平的人才。除了在产品技术创新设计环节，在产品销售和线上服务等环节，都会需要新的具有一定技术的人才。因此，加大寿险业技术创新力度可以很好地促进乡村人才聚集和成长，实现乡村人才振兴。

三、市场创新助推文化振兴

（一）市场创新助推文化振兴的理论分析

寿险业的市场创新即开发寿险业潜在市场，以新的市场充分培养群众形成保险保障的意识，广泛形成保障氛围，促进乡风文明建设。文化供给具有激发需求的潜能（徐勇，2018）。农村地区的文化发展较于城市存在较大的文化发展差异。从寿险产品的接受程度来看，寿险市场与文化观念的发展息息相关，只有从农民的思想观念入手，推动文化创新的氛围形成，才能获得广泛的市场开发。同样，通过市场创新的努力，开拓潜在市场及客户，还可以创造出风险保障、健康险与寿险购买的市场氛围，从而提高农民的意识和认可度，促进社会保障的意识。文化是一个民族的根，是保障其未来发展最深厚的基础。传承乡土文化是对传统文化的继承，是不忘初心。通过寿险市场创新，广泛地将保障思维、孝文化等推广到乡村地区各个部分，从而形成广泛的认同。推动乡村文化振兴，要深入推进思想道德和农村公共文化建设，以社会主义核心价值观为依托，建立起继承传统文化，同时，结合新的文化，创新文化形式的文化振兴战略（陈波，2018）。

我国寿险业在发展寿险保险的同时，其寿险需求也受传统文化的影响。中国是传统孝文化盛行的国家，百善孝为先，在孝敬父母长辈的文化传统下，寿险和养老保险的需求与孝文化的发展相互影响。积极发展寿险产品市场创新，推动养老等保险产品保障的意识深入人心，有利于孝文化的传承。寿险从最初的生命保险发展至今，涉及各种形式的商业养老保险，这是其与养老需求和孝文化的适配。随着居家养老观念的发展，又催生了长期护理保险。除此之外，通过寿险市场创新开发，还可以帮助传统文化形成产业模式，以保障其有所盈利，从而能够形成稳定的发展和传承。文化与寿险市场的开发相辅相成，其中，文化包括物质、制度和观念文化（卓志，2012）。寿险业促进文化发展，并通过市场创新，普及寿险产品，形成物质，并通过市场中寿险相关制度的制定，形成寿险保障的观念文化，从而创造寿险保障文化。

（二）基于寿险业市场创新实践的理论分析

寿险助推文化振兴还要结合我国农村的发展特性，因地制宜，我国乡村地区寿险发展与城市地区存在二元化结构。寿险助推乡村振兴农村市场发展，首先，在制度上要对协调地区发展作出明确规定，缓解地区发展不平衡。针对农村地区寿险市场开发，要完善农村地区医疗保险覆盖制度规定。其次，对寿险业前期发展市场创新进行政策补充，充分保障和扶持寿险业乡村市场的起步发展。最后，发挥基层组织的宣传作用，建立基层保险宣传学习机制，培养保险保障行为和意识，为寿险业打开农村市场奠定思想和意识基础，完善乡村社会保障精神文化。

从我国寿险增速发展变化来看，如图 2 - 3 所示，在 2011～2016 年有明显的增速增长，但从整体趋势来看，从 2016 年至今有向下的发展趋势，寿险业市场发展增速的下降意味着市场创新拓展市场份额和市场范围的必要性。寿险业亟须通过市场创新提高寿险深度，推动寿险需求形成常态。从市场竞争状况来看，我国人身保险还没有形成充分竞争的市场格局。我国排名前五的保险企业占据了保险市场份额的一半，导致市场主体多样化程度低，企业缺乏竞争压力导致企业创新动力不足。因此，寿险业市场创新要通过增加市场主体多样性，提高各寿险企业的竞争性，推动寿险行业竞争发展，以多元化寿险供给，全面推进寿险保险意识的培养和覆盖，让寿险保障深入人心。

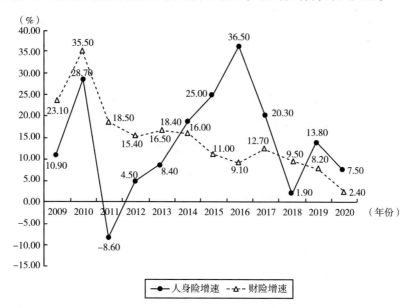

图 2 - 3　2009～2020 年我国寿险与财险发展增速

资料来源：中华人民共和国 2020 年国民经济和社会发展统计公报 [EB/OL]. [2021 - 02 - 28]. https：//www.stats.gov.cn/sj/zxfb/202302/t20230203_1901004.html.

四、资源配置创新助推生态振兴

（一）资源配置助推生态振兴的理论分析

寿险业以其行业特性，掌握了大量的资本，因此，寿险行业资源配置即将资本配置到更具收益性的地方创造收益，从而最大化资源利用效率。首先，寿险业资源配置创新不同于传统资源配置原则，既要兼顾营利性，又要规避风险，同时还要注重绿色发展。资源配置是寿险行业的本职工作，做好资源配置，注重资源配置的效率和质量。基于此，首先，要制定风险管控机制，避免寿险行业过多地追求自身利润和经济效益，盲目从事高风险投资。其次，构建市场化资源配置机制，提高资源配置效率，同时监管资金投资流动，一定程度上约束市场行为。建立寿险行业助推乡村绿色产业发展的政策和制度规定，推动寿险行业将资源和资本有意识地向乡村生态产业，助推乡村生态振兴。绿色发展是未来为追求可持续发展生态成果的必经之路，是转变经济由数量发展到质量发展的必然要求（洪银兴等，2018）。要发展生态振兴，寿险业需要大力支持乡村绿色产业发展，通过保护农村生态、生活环境，推动乡村生态振兴。

2005 年习近平同志在湖州吉安考察时，首次提出"绿水青山就是金山银山"。① 这样一句饱含丰富内涵的科学论断，已经逐渐融入人们的思想意识当中去了。之后的乡村振兴战略中，又明确提到要发展"生态振兴"。绿水青山就是金山银山，意味着在追求乡村振兴时，要注重绿色发展优先，要保障乡村的生态环境，建设生态宜居的美丽乡村。乡村产业的发展不仅需要具有经济效益，还需要关注绿色可持续发展性，长期以来的实践证明，可持续发展的产业才能够更长远地惠及人民（于法稳，2019）。发展绿色生态产业，促进乡村生态环境建设，可以更好地为农村居民创造良好的生产和生活空间，才能够真正地实现乡村振兴。通过资源配置，加大绿色产业投入力度，

---

① 绿水青山就是金山银山！看安吉的实践探索 [EB/OL]. [2022 - 12 - 14]. https://baijiahao. baidu. com/s? id = 17521549164647772421&wfr = spider&for = pc.

推动生态产业发展，有利于农村地区发展生态宜居的美丽乡村，促进生态振兴。

（二）基于寿险业资源配置创新实践的理论分析

在寿险业推动乡村绿色产业发展的创新实践中，中国人寿以绿色金融保险的方式助推生态振兴。在福建龙岩，中国人寿开发了林业碳汇指数保险，一旦因为病虫灾害等情况的出现，造成生态林的碳汇能力下降或减少达到一定的程度，购买林业碳汇指数保险的企业都可以申请保险赔偿，从而为生态林的救助和恢复提供资金保障，维护了生态环境的建设。寿险业将资源配置于新型绿色保险产品的开发，推动生态产业建设，进而推动乡村生态振兴。

2012 年，党的十八大提出要加快生态文明建设，构建五位一体总体布局。《农业现代化规划（2016—2020 年)》提出为推动农业可持续发展，推进绿色发展五大行动。在生态文明建设的不断发展下，农村居住环境逐步改善。2022 年，农业农村部和生态环境部联合印发的污染治理《农业农村污染治理攻坚战行动方案（2021－2025 年)》强调，要构造社会资金多元化投入格局。寿险业要助推乡村生态振兴，在对其资源进行配置时，要依据国家对乡村振兴的期望和要求，在实现寿险业利益最大化的同时，扶持乡村绿色产业发展，帮助建设生态产业发展体系，为绿色产业提供更多更优惠的金融服务，推动绿色产业健康发展，助推乡村振兴生态振兴的实现。

五、组织创新助推组织振兴

（一）组织创新助推组织振兴的理论分析

寿险业组织创新即组织结构和组织形式的创新变化。通过寿险业组织形式变革，与农村基层组织更好地衔接合作，形成更好的组织间合作关系，实现乡村组织振兴。乡村是具有其特色的组织和集体，乡村组织建设关乎乡村发展的效率和高度，是乡村振兴重要的基础保障。通过农村组织的创新，提高农村居民的集体凝聚力，发挥其在乡村振兴中的内生动力作用（张照新和吴天龙，2019）。乡村振兴战略追求的目标是实现乡村人民自身的发展，因此，组织振兴就是要充分发挥个体的作用，建立起具有良好治理能力的团体组织，实现乡村振兴的长期可持续发展。实现组织振兴就是要培养和锻炼出能够充分、有效地服务乡村的优秀基层组织，实现自治水平的提高。寿险业内部组织创新可以提高行业生产和服务效率以及乡村寿险保险水平。加强寿险业内部监督组织的作用，建设和完善行业监管制度环境有利于推动寿险业高质量发展。在组织外部，加强寿险业与农村基层组织合作，增加合作实践，有利于双方探索出更好的服务和协作机制，促进乡村基层组织的发展和创新。

（二）基于寿险业组织创新实践的理论分析

党的二十大报告中提出要增强党组织政治功能和组织功能。党组织的组织力是指党组织服务人民群众的管理能力和服务能力等（林星和王宏波，2019）。在乡村振兴战略中，基层组织的管理和协调能力关乎当地政策贯彻与实施的效果以及生产和管理创新的活力。为推动基层组织的队伍建设，中国人寿高度重视参与到乡村建设的大学生村官的综合保险计划，通过开设专门的保险服务通道，为大学生村官提供保险服务便利，确保理赔时效和服务质量。大学生村官的综合保险计划覆盖多项疾病保险额度以及意外险重大疾病险等，到 2021 年，已经累计承保 95 万人次大学生村官，支付赔偿超 5786 万元，帮助了 600 多名因重大疾病或意外导致生活困难的大学生村官及家庭[①]。

寿险助推组织振兴就是要通过加强行业与组织协同关系，推动行业间协调发展，从而实现组织间的相互配合，提升发展效率。寿险业要推动寿险组织内外制度建设。首先，针对寿险业组织内部的结构调整和创新，建立寿险行业组织形式规范制度，规范寿险业销售人员从业水平，保障寿险行业的服务队伍的专业性。其次，制定行业组织行为规范标准，严禁具有欺骗性质的寿险销售行为，提高寿险服务水平。在促进乡村振兴的要求下，寿险业内部组织机构从组织结构到销售形势都要作出相应的创新调整，以适应乡村寿险

---

① 中国人寿十年累计承保大学生村官超 95 万人次 [EB/OL]. [2021 - 05 - 06]. https：//baijiahao. baidu. com/s？id = 1698989616007327139&wfr = spider&for = pc.

市场。最后，针对乡村寿险市场，建设农村基层组织与寿险组织对接机制，提高农村组织与寿险服务的协同合作机制，进一步提高我国农村地区寿险服务水平，保障农村寿险市场开发。

第四节　我国寿险业助推乡村振兴战略制度创新的简要分析

在熊彼特创新理论基础上，基于寿险业助推乡村振兴战略的制度创新理论，需要与实际现实相结合，不断进行创新和调整改善。寿险业要结合行业特征，充分发挥行业优势，力求更好地实现熊彼特创新理论下的新发展，实现助推乡村振兴战略的制度创新。寿险业应从创新多元化产品供给、创新产品与科学技术相结合、创新推动农村寿险市场化发展、创新寿险业资源配置推动生态产业发展以及创新组织制度形式等多个方面实现制度创新，为此，本节就寿险业实现制度创新的多种途径分别展开简要的讨论和分析，以为我国寿险业助推乡村振兴战略制度创新的理论分析提供实践建议。

一、创新多元化寿险产品供给

长期以来对于寿险业产品创新的研究主要从寿险业应对市场需求变化和外部市场环境变化的角度（李秀芳和傅国耕，2012；曹勇，2008）开展寿险业产品结构的创新研究。

（一）创新寿险金融服务产品供给，支持乡村产业发展

寿险业多元化产品创新要为农村产业发展提供充分金融服务支持，创新寿险金融产品设计。寿险公司为农村企业提供可以获取贷款和期货产品的保险产品，通过与银行和政府开展合作，在分散贷款风险的同时为企业提供最优惠和便利的贷款融资条件，保障企业资金来源充足。

（二）发展普惠寿险，提供全面保障

寿险业要积极发展普惠型寿险，面向低收入人群，为低收入人群提供保障。自农村小额人身保险实施至今，小额人身保险帮助许多农村家庭增强了抵御自然灾害和意外伤害的能力。如截至 2022 年底，中国人保开发农村小额人身保险产品及"特惠保"扶贫专属产品，为 125.1 万人次提供 248 亿元保额保障。① 小额人身保险的普及帮助众多的家庭避免了因病或灾害导致家庭财务危机的情况。寿险助推乡村振兴战略要求进一步发展农村小额人身保险，推动保险参与全覆盖，真正推动乡村保障水平的整体提高。

（三）因地制宜开发寿险业务种类

寿险业要针对乡县地域特征，因地制宜地开发如意外险、健康险等业务，推动乡县地区寿险业务种类和范围拓展。针对各不同收入群体，构造多层次需求的养老保险产品，满足乡村地区日趋多样化的养老需求。针对不同地区的产业发展特点和地域特征，创新多元化寿险产品，满足不同地域的需求，推动当地第一、二、三产业进一步融合发展。

二、创新寿险产品与科技应用相结合

对于保险行业的技术创新，主要以互联网科技发展的崛起和新兴互联网科技的产生为基础，包括人工智能、大数据以及区块链技术等（王和和鞠松霖，2014），保险的技术创新即合理地创新应用互联网科学技术，提高保险产品的质量，当前对于寿险业的技术创新的研究较少。

（一）创新科技应用，提高服务水平

结合科技应用创新服务形式，发展电子和数字化寿险产品和服务。寿险业要创新互联网线上销售形式，建立网上统一规范的销售平台，减少人员上

---

① 上市险企：财险业绩好转_寿险还在承受转型之痛［EB/OL］.［2023－04－01］. https：//www.bjrcb.com/pc/cn/touzilicai/zixun/bxzx/20230401/8304770.shtml.

门销售的成本，提高传统电话销售的效率，培养线上销售客服。2020年，新冠疫情的突然暴发导致众多产业遭受了不小的打击，保险行业却展现出了不一样的特质，由于其密切结合大数据、互联网平台、区块链等新兴科学技术的使用，保险行业通过线上销售并且完善线上服务水平和质量，实现了疫情期间的稳定增长和行业发展的创新突破。

（二）利用大数据，全面掌握寿险需求

寿险业要利用大数据等科技，与乡村基层组织展开合作，充分调查研究我国广大农村地区的寿险需求分布和需求内容，有针对性地设计与需求相适配的寿险产品供给，并创新设计后台监测机制，随时观测寿险产品销售情况的动态变化，及时作出调整。未来，信息技术将会给保险行业带来全新的升级和创新发展，保险行业将面临巨大的发展变化。

（三）创新寿险金融

在创新寿险技术应用的基础上，寿险业提高了行业对人才的需求，因此，寿险业要广泛招募从事产品设计和销售的人才，通过开发乡村市场，推动人才向乡村聚集和下沉，为建设美丽乡村作出贡献。新型保险技术的应用，结合激励及补贴政策，吸引人才下沉到农村市场，推动农村市场发展。随着农村经济和保险保障等方面发展水平的提高，其将会吸引越来越多的人才，从而形成良性循环。

三、创新推动农村寿险市场化

对于寿险业的市场创新，主要以寿险的营销创新为方向，研究寿险业营销方式的创新变化，强调寿险业要结合寿险市场的特征，调整寿险业的经营方式。通过营销管理和服务形式的创新变化实现寿险业市场的创新发展（蒋奇，2000；魏华林和黄余莉，2012）。

（一）注重潜在市场，提高创新农村寿险市场开发意识

开发农村寿险市场，形成风险保障文化意识。寿险业开发农村市场首先

要了解农村的寿险需求，要建立服务乡村寿险的专业队伍，针对乡村寿险市场开展充分和全面的调查和研究。2020 年末，银保监会发布会上时任副主席黄洪表示，我国仅有 1/5 的人拥有长期寿险保单，这一比例远低于发达国家，这表明中国寿险市场具有巨大的发展潜力。[①] 对于寿险业而言，市场开发是非常重要的环节，尤其在我国农村地区，人身保障、购买保险的意识不强，因此，农村市场具有巨大的发展潜力，开发农村寿险市场有利于促进社会保障文化和意识的形成。

（二）提高寿险产品覆盖范围，培养寿险保障意识

寿险业要加大在"三农"——农业、农村、农民各方面的保险覆盖和涉及范围拓展的力度，让寿险产品"飞入寻常百姓家"，融入乡村居民的日常生产和生活的方方面面，营造寿险普及的氛围，培养农村居民保险意识，充分开发农村寿险市场潜力。以寿险产品如养老保险的普及推动孝文化的创新发展，同时形成保障意识，推动保险文化的形成。同时，寿险保障意识的养成也有利于进一步推动农村寿险市场的开发。

（三）开发寿险营销线上信息平台

寿险业要注重自媒体等营销渠道的开发，针对农村居民经常使用的软件投入寿险产品宣传广告，拓宽乡村居民寿险产品接触渠道。我国寿险在乡村的市场还有待进一步开发，随着我国人口老龄化的不断加深，健康险、养老险将会在乡村地区有更广泛的发展前景。我国乡村振兴战略将会随着乡村的不断发展进行改革创新，解决"三农"问题以及建设美好乡村的目标，寿险业的市场创新，既是推动乡村振兴，也是推动寿险市场的开发，两者相辅相成、相互统一。

---

① 银保监会：我国仅 1/5 的人拥有长期寿险保单，市场潜力大［EB/OL］．［2020 - 12 - 16］．https：//baijiahao. baidu. com/s? id = 1686236313451847328&wfr = spider&for = pc.

四、创新资源配置，推动生态产业发展

我国寿险业资源配置研究主要以寿险业效率为研究视角（支燕，2009），且多采取实证研究的方法。寿险业资源配置影响寿险业生产经营效率，要实现寿险业助推乡村振兴战略下的制度创新，需要与乡村振兴战略的政策要求紧密结合，确定寿险业资源配置方向。

（一）寿险资金支持乡村生态企业发展

寿险业资金资源的利用影响寿险业的效率，寿险业要在管控风险的同时，提高资本绿色产业投资比例，拓宽服务领域，实现精准补偿，促进生态产业发展。为促进乡村生态振兴，寿险业要充分利用寿险财产资源，进行优质企业投资，帮助解决企业资金问题，提供金融服务，扶持企业发展。寿险业财产资源的分配，要针对优质生态企业进行有方向的资源配置。

（二）针对绿色产业开发专项保险

针对绿色生态产业行业特征，进行设置专项绿色保险，对生态产业形成精准补偿和帮扶机制，保障产业稳定运营和发展。生态文明建设是保障长效可持续发展的基础，寿险业助推生态振兴，在推动生态环境发展的同时，也为乡村振兴的可持续发展奠定基础。寿险业要在乡村发展，离不开乡村的建设，两者可以实现双赢。未来，寿险业在生态发展中要更加注意绿色保险的创新发展，与时俱进，同时，结合科学技术的使用，推动绿色产业成为乡村振兴的不竭动力。

（三）结合资源配置风险控制，持续助推生态振兴

绿水青山就是金山银山，通过资源配置，加大绿色产业投入力度，推动生态产业发展，有利于农村地区发展生态宜居的美丽乡村，促进生态振兴。此外，寿险业要充分实行行业投资风险管控，促进乡村寿险高质量发展，保障寿险业形成长效的乡村振兴助推效用，实现可持续发展。

五、创新组织制度形式

对我国寿险业组织创新的研究主要以寿险业产业组织变化为视角，研究寿险业在宏观环境变化的条件下其产业组织形式的变动调整（邵全权等，2010；戴稳胜，2004）。产业组织的创新是寿险业应对外部环境变化的制度调整过程。

（一）创新内部组织形式，优化服务队伍

寿险业要创新其内部的组织形式和组织结构，优化乡村寿险业服务的队伍，为乡村居民提供高质量寿险服务。通过寿险业内部团队组织创新，不断提高寿险业服务水平，为其与乡村基层组织展开合作奠定基础。

（二）加强乡村基层组织联系，积极开展乡村合作

寿险业要建立与乡村组织合作的协调机制，增强与乡村组织机构的合作关系，以乡村组织为单位，整体开发寿险产品，提高产品服务的效率。以浙江省为例，中国人寿浙江省分公司不断加大与浙江省扶贫办、计生协、老龄办等多部门的协调与合作，积极签订实现普惠保险、小额信贷、绿色金融等多领域合作的合同，力争提升浙江省寿险产品的服务水平和服务效率。寿险公司与其他组织和企业的合作，推动了组织制度的创新。寿险业与农村基层组织展开合作将会更好地发挥组织合作的作用，从而推动实现乡村组织振兴。

（三）广泛开展寿险宣传，助力乡村自治

寿险业要借助农村组织的集体性，开展农村寿险宣传和教育，培育广大农民风险防范意识，充分开发农村寿险市场潜力。组织振兴是乡村振兴急需的领导力量，未来寿险助推组织振兴要继续加强基层组织合作，保障基层组织人才培养，增强乡村自治能力，发挥自主性，推动乡村自治的组织创新。

| 第三章 |

寿险业助推乡村产业振兴的多元产品制度创新的实证分析

　　积极发展面向低收入人群的普惠保险、创新商业养老保险产品、满足不同收入群体的养老需求，是充分发挥保险保障作用、实现保险业服务乡村振兴战略的重点要求。普惠型商业养老保险作为寿险多元化产品制度创新的重要体现，不仅有利于提升农村地区养老保险发展水平、满足不同收入群体的养老需求，而且能够为低收入群体带来稳定的转移性收入、提高低收入人群的养老保障水平。普惠型商业养老保险能够提升农村居民养老保障水平、增加农村居民转移性收入、促进农村居民减少对土地养老的依赖，将家庭的土地转出、参与土地流转，而土地流转有助于农业的规模化经营、促进农村其他产业发展，带动农村乡村产业振兴。因此，普惠型商业养老保险通过促进农村地区土地流转的方式，推动农业规模化种植以及其他产业发展，促进乡村产业振兴。本章基于"普惠型商业养老保险 + 乡村振兴"，对普惠型商业养老保险与土地流转进行分析，考察商业养老保险与土地流转间是否存在促进作用，并通过 probit 模型与 Logit 模型进行实证分析。研究现阶段我国普惠型商业养老保险与土地流转的关系，以及普惠型商业养老保险发展对乡村产业振兴的影响作用。依据实证检验的结果，对普惠型商业养老保险发展给出政策建议，使其更好地服务乡村振兴战略目标。

第一节　研究背景及文献综述

"三农"问题始终是关系到国计民生的根本性问题，因此，党的十九大把乡村振兴提升到战略高度。而产业兴旺是乡村振兴的重要基础，是解决农村一切问题的前提。2023 年 1 月 2 日，国务院发布《关于做好 2023 年全面推进乡村振兴重点工作的意见》强调，要做大做强农产品加工流通业、加快发展现代乡村服务业、培育乡村新产业新业态和培育壮大县域富民产业。《中国银保监会办公厅关于 2022 年银行业保险业服务全面推进乡村振兴重点工作的通知》提出人身险公司要针对农村居民需求，特别是脱贫地区群众需求，扩大意外伤害险、定期寿险、健康保险、养老保险等人身保险产品供给，不断提升农业农村保险承保理赔服务质效。因此，本节将对寿险产品创新服务乡村产业振兴的提出背景、国内外的相关研究进行梳理，作为接下来产品制度创新理论分析、实证分析的基础支撑。

一、研究背景

随着工业化、城镇化的深入推进，大量农业人口转移到城镇，农村土地流转规模不断扩大，新型经营主体大量涌现，土地承包权主体同经营权主体分离的现象越来越普遍，土地流转发展状况良好。土地流转是发展现代化农业、培育壮大乡村产业的重要基础。土地流转对于乡村产业振兴意义重大，2023 年，国务院发布《关于做好 2023 年全面推进乡村振兴重点工作的意见》，强调要健全土地经营权流转体系，深化农村改革。在乡村振兴战略背景下，推动农村地区土地流转不仅有利于实现土地收益增值，支持农业农村发展，也有利于推动农村地区工业化、城镇化快速发展，助力乡村振兴。我国土地流转市场发展状况良好，为进一步完善土地流转管理机制，2021 年，国务院出台《农村土地经营权流转管理办法》，进一步明确了土地经营权流转的具体规定。同时，农业部门积极指导各地规范土地经营权流转市场运行机制。截至 2021 年底，全国已有 1239 个县（市、区）、18731 个乡镇建立农村土地经营权流转服务中心，全国家庭承包耕地土地经营权流转面积 5.55 亿亩。2021 年底，全国家庭承包耕地土地经营权流转面积已达 5.87 亿亩①。根据自然资源部发布的 2022 年度全国国土变更调查初步数据，我国现有耕地 19.14 亿亩，较上年末净增加约 130 万亩②。庞大的耕地面积基础、良好的土地流转体系以及政府的政策鼓励都为农村地区土地流转创造了有利条件，也为土地流转助力乡村产业振兴提供了重要基础。促进农村家庭参与土地流转，有利于推动农村劳动力转移、参与非农产业发展以及农业的规模化经营，而农业规模化经营以及非农产业发展是乡村产业振兴的重要内容。

乡村产业振兴的一大重要内容就是完善土地流转体系，但是农村居民参与土地流转后的养老保障也是乡村振兴中需要面对的重要问题。我国一直重视农村地区的养老保障问题，乡村振兴战略的目的是建立健全城乡融合发展体制机制和政策体系，加快推进农业农村现代化，而养老保障问题就是农业农村现代化中不可或缺的部分。近年来，我国农村社会养老保障体系逐步建立并不断完善，农村居民也具备了采用正式保险来规避风险的条件。为进一步助力乡村振兴发展，保险业也在积极发挥作用，《中国银保监会办公厅关于 2022 年银行业保险业服务全面推进乡村振兴重点工作的通知》提出，人身险公司要针对农村居民需求，特别是脱贫地区群众需求，扩大意外伤害险、定期寿险、健康保险、养老保险等人身保险产品供给，不断提升农业农村保险承保理赔服务质效。为实现商业养老保险的创新发展，我国于 2021 年 6 月 1 日起，在浙江省（含宁波市）和重庆市开展专属商业养老保险试点。《中国银保监会办公厅关于开展专属商业养老保险试点的通知》指出，试点保险公司应创新开发投保简便、交费灵活、收益稳健的专属商业养老保险产品。普惠保险以及专属商业养老保险的发展，有利于丰富第三支柱养老保险产品供给，巩固多层次、多支柱养老保险体系，强化商业养老保险保障

---

① 全国及分省土地流转非粮化率（2009－2021 年）［EB/OL］. ［2023－09－13］. https：//baijiahao. baidu. com/s? id = 1776827129224820500&wfr = spider&for = pc.

② 去年全国耕地净增加约 130 万亩［EB/OL］. ［2023－04－17］. https：//www.gov. cn/yaowen/2023－04/17/content_5751795. htm.

功能，推动保险业助力乡村振兴，而普惠型商业养老保险对于农村居民参与土地流转具有重要促进作用。普惠型商业养老保险一方面能够提高农村居民的养老保障水平、提高农村家庭的风险承受能力、降低农民对于土地的依赖程度；另一方面普惠型商业养老保险能够增加农村家庭的转移性收入，通过收入效应，促进家庭推出土地劳动，使其参与到其他产业发展中，从而参与土地流转。

土地流转有助于农业规模化经营以及非农产业发展，从而促进乡村振兴，而普惠型商业养老保险会通过保障效应与收入效应促进家庭参与土地流转。因此，普惠型商业养老保险通过促进土地流转的方式，助力乡村振兴。我国土地流转体系与普惠保险发展状况良好，普惠保险的相关险种主要包括农业保险和小额保险两大类（孙蓉，2019），小额保险中的小额养老保险（张栋浩，2021）以及其他的普惠型商业养老保险等创新型商业养老保险产品为农村、农民提供保障，能够促进农村劳动力、土地等要素流动，通过空间溢出机制促进农业规模化种植，带动配套产业发展，从而促进农村地区产业发展与产业振兴（徐婷婷和陈先洁，2021）。参加普惠型商业养老保险有利于农村居民使家庭收入产生明显的增收效应，降低其农业劳动需求，进而使其退出土地劳动，参与到其他产业发展（刘锐，2019）。普惠型商业养老保险等创新型商业养老保险产品，通过提升农村居民保障水平以及增加转移性收入的方式，促进农村居民采用脱离土地保障的养老方式，进而促进农村居民退出土地劳动，将家庭的土地转出，而土地流转有助于农业的规模化经营以及促进农村其他产业发展，从而带动农村地区产业振兴，促进乡村振兴。由此可见，普惠型商业养老保险与农村家庭土地流转以及乡村产业振兴间关系密切。

二、文献综述

（一）寿险产品创新

学者们对于寿险产品创新做了较多研究，研究视角主要分为以下几方面：一是学者们认为大数据、区块链等保险科技的应用对于保险产品定价、客户价值挖掘以及风险选择具有重要影响，修永春（2019）发现区块链等保险技术的应用能够提升保险公司数据获取能力，实现数据信息的多维场景应用，进而实现产品创新。完颜瑞云（2019）、纳吉（Nagy，2019）等学者通过对保险行业以及寿险产品的具体分析也得到同样结论。二是学者们认为寿险产品结构是寿险产品创新的重要内容，王绪瑾（2020）认为产品创新应从供给侧结构性改革入手，优化产品结构，在产品服务和产品供需方面创新保险产品，服务经济内循环。卓志（2020）、蔡（Tsai，2019）等学者也从保险行业发展以及寿险公司运营中得出类似结论。三是寿险产品创新应提供多样化的保险产品、提升保险服务范围，为弱势以及低收入等群体提供保险保障。张栋浩（2021）认为保费低、购买容易、理赔简单小额保险产品能够让广大农村家庭公平地享受保险服务。徐婷婷（2021）、芒热（Munge，2019）等学者通过对农村地区普惠保险需求以及小额保险的分析认可类似的结论。

（二）土地流转与产业振兴

学者们对于产业振兴与土地流转的关系做了较多研究，研究视角主要分为以下几方面：一是学者们认为土地流转会促进农业发展，进而推动农业振兴，谢地（2021）认为土地流转有利于农村地区发展规模经营，降低农业的生产成本，推动农业产业振兴。赵晓峰（2021）、彭继权等（Peng et al.，2021）从资本下乡、农业种植结构以及土地流转的分析也得到类似结论。二是他们认为土地流转有利于解放农村劳动力，推动劳动人口向其他产业转移，推动农村地区产业结构调整，实现产业振兴。唐焱等（2021）利用调研数据发现土地流转有利于释放束缚于农业上的劳动力资源，推动农民就业分化，曲朦（2021）、王（Wang，2020）通过对河南省的实证分析以及中国土地流转的分析也得到类似结论。三是张等（Zhang et al.，2020）发现宅基地等土地流转会通过宅基地价值资本化、住房密集化效应等方式助力农村地区建设发展工业，创造非农就业，实现产业振兴。秦（Qin，2020）、吴等（Wu et al.，2020）通过对中国宅基地流转的研究也得到类似结论。

（三）相关文献述评

现有文献对土地流转促进乡村产业振兴的重要作用给予肯定。强调了商业养老保险对于农村居民参与土地流转的促进作用，普惠型商业养老保险通过影响家庭土地流转意愿，助推于乡村产业振兴。普惠型商业养老保险通过保障效应以及收入效应的作用，促使农户减少从事农业劳动的时间并转出土地，促进农业的规模化经营（罗仁福等，2019），农业规模化经营有利于农业现代化发展、促进乡村产业振兴。现阶段农村家庭普遍外出务工人员较多，家庭中能够从事土地劳动的人员较少，而家庭成员职业技术能力不高、家庭养老保障程度较弱，农村家庭既有转出土地的意愿，但又面临失去土地后家庭保障的问题，但关于普惠型商业养老保险与农村家庭土地流转的研究甚少。本章的主要贡献可能体现在以下两方面：一是构建了一个基于农村家庭普惠型商业养老保险选择与土地流转的理论模型，从理论上分析了家庭商业养老保险参与情况对于土地流转的影响，即普惠型商业养老保险通过影响家庭土地流转意愿，助推乡村产业振兴。二是使用中国家庭追踪调查数据（CFPS），实证检验了商业养老保险对于土地流转的作用和影响机制。研究发现，商业养老保险对于农村家庭土地流转意愿与土地流转程度均有重要影响。商业养老保险是推动家庭参与土地流转的重要动力，而商业养老保险带来的转移收入越多，土地流转面积越大。依据实证结果提出推进"普惠型商业养老保险＋土地流转"模式，助力乡村产业振兴的政策建议。

第二节　寿险业助推乡村产业振兴的多元产品制度创新的理论模型

本节在戴蒙德（Daymond，1965）世代交叠模型以及劳动供给理论的基础上，借鉴许秀川（2018）、刘娜（2013）等的研究，尝试构建一个面向农村低收入群体的普惠型商业养老保险与土地流转的理论模型，分别探究普惠型商业养老保险与土地流转意愿以及土地流转规模的关系，基于前面的文献分析，普惠型商业养老保险会提升农村居民保障水平以及收入水平，促使农村居民退出土地劳动、参与土地流转，而土地流转会带动乡村产业振兴。由此，本节从理论层面进一步系统地诠释与分析普惠型商业养老保险对于土地流转的影响效应与作用途径。

一、商业养老保险与土地流转

基于新古典主义经济学的研究假设，在农户行为理性的前提下，本节借鉴戴蒙德（1965）世代交叠模型的基本形式，世代交叠模型将人口划分为不同的年龄组，深刻揭示了人口的代际结构、相同以及不同代际间的内在关系，因而被广泛应用于研究养老保险体制。戴蒙德世代交叠模型假定一个人可以生存两期（年轻期即劳动期、年老期即非劳动期），年轻期用 C_t 表示他的消费数量，年老期用 C_{t+1} 表示他的消费数量。每个人在年轻时参与劳动，并将劳动收入用于年轻期消费和储蓄；在年老期，个人仅消费上期储蓄和从储蓄中得到的利息。假设一生的效用为 U，年轻期为 U_1，年老时为 U_2，$U = U_1 + U_2$。而效应又与消费相关，个人在两个时期的消费分别为 C_t 和 C_{t+1}，个人一生的效应可表示为消费函数 $U(C_t, C_{t+1})$。本章在世代交叠模型中引入商业养老决策变量，共同构建了一个描述农户两期决策逻辑分析框架，就商业养老保险保障水平与土地流转市场之间的关系进行数理推导。

本章在世代交叠模型的基础上，借鉴许秀川等（2018）的研究，在世代交叠模型的基础上探究商业养老保险问题，小额保险是普惠保险的重要分类，包括小额养老等多种类型，农村居民在年轻时期购买小额养老保险以及其他的普惠型商业养老保险，而在年老后获得保险收入，因此，世代交叠模型符合农村居民购买商业养老保险的理论框架。

在模型中以是否仍在缴纳商业养老保险为区分，将每代人分为中青年期和老年期。除此之外，因为退休年龄的限制，老年期无法获得非农收入，在以上设定下个体的效用最大化问题可以表示为：

$$\max U = \alpha_1 C_t + \alpha_2 C_{t+1} \tag{3-1}$$

考虑到收入与消费的关系 $C = C_0 + \beta Y$，将两期的标准化消费函数分别表示为：

$$C_t = r_t F(K_t, T_t^f, L_t^f) + W_t L_t^w + r_t T_t^0 - pension_t$$

$$C_{t+1} = r_{t+1}F(K_{t+1}, T_{t+1}^f, L_{t+1}^f) + r_{t+1}T_{t+1}^0 + pension_{t+1}$$

$$T = T^f + T^0$$

$$L_t = L_t^f + L_t^w$$

$$L_{t+1}^f = L_{t+1}^f(pension_{t+1}) \qquad (3-2)$$

其中，pension 表示商业养老的转移支付，式（3-2）中的 r 同时表示为土地租金和农业的边际产出（马歇尔，1997）；F（·）表示农业生产函数，在该生产函数下，K 表示投入农业生产的资本要素，T 表示农户拥有的全部承包农地面积，T^f 表示投入的农地面积，T^0 表示土地转出情况；L 则表示农户拥有的劳动力总量，其中，L^f 表示投入的劳动力要素；除了农业劳动外模型还考虑了非农劳动的投入 L^w，对应的非农工资则为 W。农业部门的生产经营收入、非农部门的工资性收入与农地流转租金收入共同组成了个体在中青年时期的总收入。而老年时因为无法从非农部门获得工资，即 $L_{t+1}^w = 0$，这一时期的收入就由农业收入和农地收入两部分组成。本章为方便模型推导以及简化模型需要，作出以下假设：第一，为了更好地关注农地转出情况以及养老保障水平，可考虑忽视利率带来的影响，假定两期之间不存在利率的变化（钱文荣，2021）。第二，由于本章重点探究土地情况与商业养老保险带来的劳动力变化情况，古典经济学收入分配理论认为，农户拥有的资源禀赋和资源要素价格决定自身家庭收入。假设农民拥有土地和劳动力等初始要素禀赋，农民在生产过程中可投入土地和劳动力，因此，在模型中不考虑农业生产中资本要素的变化以及技术进步带来的生产函数形式变化，农村地区的土地经营权的有序流转有利于农业规模经营的发展，进而促进农村劳动力转移，因此，本章重点关注土地与劳动力变化。第三，为了便于模型推导，同时，更接近现实农业生产过程中的投入产出关系，假定生产函数 F（·）为一种单调递增且边际规模报酬递减的函数。借鉴蔡昉等（2016）的做法，生产函数有以下性质：$F' > 0$ 且 $F'' < 0$。第四，根据社会养老保障水平与劳动力投入的负向关系，即有劳动力函数 $L' < 0$。因此，得到简化后的效用最大化模型为：

$$C_t = r_t F(T_t^f, L_t^f) + WL_t^w + rT_t^0 - pension_t$$

$$C_{t+1} = rF(T_{t+1}^f, L_{t+1}^f) + rT_{t+1}^0 + pension_{t+1}$$

$$T = T^f + T^0$$

$$L_t = L_t^f + L_t^w$$

$$L_{t+1}^f = L_{t+1}^f(pension_{t+1}) \qquad (3-3)$$

对于变量 pension 在不考虑利率变化的情况下有如下关系：

$$pension_t = \tau(rF(T_t^f, L_t^f) + WL_t^w + rT_t^0) \qquad (3-4)$$

其中，τ 表示个人商业养老保险保障水平。发展多支柱养老保险体系是"十四五"规划的重要内容，普惠型商业养老保险作为寿险多元化产品制度创新的重要体现，不仅有利于提升农村地区养老险发展水平、满足不同收入群体的养老需求，而且适应农村居民的经济能力，并能够提高低收入人群的养老保障水平。参考钱文荣等（2021）的做法，以户主的商业养老保险缴费占中青年时期收入的比例代表家庭商业养老保险保障水平，则农户效用最大化问题可以表示为：

$$maxU = \alpha_1 \left[(1-\tau)(rF(T-T_t^0, L_t^f) + W(L-L_t^w) + rT_t^0) \right]$$
$$+ \alpha_2 \left[rF(T-T_{t+1}^0, L_{t+1}^f(rF(T-T_t^0, L_t^f) + W(L-L_t^w) + rT_t^0)) \right.$$
$$\left. + rT_{t+1}^0 + \tau(rF(T-T_t^0, L_t^f) + W(L-L_t^f) + rT_t^0) \right] \qquad (3-5)$$

对于农户来说，若要农地流转的数量能促进农地资源的有效配，那么当前的农地转出情况应该与未来的转出情况一致，即 $T^0 = T_{t+1}^0 = T_t^0$。因此，农户需要通过决定其农地转出情况、劳动力投入和养老保障水平，以达到效用最大化，此时面临的效用最大化一阶和二阶条件为：

$$\frac{\partial v}{\partial T^0} = \alpha_1 \left[(\tau-1)\frac{\partial F^1}{\partial T^0} + 1 \right] + \alpha_2 \left[1 - \left(\frac{\partial F_2}{\partial T^0} + \tau r\frac{\partial F^2}{\partial Lf_{t+1}}\left(\frac{\partial F^1}{\partial T^0} - 1\right) \right) - \tau\left(\frac{\partial F^1}{\partial T^0} - 1\right) \right] = 0$$

$$\frac{\partial^2 v}{\partial T^{0^2}} = \alpha_1(\tau-1)\frac{\partial^2 F^1}{\partial T^{0^2}} + \alpha_2\left(\frac{\partial^2 F^2}{\partial T^{0^2}} + \tau r\frac{\partial^2 F^2}{\partial Lf_{t+1}}\frac{\partial^2 F^1}{\partial T^{0^2}} - \tau r\frac{\partial^2 F^1}{\partial T^{0^2}} \right) = 0 \qquad (3-6)$$

其中，$F^1 = (T-T^0, L_t^f)$ 表示中青年时期的农业生产函数，$F^2 = (T-T^0, L_t^f)$ 表示老年时期的农业生产函数，因为有 $\tau \in (0, 1)$，且 $\alpha_1(\tau-1)\frac{\partial^2 F^1}{\partial T^{0^2}} > 0$，要

满足二阶条件就需要使 $\alpha_2 \left(\dfrac{\partial^2 F^2}{\partial T^{02}} + \tau r \dfrac{\partial^2 F^2}{\partial Lf_{t+1}} \cdot \dfrac{\partial^2 F^1}{\partial T^{02}} - \tau r \dfrac{\partial^2 F^1}{\partial T^{02}} \right) < 0$，则可得

$$\frac{1}{1 - \dfrac{\partial F^2}{\partial Lf_{t+1}} \dfrac{\dfrac{\partial^2 F^2}{\partial T^{02}}}{\dfrac{\partial^2 F^1}{\partial T^{02}}}} \cdot \frac{\dfrac{\partial^2 F^2}{\partial T^{02}}}{\dfrac{\partial^2 F^1}{\partial T^{02}}} > \tau r_{\circ}$$

可以发现，商业养老保险参保水平 τ 的提升对应于中青年时期农地边际产出的下降程度，老年时期的相对下降程度不断提高，那么对于农户而言，在养老保障水平提升的情况下，减少农地在农业生产经营中的投入是一个较优策略。由这一结论可以推出本章的假设1：商业养老保险带来的养老保障水平的提高有助于减少家庭农地投入，从而促进农地流转。

该假设的经济学意义是参保商业养老保险会提升家庭养老保障水平，而农户在养老保障水平提升的情况下对于土地养老的依赖程度会减轻，从而有可能退出土地劳动或从事其他产业工作。如果以商业养老保险带来的保障行之有效，那么农村家庭参保会降低农村居民对家庭养老的依赖程度，也会弱化农村土地的养老保障功能，促进土地的流转。全面推进土地流转有利于实现农地的适度规模化经营。

二、商业养老保险收入与土地流转

基于微观经济学劳动闲暇模型，将劳动者的全部时间分为劳动时间与闲暇时间，本章借鉴贝克尔（Beckel，1992）以及刘娜等（2013）的研究认为，贝克尔的时间分配理论及经典的"收入—闲暇"模型主张货币收入与可支配时间之间存在此消彼长的替代关系。贝克尔曾经指出这种时间的有限性对人们消费行为的约束，认为个体行为不同情形下对应的关键约束条件可能千差万别，但最根本的行为约束是时间的有限性。在时间资源的约束下，理性人将根据自己的收入水平综合考虑各项活动并科学安排时间，进而实现效用最大化。一个家庭内部的劳动者与消费者的比例，即为"劳动—消费比率"。当家庭内部的"劳动—消费比率"发生变化时，获取货币的劳动力与支出货币的消费力之比发生改变，对于农户而言，一方面可以通过非农就业

与土地转出实现货币最大化，另一方面也可以通过土地转入以扩大农业经营规模而增加收入，最终影响到土地流转决策。根据贝克尔的时间分配理论，家庭的收入消费可表示为 $\sum px = Y = w + v$，其中，Y 代表货币收入，w 代表报酬，v 代表其他收入，消费（C）是消费者货币收入（Y）、闲暇时间（T）的函数，即同时考虑闲暇时间约束和收入约束的模型。而家庭的效用函数可以表示为 U（C，L），其中，C 代表消费，L 代表闲暇时间，而消费者的全部时间 L_0 可以表示为：$L_0 = h + L$，其中，h 为工作时间，L 为闲暇时间。

农村居民参与商业养老保险获得收入保障后会有更多的选择，农村老年居民可能选择退出土地劳动，将土地转出，从而促进农村地区的土地流转。因此，本章的理论框架选择人们会在劳动与闲暇之间进行选择，部分老年人消费边际倾向较高，需要进行劳动来获得收入来支撑消费，而商业养老保险为参保的 60 岁以上老人提供了持久稳定的收入，这部分收入对农业收入具有替代作用，从而促进农户更多地选择闲暇而非劳作。因此，本章的理论框架为：在 t 阶段，S_t 为农业劳动收入，B_t 为商业养老保险带来的收入，W_t 为单位时间农业收入，总时间为 1，L_t 为闲暇时间，C_t 为农户消费，C（x，y）为消费函数，U（x，y）为效用函数，V_t 为拉格朗日乘子，则有：

$$S_t = W_t(1 - L_t) \quad C_t = C(S_t, B_t) \qquad (3-7)$$

进行农户效用最大化决策的限制条件为 $C_t \leq S_t + B_t$。

因此，得到拉格朗日函数为 $\varphi = \sum_{t=1}^{T} U(C_t, L_{t,t}) - \sum_{t=1}^{T} v_t(C_t - S_t - B_t)$，将 S_t 代入得到 $\varphi = \sum_{t=1}^{T} U(C_t, L_{t,t}) - \sum_{t=1}^{T} v_t(C_t - W_t(1 - L_t) - B_t)$。因此，农户最优化条件为 $\frac{\partial \varphi}{\partial C_t} = \frac{\partial U}{\partial C_t} - v_t = 0$，和 $\frac{\partial \varphi}{\partial L_t} = \frac{\partial U}{\partial L_t} - v_t \times w_t = 0$，得到 $\frac{UL_t}{UC_t} = w_t$，将 C_t 代入效用函数，得 $U_t = U[C(S_t, B_t), L_{t,t}]$，对 S_t 与 B_t 求偏导数得：

$$\frac{\partial U_t}{\partial S_t} = \frac{\partial U_t}{\partial C_t} \times \frac{\partial C_t}{\partial S_t}, \quad \frac{\partial U_t}{\partial B_t} = \frac{\partial U_t}{\partial C_t} \times \frac{\partial C_t}{\partial B_t}, \quad \text{因此，} \quad \frac{\dfrac{\partial U_t}{\partial S_t}}{\dfrac{\partial U_t}{\partial B_t}} = \frac{\dfrac{\partial C_t}{\partial S_t}}{\dfrac{\partial C_t}{\partial B_t}} \qquad (3-8)$$

设 $\dfrac{\partial C_t}{\partial B_t} = \alpha_1$，$\dfrac{\partial C_t}{\partial S_t} = \alpha_2$，分别为商业养老保险收入和农业收入的边际消费

倾向，得到 $\dfrac{\alpha_1}{\alpha_2} = \dfrac{UB_t}{UB_t}$。这说明，在效用最大化条件下，农村居民的商业养老

保险收入与农业收入的边际替代率等于其边际消费倾向之比。进一步，由

$\dfrac{\partial U_t}{\partial L_t} = \dfrac{\partial U_t}{\partial S_t} \times \dfrac{\partial S_t}{\partial L_t} = -\dfrac{\partial U_t}{\partial S_t} \times w_t$ 得到：

$$\dfrac{UL_t}{US_t} = -w_t，\quad 因此，\dfrac{UL_t}{UB_t} = w_t \times \dfrac{\alpha_2}{\alpha_1}。\tag{3-9}$$

由于 $\dfrac{UL_t}{UB_t}$，说明商业养老保险收入与闲暇时间正相关，因此，提出本章

假设 2：投保商业养老保险带来的收入增多能使家庭闲暇时间增多，从而使更多的农村居民退出土地劳动，促进家庭参与土地流转，即商业养老保险带来的收入越多，家庭参与土地流转的面积越大。

该假设的经济学意义是投保商业养老保险能够为农村居民在年老后带来收入保障，从而使农村居民在年老后减少或退出农业劳动，将家庭土地出租给他人，参与土地流转，普惠型商业养老保险带来的转移性收入越多，农村居民获得的保障程度就越大，家庭出租土地参与土地流转的面积也就越大。普惠型商业养老保险通过收入效应的作用，促使农户选择更多的时间用于休憩，减少从事农业劳动的时间，从而促使农户转出土地，甚至退出农业生产，促进农业规模化经营。农业规模化经营有利于农业现代化发展、促进乡村产业振兴。

第三节　实证模型与数据来源

本节基于理论分析部分普惠型商业养老保险与土地流转的关系，普惠型商业养老保险主要通过保障效应、收入效应助推家庭参与土地流转，进而推动农业规模化经营和非农产业发展，促进乡村产业振兴。因此，本节使用中国家庭追踪调查（CFPS）2014～2018 年的三期平衡面板数据分析普惠型商

业养老保险对于土地流转的影响作用，计量模型根据理论假设而设置，数据来源部分则来源于中国家庭追踪调查中的家庭问卷、成人问卷，中国家庭追踪调查包含了家庭商业养老保险、土地流转的相关信息以及家庭经济情况等信息，由此进行模型设定和数据选取。

一、计量模型

为研究家庭商业养老保险选择对于土地流转的影响，在式（3－4）和式（3－7）的基础上考虑商业养老保险参保情况对于土地流转意愿的影响以及商业养老保险收入对于土地流转规模的影响，因此，模型设定分别如下：

$$P(\text{land requisition}) = \phi(\beta_0 + \beta_1 \text{insurance} + \beta_2 X_i + \sigma) \quad (3-10)$$

$$P(\text{land area}) = \phi(\alpha_0 + \alpha_1 \text{transferincome} + \alpha_2 X_i + \varepsilon) \quad (3-11)$$

其中，insurance 为二元变量，表示家庭持有普惠型商业养老保险的情况，若持有商业养老保险，则取 1，否则取 0。land requisition 为二元变量，表示土地流转意愿，家庭参与土地流转则取 1，否则取 0。transferincome 表示普惠型商业养老保险带来的转移性收入。land area 为二元变量，表示家庭土地转出规模情况，家庭土地部分转出，取值 1；土地全部转出，取值 0。X_i 为控制变量，表示家庭收入等特征变量。ε 和 σ 均为残差项。

二、变量选取

（一）解释变量

1. 家庭商业养老保险持有情况。借鉴杜晨媛（2021）等学者在探究新农保与土地流转时，使用"是否参与新农保"衡量家庭投保情况，因此，在衡量家庭商业养老保险投保情况时，同样以"是否拥有商业养老保险"解释家庭商业养老保险持有情况，并以户主的商业养老保险投保情况代表家庭商业养老保险参保情况，即 CFPS 个人问卷中保险参与的问题 QI301 "参保项目：您参保了哪几种养老保险项目"，其中，参保项目包括基本养老保险、企业补充养老保险、商业养老保险、农村养老保险（老农保）、新型农村社会养老保险（新农保）、城镇居民养老保险，若受访者回答拥有商业养老保险，则取 1，否则取 0。

2. 家庭商业养老保险收入。投保商业养老保险可以在退休后获得稳定的转移性收入，而农民的补充性养老金能够为农民的退休提供收入保障（聂建亮，2021），因此，以领取养老保险的金额视作商业养老保险为家庭带来的转移性收入，并将领取养老保险金额作为模型中的解释变量。普惠型商业养老保险适应农村家庭的经济承受能力，普惠型商业养老保险产品不仅能有效提高家庭养老保障水平，还会为家庭带来稳定的转移性收入。

（二）被解释变量

本节研究的土地流转是指农村家庭主动转出土地的行为，2023 年的《关于做好 2023 年全面推进乡村振兴重点工作的意见》中强调要引导土地经营权有序流转，发展农业适度规模经营。以土地流转为途径、实现规模经营已成为促进农村经济发展和加快农业现代化建设的必经之路。秦昌才等（2019）在利用中国家庭追踪调查数据探究土地流转的影响时，采用"是否转出土地"这一问题作为因变量，转出土地认同为出租土地给他人，因此，本节同样采用 CFPS 问卷"FS2：是否将土地出租他人"衡量家庭土地流转程度，若受访者回答是，该变量的值取 1，否则取 0。以问卷中"FS201 出租土地所得"的具体金额代表土地流转收入。考虑土地转出有助于释放农村家庭劳动力，为刻画土地转出程度，本节根据土地转出后家庭是否继续从事农业生产，进一步将土地转出程度分为全部转出和部分转出，根据问题"FKIL是否从事农林牧副渔工作"，若受访者回答是，则视作土地部分转出，家庭仍从事农业劳动，该变量的值取 1，否则取 0，视作土地全部转出，该家庭不再从事农业劳动。

（三）控制变量

基于家庭因素会显著影响土地流转，鉴于钱文荣等（2021）在研究社会保障水平与农地流转时发现家庭的人口数量会显著影响土地流转行为，因此，在家庭层面将家庭人口规模作为控制变量引入模型中。鉴于栾江等（2021）在研究土地流转效应时发现土地流转会对家庭收入产生影响，因此，选取了家庭纯收入作为控制变量引入模型中，衡量土地流转对于家庭收入的影响。土地流转主要指土地转出会给农村家庭带来收入，而土地流转收入也会影响家庭参与土地流转的意愿与规模，基于秦昌才（2019）研究发现新农保与土地流转时，将土地流转收入引入模型，因此，在土地流转规模层面，将土地流转收入作为控制变量引入模型中。因此，控制变量主要包括家庭经济特征。

（四）内生性

商业养老保险与土地流转之间可能存在双向因果关系，从而引发内生性问题。由于农村地区的家庭参保行为可能会受到政策情况以及所在村庄的影响，农户所在村庄的参保情况会影响家庭的土地流转意愿，参考张国林（2021）等学者的研究思路，本节选择 2012 年商业养老参保率作为商业养老保险的工具变量。2012 年，国务院《关于加快发展现代农业进一步增强农村发展活力的若干意见》提出要"引导农村土地承包经营权有序流转"，对于土地流转给予明确支持，此后又不断出台政策巩固和发展农村地区土地流转。在土地流转政策实施早期，各地的土地流转程度能够一定程度上反映土地流转的历史倾向，因为本节选择 2012 年商业养老保险参保率作为工具变量来控制该内生性问题。

工具变量的选取主要考虑以下两方面因素：从外生性角度来看，2012 年的商业养老保险参保率属于历史数据，对当期土地流转的影响较弱。从相关性来看，由于土地流转以及参保行为存在的倾向性，家庭早期的参保行为一定程度反映了家庭投保商业养老保险的倾向性，对当前投保行为具有一定影响。因此，工具变量选取了 2012 年商业养老保险参保率作为商业养老保险持有情况的工具变量，基本满足工具变量的外生性和内生性条件。

三、数据来源

本节使用的数据均来自中国家庭追踪调查数据集（CFPS），中国家庭追踪调查跟踪收集个体、家庭、社区三个层次的数据。2010 年，CFPS 在全国 25 个省份正式实施基线调查，最终完成 14960 户家庭、42590 位个人的访问，这些家庭和个人是 CFPS 调查的永久追踪对象，每两年访问一次，现有的 CFPS 数据共有 2010 年、2011 年、2012 年、2014 年、2016 年、2018 年六期数据。本节使用的数据来自 2014 年、2016 年、2018 年三期中国家庭追踪调查数据，CFPS 数据收集农户家庭特征、个人特征等多项指标，对于研究农村家庭商业养老保险情况与土地流转情况具有重要意义。由于普惠型商业养老保险适应农村家庭的经济承受能力，易被农村家庭接受。因此，本书选取农村家庭的商业养老保险情况进行分析，以探究普惠型商业养老保险影响土地流转，最终助力乡村产业振兴的作用。本节主要从土地流转视角出发，以家庭为研究对象，研究家庭商业养老保险持有情况、家庭商业养老保险收入情况对家庭参与土地流转的影响，因此，本节保留了家庭户主户口为农业户口的家庭，在是否将土地出租给他人这一问题上明确回答是或者否，在剔除回答缺失样本后，最终追踪三期都参加中国家庭追踪调查的 25872 个家庭样本，本节的数据处理主要包括：一是将个体和家庭两个层面的数据进行横向合并处理；二是基于户主的户口类型，筛选户主户口类型为农业户口的家庭，并将这些家庭视作农村家庭；三是剔除遗漏数据以及存在严重异常值的数据。经过上述数据处理过程，获取三年期有效样本数为 25872 个。

在商业养老保险参保情况与土地流转意愿的数据方面，三年期的总样本共有 20160 个，其中，东部地区样本数量最多，共有 6897 个，西部地区的样本 5682 个、中部地区样本 4608 个。在商业养老保险收入与土地流转规模的数据方面，三年期的总样本共有 25872 个，其中，西部地区样本数量最多，共有 8292 个，东部地区样本 8193 个，中部地区样本 6363 个，具体如表 3 - 1 所示。

表 3 - 1　　　　　　　　变量描述性统计

变量名称	样本数（个）	均值	标准差	最小值	最大值
土地流转	20160	0.173	0.378	0	1
土地转出情况	25872	2088.246	4245.57	0	75000
商业养老保险投保情况	20160	0.032	0.177	0	1

续表

变量名称	样本数（个）	均值	标准差	最小值	最大值
商业养老保险领取情况	25872	0.019	0.1428	0	2
家庭收入	20160	61746.62	147473.4	0	1.14e+07
家庭转移收入	25872	6584.18	79515.9	0	6000000
商业养老保险收入	25872	3880.445	7689.994	0	63600
土地流转收入	25872	1774.69	2782.849	0	30000
家庭人口规模	20160	3.799	1.936	1	21

第四节　实证检验

本节基于实证模型与相关数据，将实证检验部分分为家庭商业养老保险持有情况与土地转出意愿、商业养老保险收入与土地转出规模两部分，具体分析普惠型等商业养老保险产品对于土地流转的作用和影响途径，普惠型商业养老保险会通过保障效应以及收入效应，影响家庭参与土地流转，而土地流转会推动农业规模化经营和非农产业发展，进而促进乡村产业振兴。因此，实证检验部分先对家庭商业养老保险持有情况与土地转出意愿、商业养老保险收入与土地转出规模两部分进行模型基准回归，再分别进行稳健性检验，考虑到东中西部地区的不同经济发展特点也会影响普惠型商业养老保险对于土地流转的作用，因此按照东中西部地区划分进行异质性检验。

一、家庭商业养老保险持有情况与土地转出的结果分析

（一）模型回归

在基准回归模型中，可以分析家庭商业养老保险持有情况对于土地流转的影响。普惠型商业养老保险会提升家庭养老保障水平，进而使家庭减少对土地的依赖、参与土地流转，土地流转会推动农业规模化经营和非农产业发展，是乡村产业振兴的重要内容。利用2014~2018年三期的中国家庭追踪

调查的数据，基于家庭经济问卷和个人问卷的数据，使用 probit 模型和 Logit 模型检验家庭养老保险持有情况对于土地流转的影响。

表 3 - 2 即为 probit 模型和 Logit 模型回归结果，将土地流转即"是否将土地出租给他人"作为因变量，将商业养老保险持有情况即"是否投保商业养老保险"作为核心解释变量，将家庭收入和家庭人口规模作为控制变量引入模型中。表 3 - 2 显示了家庭商业养老保险持有情况对于土地流转的影响。由表 3 - 2 中可知，在基准回归结果以及加入家庭人口规模、家庭收入控制变量后，商业养老保险持有情况的 probit 系数与 Logit 系数均显著为正，说明投保商业养老保险会使家庭选择出租土地、参与土地流转。

表 3 - 2 模型回归结果

变量名称	(1) probit	(2) probit	(3) Logit	(4) Logit	(5) 工具变量
商业养老保险	0.213 **	0.187 *	0.373 **	- 0.303 *	0.4587 ***
	(0.104)	(0.105)	(0.178)	(0.181)	(0.4193)
家庭人口规模		- 0.057 ***		- 0.120 ***	- 0.0543 *
		(0.010)		(0.019)	(0.0321)
家庭收入		6.41e - 07 ***		1.80e - 06 ***	7.52e - 06 ***
		(1.44e - 07)		(4.22e - 07)	(2.71e - 06)
常数	- 0.94 ***	- 0.759 ***	- 1.56 ***	- 1.250 ***	- 0.9538 ***
	(0.019)	(0.045)	(0.034)	(0.081)	(0.1549)
样本量	20160	20160	20160	20160	20160
R^2	0.0007	0.0092	0.036	0.0100	0.051

注：***、**、* 分别表示在 1%、5%、10% 水平上显著，各变量括号内是估计系数对应的 t 值。

（二）稳健性检验

为进一步检验家庭投保商业养老保险对于土地流转的影响，稳健性检验部分更换了解释变量，将"是否领取商业养老保险"作为解释变量"是否参保商业养老保险"的替代变量引入模型中，稳健性检验结构如表 3 - 3 所示。

表 3 - 3   稳健性检验结果

变量名称	（1）probit	（2）probit	（3）Logit	（4）Logit
是否领取商业养老保险	0.156 ***	0.147 ***	0.278 **	0.257 ***
	(0.051)	(0.051)	(0.089)	(0.090)
控制变量		- 0.007 ***		- 0.134 ***
		(0.009)		(0.016)
控制变量		5.69e - 07 ***		1.29e - 06 ***
		(1.39e - 07)		(3.58e - 07)
常数	- 0.993 ***	- 0.752 ***	- 1.655 ***	- 1.211 ***
	(0.016)	(0.037)	(0.030)	(0.067)
样本量	20160	20160	20160	20160

注：***、** 分别表示在 1%、5% 水平上显著，各变量括号内是估计系数对应的 t 值。

表 3 - 3 的稳健性检验结果显示，在基准回归结果以及加入家庭人口规模、家庭收入控制变量后，商业养老保险的 probity 系数以及 Logit 系数均在 5% 以及 1% 的水平上显著为正，表明领取商业养老保险的家庭会愿意参与土地流转，表 3 - 3 的稳健性检验结果与表 3 - 2 的基准回归结果一致，进一步说明参保商业养老保险的家庭愿意参与土地流转。

（三）异质性检验

为进一步验证商业养老保险对于土地流转的影响，将全部样本分为东、中、西三个地区，东、中、西部划分按照国家统计局划分标准，然后分别进行回归分析。表 3 - 4 显示了异质性检验结果。回归结果显示，东部以及中部地区商业养老保险的 probit 系数与 Logit 系数均不显著，说明东部地区以及中部地区商业养老保险对于土地流转的影响不明显，而西部地区商业养老保险的 probit 系数与 Logit 系数均在 1% 的条件下显著为正，说明商业养老保险对于土地流转的影响在西部地区影响显著。因此，商业养老保险对于土地流转的影响在西部地区更明显。

表 3 - 4   **异质性检验**

变量名称	(1) 东部	(2) 东部	(3) 中部	(4) 中部	(5) 西部	(6) 西部
	probit	Logit	probit	Logit	probit	Logit
商业养老保险	0.0614	0.1149	-0.0337	-0.0570	0.5899 ***	1.0345 ***
	(0.1754)	(0.3025)	(0.2133)	(0.3830)	(0.2256)	(0.3721)
控制变量	-0.0298	-0.0519	-0.0461 **	-0.0827 **	-0.0638 ***	-0.1192 ***
	(0.0188)	(0.0335)	(0.0212)	(0.0389)	(0.0195)	(0.0368)
控制变量	1.57e-06 ***	2.68e-06 ***	1.67e-06 ***	2.78e-06 ***	2.46e-07	3.61e-07
	(3.89e-07)	(7.18e-07)	(4.28e-07)	(8.29e-07)	(1.92e-07)	(3.47e-07)
常数项	-0.8919 ***	-1.4708 ***	-0.8587 ***	-1.401	-0.8364 ***	-1.357 ***
	(0.0817)	(0.1444)	(0.0981)	(0.177)	(0.0888)	(0.164)
样本量	2299	2299	1536	1536	1894	1894
R^2	0.0098	0.0094	0.0152	0.0149	0.0128	0.0127

注: *** 、 ** 分别表示在 1% 、5% 水平上显著,各变量括号内是估计系数对应的 t 值。

（四）模型结果分析

首先,商业养老保险的系数在 10% 的条件下以及 5% 水平上显著为正,即选择商业养老保险的家庭会愿意参与土地流转。其次,家庭收入这一变量的结果显著为正,但是系数较小,说明家庭收入对于家庭选择土地流转的影响较小,家庭人口规模与土地流转呈负相关,说明家庭中人口越多,可以参与土地劳动的人数可能就越多,家庭越不愿意放弃土地。而在异质性检验中,东部以及中部地区商业养老保险参保情况对于土地流转意愿的影响不显著,而西部地区商业养老保险参保情况对于土地流转意愿的影响则显著。这种差异可能是由于东部以及中部地区经济较为发达,农地流转意愿可能受到各种因素,例如,更多的就业选择影响,因而土地流转意愿与商业养老保险关系不显著。此外,东部地区农户具有就业资源优势,容易在劳动力市场实现跨行业流动,故能以非农劳动力高产出效率将土地流转给新的经营主体,获取更高的土地租金,因此,东中部地区农村家庭的土地流转意愿与商业养老保险收入关系不大。

普惠保险主要包含农业保险和小额保险两种类型,小额保险又包括小额人身、意外、养老等多种产品,能够很好地覆盖农村家庭可能面临的风险状况，同时，普惠保险又具有保费低、购买容易、理赔简单等特点，能够很好地解决农户因保险素养欠缺以及没有足够的经济能力承担保费而无法获得保险服务的问题，由此，普惠保险能够实现让广大农村家庭公平地享受保险服务的目标。正是由于这些原因，国家非常重视推动普惠型商业养老保险的发展。2021 年，《中国银保监会办公厅关于开展专属商业养老保险试点的通知》（以下简称《通知》）决定自 2021 年 6 月 1 日起，由 6 家人身险公司在浙江省（含宁波市）和重庆市开展专属商业养老保险试点。《通知》还要求，试点保险公司创新开发投保简便、交费灵活、收益稳健的专属商业养老保险产品，鼓励试点保险公司积极探索将专属商业养老保险业务发展与养老、照护服务等相衔接，满足差异化养老需求。同时，国家完善多支柱养老体系，推出以房养老以及农村居家养老、农村互助养老等多种方式的养老保障，积极打造农村家庭医生等养老服务项目，为老年人提供包括生活照料、康复护理、精神慰藉、紧急救援等方面的养老服务，完善以居家养老为基础的养老体系，促进老年人养老、医疗等问题的解决。

二、商业养老保险收入与土地转出规模的结果分析

（一）模型回归

在基准回归模型中，可以分析家庭商业养老保险收入对于土地流转规模的影响。利用 2014~2018 年三期的中国家庭追踪调查数据，基于家庭经济问卷和个人问卷的数据，使用 probit 模型以及 Logit 模型检验商业养老保险收入对于家庭土地流转规模的影响。

表 3-5 即为 probit 模型以及 Logit 模型回归结果。将土地转出情况作为因变量，根据土地转出后家庭是否继续从事农业生产，进一步将土地转出程度分为全部转出和部分转出。将养老保险收入即领取养老保险金额作为核心解释变量，家庭土地流转收入以及家庭人口规模作为控制变量引入模型中。表 3-5 显示了家庭商业养老保险收入对于土地流转的影响。表 3-5 中，商业养老保险收入的 probit 系数以及 Logit 系数均显著为负，说明商业养老保险为家庭带来的收入越多，家庭越倾向全部转出土地。

表 3 – 5 模型回归结果

变量名称	(1) probit	(2) probit	(3) Logit	(4) Logit
商业养老 保险收入	− 0.00003 *** (1.42e − 06)	− 0.00001 *** (3.19e − 06)	− 0.00005 *** (2.42e − 06)	− 0.00002 *** (5.39e − 06)
土地收入		− 0.00001 (9.28e − 06)		− 0.00002 (0.00002)
家庭人口规模		0.159 *** (0.018)		0.262 *** (0.030)
常数	0.815 *** (0.025)	− 0.505 *** (0.081)	1.334 *** (0.032)	− 1.22 *** (0.0823)
样本量	25872	25872	25872	25872
R^2	0.0449	0.0584	0.0447	0.0589

注：*** 表示在1%水平上显著，各变量括号内是估计系数对应的 t 值。

(二) 稳健性检验

为进一步检验家庭商业养老保险收入对于土地流转规模的影响，稳健性检验部分更换了解释变量，鉴于商业养老保险收入是家庭转移性收入的一部分，因此，将家庭转移性收入作为商业养老保险收入的替代变量引入模型中，并将家庭人口规模作为控制变量引入模型中，稳健性检验结果如表3 – 6所示。

表 3 – 6 稳健性检验结果

变量名称	(1) probit	(2) probit	(3) Logit	(4) Logit
转移性收入	− 4.96e − 07 *** (1.16e − 07)	− 5.57e − 07 *** (1.18e − 07)	− 9.92e − 07 *** (2.69e − 07)	− 1.13e − 06 *** (2.83e − 07)
控制变量		0.190 *** (0.005)		0.33 *** (0.008)
常数	0.438 *** 	− 0.286 *** 	0.706 *** 	− 0.534 ***
	0.008	0.019	0.013	0.032

注：*** 表示在1%水平上显著，各变量括号内是估计系数对应的 t 值。

结果显示，转移性收入的 probit 系数与 Logit 系数均在 1% 的水平上显著为正，表明商业养老保险带来的转移性收入越多，农村居民越倾向全部转出土地，家庭参与土地流转的规模就越大。表 3 - 6 的稳健性检验结果与表 3 - 5 的基准回归结果一致，进一步说明选择商业养老保险带来的收入保障会促进家庭土地流转规模增大。

（三）异质性检验

为进一步验证商业养老保险收入对于土地流转规模的影响，将全部样本分为东、中、西三个地区，东、中、西部划分按照国家统计局划分标准，然后分别进行回归分析。表 3 - 7 显示了异质性检验结果。回归结果显示，东部地区商业养老保险收入的 probit 系数与 Logit 系数均在 1% 的条件下显著为负，说明东部地区商业养老保险收入对于土地流转规模的影响均显著为负，而中西部地区商业养老保险收入的 probit 系数与 Logit 系数均不显著，说明中西部地区商业养老保险收入对于土地流转规模的影响作用不显著，且商业养老保险收入对土地流转规模的影响在东部地区显著。

表 3 - 7　　　　　　　　　　　　异质性检验

变量名称	东部	东部	中部	中部	西部	西部
	probit	Logit	probit	Logit	probit	Logit
j	- 0.00002 ***	- 0.00003 ***	- 5.84e - 06	- 9.66e - 06	- 6.82e - 06	- 0.00001
	(5.00e - 06)	(8.82e - 06)	(6.21e - 06)	(0.00001)	(7.64e - 06)	(0.00001)
控制变量	0.1062 ***	0.1714 ***	0.1534 ***	0.2534 ***	0.1621 ***	0.2695 ***
	(0.0332)	(0.054)	(0.0289)	(0.0492)	(0.0369)	(0.0624)
控制变量	0.00004	0.00007	- 0.00003	- 0.00004	5.78e - 06	0.00001
	(0.00003)	(0.00006)	(0.00002)	(0.0003)	(0.00003)	(0.00005)
常数项	- 0.466 ***	- 0.7408 ***	- 0.5970 ***	- 0.9775 ***	- 0.2019	- 0.3536
	(0.1523)	(0.2460)	(0.1331)	(0.2209)	(0.1754)	(0.2895)
样本量	2731	2731	2121	2121	2764	2764
R^2	0.0505	0.0508	0.0551	0.0557	0.0470	0.0469

注：*** 表示在 1% 水平上显著，各变量括号内是估计系数对应的 t 值。

（四）模型结果分析

首先，商业养老保险收入的系数均显著为负，即商业养老保险带来的收入越多，土地流转的规模越大，商业养老保险会增加家庭收入，从而促进家庭选择出让土地参与土地流转。其次，土地流转收入的结果并不显著，说明土地流转收入对于土地流转规模的影响较小，而家庭人口规模的系数则显著为正，说明在参与土地流转的家庭中，家庭人口越多，参与土地流转的面积就越小，家庭人口越多，家庭中能够从事农业劳动的人口可能就越多，因此，家庭参与土地流转的规模就越小。最后，在区域差异方面，东部地区的商业养老保险收入会显著影响家庭土地流转规模，而中西部地区商业养老保险收入对于家庭土地流转规模的影响则不显著。这种差异可能是由于中西部地区经济较不发达，农户对土地赋予保障功能的依赖性较强，农民可能为增加家庭收入并不会放弃土地经营带来的收入，因此，中西部地区商业养老保险收入对于家庭土地流转规模的影响并不显著。

为促进乡村振兴，扩大低收入群体的保险保障范围，国家重视推动普惠保险的发展，普惠保险中的小额保险能够有效减少绝对贫困总人数，不仅是保险精准扶贫的重要手段，也是精准扶贫体系的重要支撑工具。普惠保险的低保费的形式适应低收入群体的需求，有助于减少家庭损失、提高家庭收入以及抗风险能力。我国已初步构建起以基本养老保险为基础、以企业（职业）年金为补充、与个人储蓄性养老保险和商业养老保险相衔接的"三支柱"养老保险体系。原银保监会在保险业高质量服务乡村振兴中，也提出要积极发展面向低收入群体的普惠保险，实现商业养老保险产品的创新，以满足不同人群的养老需求，完善农村地区的养老保障体系。普惠保险等创新型商业保险产品有助于推动保险业服务乡村振兴，对农村地区巩固脱贫成果形成长期影响。浙江省丽水市就为低收入农户统一进行农村小额保险的采购工作，并积极为农户解决理赔等问题。2019 年 11 月，丽水市保险直赔信息系统正式上线运行。低收入农户农村小额保险是首个试水项目，12 万困难群众成为理赔时"一次都不用跑"的首批受益对象。[1]

---

① "最美政协人"候选人沈绍春：脚勤笔勤思考勤［EB/OL］.［2020 – 06 – 28］. https：//www. zjzx. gov. cn/wyfc/wytlz/content_92785.

第五节　结论与建议

　　本章着重从理论和实证两个方面分析普惠型商业养老保险影响土地流转，进而促进乡村产业振兴的影响机制和作用途径。产业兴旺是乡村振兴的重要基础，普惠型商业养老保险作为寿险业多元产品制度创新的体现，有利于提升农村居民保障水平、增加家庭转移性收入，使得农村居民减少对土地养老的依赖，进而促进农村居民将家庭的土地转出，参与土地流转，而土地流转有助于农业的规模化经营，促进农村其他产业发展，带动乡村产业振兴。从理论分析和实证结果可以看出，普惠型商业养老保险对农村家庭土地流转意愿和土地流转规模均有影响，而且这种影响会因为地区不同产生差异。因此，结合实证分析部分对研究结论进行总结，同时，给出相关政策建议，助力普惠商业养老保险以及乡村产业振兴的发展。

一、研究结论

（一）参保普惠型商业养老保险会促进家庭参与土地流转

　　一是在控制可能会影响土地流转的家庭收入、家庭人口规模等因素后，家庭的商业养老保险参保情况会影响家庭参与土地流转，参保普惠型商业养老保险会促进家庭参与土地流转，家庭收入对于土地流转意愿的影响较小，家庭人口规模与土地流转意愿负相关，即家庭人口越多，越不愿意参与土地流转。二是在地区异质性方面，西部地区商业养老保险参保情况对于土地流转的影响显著，而东部与中部地区商业养老保险参保情况对于土地流转的影响不显著。造成这种差异可能是由于东部以及中部地区经济较为发达，农地流转意愿可能受到各种因素，如更多的就业选择方面的影响，因而土地流转意愿与商业养老保险关系不显著。此外，东部地区农户具有就业资源优势，容易在劳动力市场实现跨行业流动，故能以非农劳动力高产出效率将土地流转给新的经营主体，获取更高的土地租金。因此，东中部地区农村家庭的土地流转意愿与商业养老保险收入关系不大。普惠型等商业养老保险通过提高家庭保障水平的方式助推土地流转，有利于农村地区发展规模经济，推动农业发展，促进农业产业振兴，进而推动乡村振兴。此外，土地流转带来的劳动力释放，也有利于农村劳动力参与到其他产业发展，推动农村地区非农产业发展，进而推动农村地区全方位产业振兴。

（二）普惠型商业养老保险收入会增加家庭参与土地流转的规模

一是在商业养老保险带来的收入方面，在控制可能会影响土地流转规模的土地流转收入、家庭人口规模等因素后，商业养老保险带来的转移性收入越多，家庭参与土地流转规模的规模就越大，土地流转收入对于家庭土地流转规模的影响不大，而家庭人口规模与土地流转规模负相关，家庭人口越多，能够参与土地劳动的人数就越多，家庭越不愿全部转出土地。二是在地区异质性方面，东部地区商业养老保险收入对于土地流转规模的影响显著，而中西部商业养老保险收入对于土地流转规模的影响则不显著。这种差异可能是由于中西部地区经济较不发达，农户对土地赋予保障功能的依赖性较强，农民可能为增加家庭收入而不放弃土地经营带来的收入，因此，中西部地区商业养老保险收入对家庭土地流转规模的影响并不显著。普惠型等商业养老保险通过增加家庭转移性收入的方式助推土地流转，有利于农村地区发展规模经济，推动农业发展，促进农业产业振兴，进而推动乡村振兴。此外，土地流转带来的劳动力释放也有利于农村劳动力参与到其他产业发展，推动农村地区非农产业发展，进而推动农村地区全方位产业振兴。

（三）普惠型商业养老保险有助于乡村产业振兴

普惠型商业养老保险一方面通过提高家庭养老保障水平的方式促进家庭参与土地流转，另一方面通过增加家庭转移性收入的方式促进家庭增加土地流转规模。普惠型商业养老保险通过这两方面促进农村土地流转，土地流转有利于农业规模化经营，解放农村劳动力，推动劳动人口向其他产业转移，推动农村地区产业结构调整，实现乡村产业振兴。因此，普惠型商业养老保险会通过促进土地流转的方式助力乡村产业振兴。土地流转是乡村产业振兴中健全土地经营权流转体系、深化农村改革的重要内容，土地流转不仅有利于发展现代化农业、促进种养业规模化经营，而且有利于释放非农劳动力、促进农村劳动力向其他方向转移。

二、政策建议

（一）继续鼓励创新型商业养老保险发展

普惠型商业养老保险的保障作用和收入效用对于农村家庭参与土地流转以及增加土地流转规模具有重要的促进作用，针对普惠商业养老保险的积极作用，政府应继续鼓励商业养老保险的创新发展：一是政府应进一步完善农村地区养老保障体系，特别是针对土地流转农户的养老保障建设，提高保障力度，保障农民的养老需求；二是政府应继续鼓励保险公司开发适合农村居民的商业养老保险产品，鼓励保险公司发展适应农村居民的养老险业务，扩大普惠型商业养老保险在农村地区的覆盖范围，并适当拓宽养老保险保障内容；三是规范商业养老保险相关公司与从业人员的行为，确保市场有序健康发展。借鉴其他保险在农村地区发展中产生的诸多问题，建立严格且有效的规范准则。

（二）实施差异化保险政策

普惠型商业养老保险与土地流转意愿以及普惠性商业养老保险收入与土地流转规模方面均存在地区异质性，东、中、西部在经济发展水平、就业环境等多方面均存在显著差异。因此，实施差异化保险政策主要包括：一是针对不同地区商业养老保险的差异作用，政府可实施差异化的商业养老保险政策，加大对不同地区的差异化扶持力度。根据不同地区经济发展特点，有针对性地发展商业养老保险。制定有针对性、差异化的政策措施。二是确定不同地区的发展定位和发展目标，形成差异化发展路径，增强商业养老保险助力产业振兴的活力。三是结合地域特色，开发特色险种。针对不同地区农村群体特点，量身打造保障和服务的整体保险解决方案。

（三）加大普惠型商业养老保险宣传力度

普惠型商业养老保险不仅有利于提升农村地区养老险发展水平、满足不同收入群体的养老需求，而且有利于增加农民的转移性收入、提高低收入人群的养老保障水平。充分发挥普惠型商业养老保险的积极作用：一是保险业要加强宣传与引导工作，在农村地区加大商业养老保险的宣传力度，增强农村家庭的保险认知能力以及保险素养，提高了民众的风险管理意识和保险保障意识，为普惠保险充分发挥积极作用营造良好的环境。二是深入推进土地经营权等多种产权的有序流转和抵押融资，促进农业规模经济的发展。可通过打造保险业乡村振兴亮点工程，以示范的力量带动整体保险意识的提升。三是扩大商业养老保险领域对外开放，支持外资保险公司经营商业养老保险业务，通过引入国外成熟的养老保险业务经营和养老金管理经验，提升我国保险业经营水平。

（四）将普惠保险嵌入乡村振兴

普惠型商业养老保险是丰富第三支柱养老保险产品供给，巩固多层次、多支柱养老保险体系的重要内容。强化普惠型商业养老保险的保障功能，有利于发挥普惠保险助力乡村振兴的作用。积极发展面向低收入人群的普惠保险、创新商业养老保险产品是保险业高质量服务乡村振兴的重要体现。将普惠保险发展与乡村振兴相融合：一是要注重发挥普惠保险在巩固脱贫成果以及反贫困长效机制建设中的重要作用，将普惠保险等普惠型产品嵌入乡村振兴发展模式中；二是总结浙江省以及重庆市专属商业养老保险试点经验，优化制度设计，从而扩大试点并尽快实现全国推广，为农村居民提供多层次、多元化、高水平和专业化的养老保险服务，使低收入群体拥有更丰富的保险选择，使商业养老保险真正能够担负起社会养老保障体系中第三支柱的职能；三是普惠保险作为我国反贫困长效机制建设的重要内容，乡村振兴中应该重视普惠保险发展情况，这也有助于发挥保险巩固脱贫攻坚长效机制的重要作用。

（五）推动非农产业发展

产业兴旺是乡村振兴的重要基础，促进乡村产业融合发展、增强乡村产业聚合力才能推动乡村产业发展。为培育壮大乡村产业、促进乡村产业振兴，应采取以下措施：一是加快新型城镇化建设，带动农村地区第二、三产业的发展，注重推动农村地区的非农产业发展；二是完善农村地区的产业设施，增加农村地区的就业机会，通过减少家庭农业就业人口的方式，释放非农劳动力，助推土地流转，发展农业规模经济；三是加快健全乡村振兴金融服务体系，提升乡村振兴的金融供给能力，全力支持普惠金融巩固拓展脱贫攻坚成果，提升金融服务乡村振兴能力和水平；四是农村地区应以市场需求为导向，打通生产和消费，拓宽农产品流通渠道，夯实乡村产业基础，加快农村第一、二、三产业融合发展，提供多元的优质供给，集约化和产业化发展道路，提高农产品附加值，增加农民收入。

寿险业信息化制度创新助推乡村人才振兴的实证分析

实施乡村振兴战略，必须牢固树立人才是第一资源的理念，把人力资本开发放在乡村开发的首要位置。人力资本开发的关键要点在于如何留住人才，这就需要给乡村人才创造良好的就业环境，实现城乡收入一体化，其中就包括完善的薪酬体系以及合适的就业岗位，而寿险业进行信息化制度创新的过程中，通过与科技紧密结合，生产出更加完善的寿险产品，增加人才健康资本，提高人才收入水平，与此同时，寿险业还依靠其完善的寿险产品创造更多的利润，扩大其自身发展，给乡村人才提供其发展空间，为乡村人才进行振兴提供坚强的保障，寿险业通过信息化制度创新所带来的经济效应推动人才涌入乡村，实现乡村人才振兴。因此，本章基于对寿险业信息化制度创新影响人才收入与就业市场的实证研究，并通过稳健性检验、异质性检验，依据实证检验结果，对寿险业信息化制度创新助推乡村人才振兴给出合适的政策建议，使其更好地服务乡村振兴战略。

第一节　研究背景与文献综述

随着经济和科技的发展，寿险业在乡村振兴战略中发挥着不可估量的作用，乡村人才振兴离不开寿险业信息化制度创新带来的收入保障和就业保障，这也正是寿险业信息化制度创新给乡村带来的经济效应，因此，寿险业通过信息化制度创新对人才收入和就业市场的影响是本节研究的重点。本节从背景及文献角度和学者们之前的研究出发,诠释寿险业信息化制度创新与乡村人才振兴的含义,并系统分析两者之间的联系与机制作用,并总结本章内容的贡献之处。

一、研究背景

党的二十大报告强调,从现在起,党的中心任务就是团结带领全国各族人民全面建成社会主义现代化强国、实现第二个百年奋斗目标,以中国式现代化全面推进中华民族伟大复兴。在新的百年奋斗目标下,党中央进一步作出实施乡村振兴战略的重大决策部署,这是关系到全面建成社会主义现代化强国的全局性、历史性的重大任务,是新时代"三农"工作的总抓手。2023年,中央一号文件《中共中央 国务院关于实施乡村振兴战略的意见》指出:"全面推进乡村振兴需要强化人才支撑。要加强高层次人才培养、培育高素质农民、实施、'头雁'项目和推动人才下乡等,造就更多乡土人才,聚天下人才而用之。"乡村振兴战略是新时期国家在"三农"领域的重要战略部署,《乡村振兴战略规划(2018~2022年)》指出,乡村振兴离不开农村人才支撑,人才振兴可为农村新产业新业态的发展提供高质量的人力保障。根据2022年国家统计局发布的《2021年农民工监测调查报告》显示,2021年全国农民工总量29251万人,其中,外出农民工17172万人,占到58.7%。特别是青壮年人群的流失,造成乡村人才长期处于"失血""贫血"状态,已不能满足现代农业农村发展的需求。2021年4月9日,中国银保监会响应中共中央、国务院的号召,发布《关于2021年银行业保险业高质量服务乡村振兴的通知》,推动农村数字金融创新。鼓励保险业要积极推动金融科技和数字化技术在涉农金融领域的应用,通过现代化信息技术制度创新,推动寿险与科学技术紧密结合,让更多的人才能够留在乡村,实现乡村人才振兴。

乡村人才振兴是乡村振兴之中五大模块之一,更是乡村振兴的根本。国家的繁荣富强靠人才,民族的昌盛兴旺靠人才,各项事业的发展进步同样靠人才。乡村人才振兴就是激励各类人才在农村广阔天地大展才华、大显身手，打造一支强大的乡村振兴人才队伍，在乡村形成人才、土地、资金、产业汇聚的良性循环。现有研究发现，寿险业能实现乡村人才振兴，主要在于它所带来的经济效应（赵尚梅，2009）。所谓经济效应，就是指国家或企业制度改革创新在社会上所引起的反应和效果，即寿险业通过信息化制度创新来增加人才收入和扩大就业市场，进而实现乡村人才振兴。创新型寿险生产出更加完善的寿险产品，可以给人才带来健康，增加人才收入，提高各类人才进行乡村振兴的动力，进而实现乡村人才振兴（陈放，2018）。此外，信息化技术背景下传统寿险企业的互联网化，生产出更多的寿险产品，给寿险业带来更多的利润，推动了寿险业的发展，给更多的人才提供就业机会（金绍荣，2018）。由此可见，寿险业对于乡村人才振兴起着十分重要的作用。然而，在现代信息化技术的背景下，寿险业如何通过信息化制度创新来增加人才收入？又是如何通过信息化制度创新扩大就业市场？本章将从理论和实证两个方面对上述问题展开研究，进而通过寿险业信息化制度创新发现乡村人才振兴较为薄弱的环节，为完善乡村人才振兴推进乡村振兴战略作出贡献。

二、文献综述

（一）寿险业信息化制度创新

制度创新的核心内容是社会政治、经济和管理等制度的革新，是支配人们行为和相互关系的规则变更，是组织与其外部环境相互关系的变更，其直接结果是激发人们的创造性和积极性，促使不断创造新的知识和社会资源的合理配置及社会财富源源不断的涌现，最终推动社会的进步。学者对于信息化技术制度创新在寿险业的运用的研究，大体上可分为两个方面：一方面是信息化制度创新促进保险业的发展，多数学者认为其是有正向影响的，如塞思（Seth，2015）研究发现大数据能有效提高医疗保险产品的服务效率，并能促进寿险企业与医疗机构间的合作，具有类似观点的还有王媛媛（2019）和阿米尔（Amir，2020），他们在保险科技补足保险行业短板等方面给予了补充；也有学者做了类似研究，研究发现"AI＋保险"的发展模式将彻底改变国内寿险业的经营模式，并使寿险业能够实现精细化精准服务（许闲，2017）。另一方面是寿险业信息化制度创新所带来的问题，科技是把双刃剑，有学者（吕文栋，2008）研究表明，"寿险＋科技"的新型发展模式是两个领域的交叉融合，很容易导致金融风险增加，具有类似观点的还有吉安（Gian，2020）和胡晓宁（2009），他们系统分析了这种金融风险可能带来的危害；也有学者研究发现寿险业在信息化制度创新过程中会依赖于信息技术，很容易导致客户私人信息被泄露，从而造成信息安全隐患（Emanuel，2018）。

（二）乡村人才振兴研究

人才是乡村振兴最重要的战略资源，是促进农业农村发展由增产到提质的核心力量。人力资本对经济增长的重要作用早已得到学者证实。无论是通过技术创新间接产生经济增长，还是人力资本积累引致的生产效益递增直接促进经济增长，或以两种途径综合分析来看，人力资本都是保证经济可持续发展的重要因素。因此，关于乡村人才振兴的影响因素研究，大体上可以分为了两个方面：一方面是培养本土人才实现乡村人才振兴，有学者（蒲实，2018）认为要想实现乡村人才振兴，应从乡村出发，打造一支热爱农村、数量充足、结构合理、素质良好的农村实用人才队伍作为支撑；具有类似的观点还有钱再见（2019）和陈希文（Chen，2020），他们针对如何培养一支优秀的人才队伍给予了自己的建议；有学者进行了类似的研究，金绍荣（2018）认为应该大力推动乡村经济与人才振兴协同共进，使得乡村能够培养出优秀的创新型人才。另一方面是引进外来人才带动乡村实现乡村人才振兴，有学者（姜长云，2019）提议要政府实行政策，鼓励城市企业专业人才参与乡村建设中，只有将先进的技术和知识带入乡村，才能有效带动乡村人才振兴；具有类似的研究还有李金涛（Li，2021）和卢莎莎（Lu，2021），这些学者指出中国的东西经济差异，并对不同地区如何实行乡村人才振兴进行了补充；也有学者（郭俊华，2018）总结归纳改革开放以后中国乡村人才振兴带动乡村振兴，需要从吸引人才、激励人才等方面着手。

（三）寿险信息化制度创新与乡村人才振兴

乡村振兴战略的主要目标是实现农业农村现代化。传统的农业人才已无法满足当前农村的社会发展的新需求，因此，寿险业需要进行信息化制度创新，让新型人才能够在乡村大展身手、大施所能，进而推动乡村振兴战略。寿险业通过信息化技术制度创新实现乡村人才振兴的研究主要体现在两个方面：一方面是寿险业通过信息化技术制度创新增加人才收入，有学者（陈放，2018）认为创新型寿险有着更加完善的现代化保障体系，增加人才收入，提高各类人才进行乡村振兴的动力，进而实现乡村人才振兴；具有类似的观点还有刘家勇（Liu，2017）和朱铭来（2019），这些学者在商业保险与社会保险对于乡村人才振兴的影响程度方面进行了补充。另一方面是寿险业通过信息化技术制度创新来扩大寿险就业市场，有学者（邱兆祥，2016）认为目前保险业消费者满意度较低，数字化水平也较为落后，保险通过信息化技术制度创新可能会更显著地刺激保险业的发展，促进其高质量发展；具有类似的观点还有曹思清（Cao，2020）和徐晓慧（2011），除了通过信息化制度创新之外，这些学者针对促进保险业的发展也给予了很多不同的建议；也有学者进行了类似的研究，发现寿险业通过信息化技术制度创新不仅改善了寿险业的风险选择、定价等能力，而且有助于改善行业承保结构，助力行业改变"车险独大""理财导向"等倾向，使其向保障主业回归，向创新发展迈进（完颜瑞云，2019）。

（四）相关文献评述

现有文献对寿险业信息化制度创新服务乡村人才振兴的重要作用作出肯定，强调了保险在乡村振兴战略过程中的重要作用。在乡村人才振兴的背景下，寿险业进行信息化制度创新对于提高人才收入和扩大就业市场具有重要意义，而现阶段将寿险业信息化制度创新和乡村人才振兴纳入统一的理论框架进行深入探讨的研究较少，尤其是关于寿险业信息化制度创新对乡村人才振兴的实证研究少之又少。因此，与以往研究进行比较，本章的贡献体现在以下两个方面：一是构建了一个基于寿险业信息化制度创新和乡村人才振兴的柯布—道格拉斯函数，从理论上分析了寿险业通过信息化制度创新对乡村人才振兴的影响。理论研究发现，寿险业信息化制度创新所带来的经济效应可以提高人才收入、扩大就业市场，进而达到乡村人才振兴的结果。二是针对理论推导出来的均衡理论函数，运用面板数据回归模型法实证检验了寿险业通过信息化制度创新对于乡村人才振兴的影响结果，即寿险业进行信息化制度创新可以有效提高人才收入和扩大就业市场，依据实证结果提出实现乡村人才振兴的政策建议。

第二节　寿险业信息化制度创新助推乡村人才振兴理论模型

本章第一节从背景和文献入手分析了寿险业信息化制度创新、乡村人才振兴以及两者之间的联系，可知寿险业进行信息化制度创新能够提高人才收入、扩大就业市场，进而实现乡村人才振兴。因此，本节从理论层面入手进行分析，寿险业信息化制度创新如何通过增加人才收入以及扩大就业市场来达到乡村人才振兴的目的。本节尝试构建一个同时包含寿险业信息化制度创新和乡村人才振兴的柯布—道格拉斯函数的理论模型，由此系统诠释与深入分析寿险业信息化制度创新对乡村人才振兴的作用渠道和影响效应。本节将乡村人才振兴分为人才收入和就业市场两类，从这两方面理论分析寿险业信息化制度创新所带来的经济效应。

一、寿险业信息化制度创新对人才收入的理论分析

计量经济学领域关于人力资本与经济发展的测量模型已经相对成熟，其中，最为典型的是柯布—道格拉斯生产函数，又称 C - D 生产函数，最初是美国数学家柯布（C. W. Cobb）和经济学家保罗·道格拉斯（Paul H. Doug-las）共同探讨投入和产出的关系时创造的生产函数，是在生产函数的一般形式上作出改进，引入了技术资源这一因素。寿险信息化技术制度创新就是寿

险业适应科技的发展、运用现代化信息技术为自己服务（许闲，2017），寿险业随着科技投入的增加，提高生产效率、产品质量，生产出价格低廉、保障全面的寿险产品，因此，可以用寿险产品来衡量寿险业产出。为了描述科技进步对产出的贡献，后人在函数中引入了科技投入因素，而寿险信息化制度创新就是科技进步的表现，因此，本章选用寿险业科技投入衡量寿险业信息化制度创新。在宏观经济增长理论研究方面，学者（程华，2008）曾经针对科技相对于企业产出的增长速度的相关作用给出相应的计算，本章根据其研究，得到了寿险业制度化创新与寿险企业产出的柯布—道格拉斯生产函数：

$$Y = AK^{\alpha}L^{\beta}I^{\gamma} \qquad (4-1)$$

其中，Y 为产出（寿险产品）；K 为科技投入（寿险信息化制度创新）；L 为生产资本投入；I 为劳动力投入；参数 α、β、γ 分别为科技要素产出弹性、生产资本产出弹性和劳动力产出弹性，且 α > 0，β > 0，γ > 0。

两边取对数：

$$\ln Y = \ln A + \alpha\ln K + \beta\ln L + \gamma\ln I \qquad (4-2)$$

计算各项对 t 求导：

$$\frac{\frac{dY}{dt}}{Y} = \frac{\frac{dA}{dt}}{A} + \frac{\alpha\frac{dK}{dt}}{K} + \frac{\beta\frac{dL}{dt}}{L} + \frac{\gamma\frac{dI}{dt}}{I} \qquad (4-3)$$

离散方程式，使 dt = 1，则：

$$\frac{\Delta Y}{Y} = \frac{\Delta A}{A} + \alpha\frac{\Delta K}{K} + \beta\frac{\Delta L}{L} + \gamma\frac{\Delta I}{I} \qquad (4-4)$$

$$\gamma = \frac{\Delta Y}{\Delta I}\frac{I}{Y} = \frac{\partial Y}{\partial I}, \text{ 且 } \gamma > 0 \qquad (4-5)$$

由式（4-5）可知，寿险企业产出将随着寿险业科技投入的增加而增加。

根据健康需求理论可知，在个人生产决策过程中，可以通过购买寿险产品等健康投资使得个人的健康资本存量将得到增加。因此，如果将健康视为一种产品，那么本章所研究的寿险产品就是健康生产的投入品，因而农民的收入与健康资本函数式为：

$$R = R[H(Y)] \tag{4-6}$$

其中，H 表示健康资本，从前面分析可知，农民通过购买寿险产品，提高自己的健康资本，有助于改善健康，因而寿险产品对农民健康资本有正向效应，即 $\frac{\partial H}{\partial Y} > 0$。根据学者格罗斯曼（Grossman，1972）的研究，提高健康资本进而增加农民收入的原因在于其能够生产健康时间用于工作，因此，农民健康资本对于收入有着正向效应，即 $\frac{\partial R}{\partial H} > 0$，则综上所述，寿险产品对农民收入有正向作用，即：

$$\frac{\partial R}{\partial H} \cdot \frac{\partial H}{\partial Y} > 0 \tag{4-7}$$

由式（4-6）和式（4-5）可得：

$$\frac{\partial Y}{\partial I} \cdot \frac{\partial R}{\partial H} \cdot \frac{\partial H}{\partial Y} > 0 \tag{4-8}$$

党的二十大报告提出，要建设"数字中国"，加快发展数字经济，促进数字经济和实体经济深度融合，打造具有国际竞争力的数字产业集群。有学者（何帆，2019）也曾对企业的数字化变革进行研究，研究表明，企业在数字化创新过程中能给社会带来经济效应的提升，因此，寿险业在进行信息化制度创新过程中给社会带来了经济效应，通过生产更加完善的寿险产品增加人才的健康资本和人才收入。

由此得到命题1：寿险业通过信息化技术制度创新生产出完善的寿险产品，提高了人才的健康资本，增加了人才收入，实现乡村人才振兴。其经济学意义为，寿险业通过增加科技投入实现信息化制度创新，给社会带来了经济效应，因此，其具有较高的农村倾向和人力资本投资倾向，以使农民可以更好地进入农村工作，并追求更高的收入，进而有利于实现乡村人才振兴。

二、寿险业信息化制度创新对就业市场的理论分析

就业市场是指单位或者企业所能提供的给人才进行大展身手的地方，而寿险业的就业市场体现了人们对于寿险产品的需求量（朱铭来，2008），因此，本章用寿险业的需求表示寿险业的就业市场，根据凯恩斯经济学理论，利润函数是企业最大化自己利润的函数，定义为收益减去成本，则利润函数为：

$$\pi = \max pq - \sum_{1}^{n} w_i x_i \qquad (4-9)$$

其中，π 表示企业利润，p 表示产品价格，q 表示产品供应量，w_i 表示生产成本，x_i 表示产品需求量（就业市场）。

这样，就有一阶条件：

$$\frac{\partial \pi}{\partial x_i} = \frac{\partial Y}{\partial x_i} - w_i \qquad (4-10)$$

公司要想获得利润，产品价格肯定是大于生产成本，因此 $\frac{\partial Y}{\partial x_i} - w_i > 0$，即：

$$\frac{\partial x_i}{\partial \pi} > 0 \qquad (4-11)$$

寿险信息化技术制度创新就是寿险业适应科技的发展，运用现代化信息技术为自己服务（许闲，2017），科技资本是指寿险业在信息化制度创新过程中科技投入的消耗，根据式（4-1）寿险业制度化创新与寿险企业产出的柯布—道格拉斯生产函数，可以知道，寿险业运用科技资本 K、租借生产资本 L、雇佣劳动资本 I，最终产出寿险产品 Y，且根据学者（储德银，2019）的研究，我们可以得到寿险业的利润函数为：

$$\pi = Y - xK - wL - zI \qquad (4-12)$$

其中，π 为寿险业的利润，x 为科技投入价格，w 为生产资本价格，z 为雇佣劳动的工资。那么，科技投入部分所得的利润函数为：

$$\pi = \frac{xY}{x + w + z} - xK \qquad (4-13)$$

即：
$$\pi = \frac{x(Y - (x + w + z)K)}{x + w + z} \qquad (4-14)$$

寿险业在发展过程中，短期的科技投入不一定能得到对应的科技产出，但随着技术的进步和时间的推移，科技产出肯定是大于科技投入。根据相关学者（魏紫，2018）的研究，企业根据国家相关政策进行改革创新，所带来的经济效应能够显著提高企业利润，并提升了企业的经营效率。因此，寿险业可以通过信息化制度创新增加科技投入，进而生产出更多的寿险产品，其经济效应使寿险业获得更多的利润，也推动了寿险业的发展，即：

$$\frac{\partial Y}{\partial I} \cdot \frac{\partial \pi}{\partial Y} > 0 \qquad (4-15)$$

由式（4-10）和式（4-12）可得：

$$\frac{\partial Y}{\partial I} \cdot \frac{\partial \pi}{\partial Y} \cdot \frac{\partial x_i}{\partial \pi} > 0 \qquad (4-16)$$

由此得到命题2：寿险业通过信息化技术制度创新生产出更多的寿险产品，增加了寿险公司的利润，推动了寿险业的发展，进而扩大寿险就业市场。其经济学意义为，寿险业通过信息化制度创新增加科技投入，因此，具有较高的寿险产品产出，其经济效应以使得寿险业可以更好地获得利润，进而有利于寿险业扩大就业市场，实现乡村人才振兴。

第三节　实证模型与数据来源

通过第二节理论分析可知寿险业信息化制度创新通过影响人才收入和就业市场进而实现乡村人才振兴。首先，寿险业信息化制度创新增加科技投入，生产出更加完善的寿险产品，增加了人才的健康资本，提高了人才的收入；其次，寿险业信息化制度创新生产出的寿险产品也为寿险业带来了更多的利润，进而推动寿险业的发展，扩大寿险业的就业市场。寿险业信息化制度创新所带来的经济通过提高人才收入和扩大就业市场，进而促进了乡村人才振兴。因此，本节依据第二节的理论分析，进行模型以及相关变量的选取设定。

一、计量模型设定

面板数据模型可以用于分析各样本在时间序列上组成的数据的特征，它能够综合利用样本信息，通过模型中的参数，既可以分析个体之间的差异情况，又可以描述个体的动态变化特征（周建伦和刘飞，2008）。因此，本章为了检验寿险业信息化制度创新是否能够增加人才收入，并根据本章第三部分理论推导的均衡理论模型：

$$\frac{\partial Y}{\partial I} \cdot \frac{\partial R}{\partial H} \cdot \frac{\partial H}{\partial Y} > 0 \tag{4-17}$$

因此，设计的实证模型如下：

$$Y = \alpha_0 + \alpha_1 X_1 + \alpha_2 X_2 + \varepsilon \tag{4-18}$$

其中，Y 是寿险业信息化创新程度；X_1 是人均 GDP；X_2 是其他控制变量，包括普惠金融数字化指数，覆盖指数和城镇化率。

为了检验寿险业信息化制度创新是否能够增加寿险的就业市场，并根据本章第三部分理论推导的均衡理论模型：

$$\frac{\partial Y}{\partial I} \cdot \frac{\partial \pi}{\partial Y} \cdot \frac{\partial x_i}{\partial \pi} > 0 \tag{4-19}$$

因此，设计的实证模型如下：

$$Y = \alpha_3 + \alpha_4 X_4 + \alpha_2 X_2 + \lambda \tag{4-20}$$

其中，Y 是寿险现代化技术制度创新程度；X_4 是寿险的保费收入；X_2 是其他控制变量，包括普惠金融数字化指数，覆盖指数和城镇化率。

二、变量的选取

（一）核心变量

1. 人才收入。人才收入是决定人才就业的主要条件，随着现代科技的发展，乡村要想实现人才振兴，就得政府给予政策支持，并给予人才收入补贴。因此，本章采用相关学者（茅锐，2015）的研究思路，用各省人均 GDP 表示人才收入。

2. 就业市场。就业市场是指单位或者企业所能提供的给人才进行大展身手的地方，而寿险业的就业市场体现了人们对于寿险产品的需求量，而寿险的需求量与寿险的保费收入是直接给挂钩的，因此，本章参考学者（朱铭来，2008）的研究，用寿险的保费收入表示就业市场。

3. 寿险业信息化制度创新。这一变量相对抽象，且是一个多维度变量，很难找到一个综合性的指标可以确切地度量寿险业现代化技术制度创新程度。为了保证寿险现代化技术制度创新程度指标的数据可得性，本书从保险科技影响中国保险业的现实情况出发寻求恰当的代理变量。综合过去十多年间中国保险科技发展的情况，保险科技的应用首先创新了寿险销售的渠道和方式，之后逐步深耕寿险的保障功能、开发针对性的寿险产品，包括基于互联网商务场景的、全程在线完成业务流程的产品，最后可能通过科技手段提高服务水平，从而提升消费者满意度。基于以上考虑，本章选择使用北京大学数字金融研究中心编制的中国数字普惠金融指数中保险科技发展指数来衡量寿险现代化技术制度创新程度。该指数采用了蚂蚁金服的交易账户底层数据，将每万人支付宝用户中被保险用户数、人均保险笔数和人均保险金额三个指标进行无量纲化处理后，基于层次分析法（AHP）和变异系数法确定具体指标权重，综合形成保险业务分项指数（完颜瑞云，2019）。

（二）控制变量

经济层面：不同省份的经济发展水平的差异会对人才收入需求和人才就业市场产生不同程度影响，因此，参考相关学者（王肖芳，2018）的研究，本章的控制变量选取城镇化率来衡量农村人才所占比例。技术层面：现代技术的发展对于乡村人才吸引也起到了至关重要的作用，因此，选择普惠金融数字化指数、普惠金融覆盖指数来衡量不同省份金融科技的发展程度。

三、内生性问题

考虑到寿险业信息化制度创新与乡村人才振兴之间可能存在双向因果关系，从而引发内生性问题。因此，本章参照相关学者（邱晗，2018）的思路，选择中国互联网络信息中心（CNNIC）公布的互联网分省普及率作为寿险信息化制度创新的工具变量，2021年，《中国银保监会办公厅关于2021年银行业保险业高质量服务乡村振兴的通知》，该通知鼓励保险机构探索利用互联网等科技手段，提高保险的数字化、智能化经营水平。寿险业信息化制度创新就是寿险业适应科技的发展，运用现代化信息技术为自己服务。为此，本章选择互联网分省普及率以控制本章结果的内生性。

工具变量的选取主要基于两个方面考虑：从外生性角度来看，互联网普及率对于乡村人才振兴影响较弱；从相关性来看，寿险业信息化制度创新要基于互联网才能进行。因此，互联网普及率对于寿险业信息化制度创新具有一定的影响程度。由此可见，选择互联网普及率作为寿险业信息化制度创新的工具变量，基本满足工具性变量的相关性和外生性条件。

四、数据来源

为尽可能保持数据的充足性，本章选择2011～2019年省级非平衡面板数据进行实证检验。其中，涉及保险业务方面的数据来自历年《中国保险年鉴》和原银保监会，宏观经济方面的数据来自历年《中国统计年鉴》，保险科技发展指数、数字普惠数字化程度等数据来自北京大学数字金融研究中心编制的中国数字普惠金融指数，互联网普及率的数据来自中国互联网络信息中心。数字普惠金融指数：分指数包括数字金融覆盖广度、数字金融使用深度以及普惠金融数字化程度，此外，使用的深度指数中还包含支付、信贷、保险、信用、投资、货币基金等业务分类指数。指数范围：2011～2020年我国31个省份数字普惠金融指数。由于个别省份2021年统计年鉴未出，因此，本章数据选取了2011～2019年的31个省级宏观数据，具体变量如表 4 - 1 所示。

表 4 - 1　　　　　　　　　变量名称和描述性统计

变量名	数据个数	均值	标准差	最小值	最大值
保险科技发展指数	279	448.73	215.21	0.25	932.26
人均 GDP（元）	279	53914.92	26128.67	16414	164220
寿险的保费收入（亿元）	279	553.26	526.09	1.9	3011.4
数字化指数	279	278.4	117.67	7.58	462.23
覆盖指数	279	182.25	90.47	1.96	384.66
城镇化率（%）	279	56.67	13.35	22.2	94.1
互联网普及率（%）	279	51.3	26.55	24.2	78

第四节　实证检验

本章前面对寿险业信息化制度创新如何通过作用于人才收入与就业市场进而实现乡村人才振兴进行了全面的理论分析，从第二节中寿险业信息化制度创新对人才收入以及就业市场上进行分析阐述可以得出，寿险业信息化制度创新对提高人才收入和扩大就业市场都有着正向的促进作用，即寿险业通过信息化制度创新所带来的经济效应有助于实现乡村人才振兴。下面将通过面板数据回归模型逐一验证理论推导的结论，进一步检验寿险业信息化制度创新对乡村人才振兴的助推作用，为后续的政策性建议提供实证基础。

一、寿险业信息化制度创新对人才收入影响的实证结果

本章利用 Stata 对 2011～2019 年我国 31 个省份的面板数据进行处理，结果显示，寿险业信息化技术制度创新对于人才收入是具有正向影响的，保险科技发展指数能促进人均 GDP 的增长，同时，对不同省份的数字化程度和覆盖程度均有正向促进作用。本章还分别进行了异质性分析、稳健性分析和内生性分析，并对其机制作用进行分析，增强模型结果的可信度。

（一）模型结果描述

表 4 - 2 分别采用混合回归（OLS）、普通最小二乘法（2SLS）对寿险业信息化制度创新影响人才收入进行检验。由理论模型命题 1 可知，寿险业信息化技术制度创新对于人才收入是具有正向影响的。列（1）~列（2）是普通最小二乘（OLS）回归结果，列（3）是在列（2）列的基础上使用工具变量估计后第二阶段估计结果，保险科技发展指数（InsurTech - Dev）的回归系数都是正的，且都通过了 10% 的显著性检验，进一步验证了理论模型中命题 1 的结论。此外，对比列（2）的回归结果，在加入工具变量互联网普及率（IntPen - rate）的情况下，参合比例的回归系数明显下降，由 6.4e - 04 上升到 7.5e - 04。这表明，在不考虑寿险业信息化制度创新与人才收入之间的双向因果关系时，容易低估寿险业信息化制度创新对人才收入的正向影响程度。

表 4 - 2 　　　　　　寿险信息化技术制度创新对人才收入影响结果

项目	（1）（OLS）人才收入（Tal - Inc）	（2）（OLS）人才收入（Tal - Inc）	（3）（2SLS 二阶段）人才收入（Tal - Inc）
保险科技发展指数（InsurTech - Dev）	4.3e - 03 *** (2e - 04)	6.4e - 04 * (4.3e - 04)	7.5e - 04 * (4.3e - 04)
数字化程度（Deg - Dig）		0.152 * (0.094)	0.149 * (0.094)
覆盖程度（Coverage）		2.01 *** (0.142)	2.06 *** (0.15)
城镇化率（Urban - rate）		- 1.70 (0.79)	- 1.25 (0.86)
互联网普及率（IntPen - rate）			- 1.08 (1.02)
常数项 C	181.7 *** (8.39)	101.4 *** (34.16)	115.39 *** (35.82)
样本量	279	279	279
R^2	0.1279	0.7405	0.7411

注：列（2）在列（1）的基础上加入了控制变量，列（3）在列（2）的基础上进一步引入了工具变量，括号中的数字为标准误，***、* 分别表示在 1%、10% 水平上显著。

（二）稳健性检验

为进一步验证寿险信息化技术制度创新对人才收入的正向作用，表 4 - 3 采用混合回归（OLS）、随机效应（ML）、固定效应（FE）分别对寿险信息化技术制度创新影响人才收入进行研究，列（1）~ 列（5）结果显示，无论是否加入控制变量和工具变量，参合比例的回归系数在 10% 的水平上均显著为正，这表明寿险信息化技术制度创新对人才收入具有强烈的正向作用。表 4 - 3 稳健性回归结果与表 4 - 2 回归结果相一致，进一步验证了理论模型的命题 1。

表 4 - 3　　　　　　　　　　　　稳健性检验

项目	（1）OLS	（2）OLS	（3）ML	（4）ML	（5）FE	（6）FE
变量名称	人才收入（Tal - Inc）	人才收入（Tal - Inc）	人才收入（Tal - Inc）	人才收入（Tal - Inc）	人才收入（Tal - Inc）	人才收入（Tal - Inc）
保险科技发展指数（InsurTech - Dev）	4.3e - 03 *** (2e - 04)	7.5e - 04 * (4.3e - 04)	4.2e - 03 *** (1.08)	7.5e - 04 * (4.5e - 04)	0.0138 *** (7e - 03)	3.4e - 03 (8e - 04)
常数项	181.7 *** (8.39)	115.39 *** (35.82)	221.19 *** (25.45)	115.06 *** (37.71)	- 298.2 *** (40.13)	654.464 *** (207.62)
控制变量	NO	YES	NO	YES	NO	YES
样本量	279	279	279	279	279	279

注：括号中的数字为标准误，*** 、* 分别表示在 1%、10% 水平上显著。

（三）异质性检验

考虑到不同地区寿险信息化制度创新对人才收入的影响可能存在一定差别。因此，本章将根据东、中、西地区划分对本研究数据进行分类，并采用混合回归进行比较回归分析，具体如表 4 - 4 所示。列（1）~ 列（6）结果显示，在加入控制变量和控制内生性之后，寿险信息化制度创新对人才收入的回归系数明显降低，且根据列（2）、列（4）、列（6）的数据可知：东部地区的寿险信息化制度创新的回归系数为 0.0072，说明在东部寿险业信息化制度创新更能提高人才收入；然后是中部地区，系数为 0.0047；西部地区的寿险信息化制度创新回归系数最低，仅为 0.0019。上述异质性分析表明寿险业信息化制度创新对于人才收入的影响会因为不同地区的经济差异而产生区别。

表 4 – 4　　　　寿险信息化制度创新对人才收入的异质性分析

项目	(1) 东部	(2) 东部	(3) 中部	(4) 中部	(5) 西部	(6) 西部
变量名称	人才收入 Tal – Inc	人才收入 Tal – Inc	人才收入 Tal – Inc	人才收入 Tal – Inc	人才收入 Tal – Inc	人才收入 Tal – Inc
保险科技发展指数 (InsurTech – Dev)	0.0189 *** (0.0017)	0.0072 *** (0.0025)	0.0123 *** (0.0003)	0.0047 * (0.0003)	0.0043 *** (0.0006)	0.0019 * (0.411)
常数项	– 343.65 *** (81.64)	519.56 *** (175.87)	346.01 *** (70.22)	95.07 * (62.94)	177.31 (47.86)	101.78 (64.67)
控制变量	NO	YES	NO	YES	NO	YES
样本量	117	117	54	54	108	108
R^2	0.6358	0.8559	0.2621	0.8620	0.5866	0.8309

注：括号中的数字为标准误，***、*分别表示在1%、10%水平上显著。

（四）模型结果分析

第一，保险科技发展指数和人才收入两者之间存在显著正相关，即寿险业进行信息化制度创新会显著增加乡村人才收入。由表4–2可知我国不同省保险科技发展指数差距较大，根据表4–2列（1）~列（3）的回归结果可知，在控制了其他变量和工具变量的情况下，保险科技发展指数对于人才收入的回归系数由4.3e–03下降到7.5e–04，且均显著为正，也进一步验证了理论命题1。这表明，寿险在适应网络时代的发展，进行信息化制度创新过程中，生产出了更好的寿险产品，其经济效应会提高农村人才收入，实现乡村人才振兴。正如相关学者所述，农村金融是农村经济的核心，实施乡村振兴战略离不开金融的支持（陈放，2018）。2019年，中共中央和国务院印发《数字乡村发展战略纲要》也指出，强化人才支撑，开展信息化人才下乡活动，让信息化、数字化帮助农村实现现代化转型，而寿险业信息化制度创新进而促进人才收入也正是顺应这一发展战略的要求。据国家统计局公布的数据，2022年，我国农村居民人均可支配收入达到20133元，2018年为

14617 元，相比增长 37.74%。然而从横向角度分析，2022 年，我国城乡收入比为 2.45：1，说明我国城乡收入差距问题仍较为严重。持续提高农民群体收入、改善农村居民的生活水平、进一步推动城乡间协调发展、实现乡村振兴是我国农村经济下一阶段发展的目标。

第二，数字化程度和覆盖程度均在不同程度影响着人才收入。表 4 - 2 列（3）的数字化程度和人均国内生产总值回归系数为 0.149、2.06，且均显著为正，这表明，人才收入会受到多方面因素共同作用，不同地区的数字化发展程度和信息化覆盖程度极大地影响了人才收入，这也正是限制很多偏远地区人才收入的原因，正如相关学者所言，乡村振兴要与脱贫攻坚做到有机衔接，现代化农村建设要吸引更多的现代化人才，让引进人才带动本土人才，进而实现乡村的人才振兴（豆书龙，2019）。《数字农业农村发展规划（2019~2025 年）》将"建设乡村数字治理体系"列为"推进管理服务数字化转型"的五大任务之一。以上政策意味着推进乡村治理数字化已进入实际操作阶段。据 2023 年 3 月中国互联网络信息中心发布的第 51 次《中国互联网络发展状况统计报告》①，截至 2022 年 12 月，我国网民规模已达 10.67 亿人，互联网普及率达 75.6%，这意味着互联网已成为城乡居民日常生活的基本设施，乡村治理的数字化转型也将成为乡村治理现代化的基本趋势。

二、寿险业信息化制度创新对就业市场影响的实证结果

本章利用 Stata 对 2011~2019 年我国 31 个省份面板数据进行处理，结果显示，寿险业信息化技术制度创新对于就业市场具有正向影响，保险科技发展指数能促进寿险业保费收入增长的同时对不同省市的数字化程度和覆盖程度均有正向促进作用。本章还分别进行了异质性分析、稳健性分析和内生性分析，并对其机制作用进行了分析，来增强模型结果可信度。

（一）模型结果描述

表 4 - 5 分别采用混合回归、普通最小二乘法对寿险信息化技术制度创

---

① 中国互联网络信息中心（https：//www.cnnic.net.cn/n4/2023/0302/c199 - 10755.html）。

新影响就业市场的研究成果。由理论模型命题 2 可知，寿险信息化技术制度创新对于就业市场是具有正向影响的。列（1）～（2）是普通最小二乘回归结果，列（3）是在列（2）的基础上使用工具变量估计后第二阶段估计结果，保险科技发展指数的回归系数都是正的，且都通过了 5% 的显著性检验，进一步验证了理论模型中命题 2 的结论。此外，对比列（2）的回归结果，在加入工具变量互联网普及率的情况下，参合比例的回归系数明显下降，由 0.0092 上升到 0.0097。这表明在不考虑寿险信息化技术制度创新与就业市场之间的双向因果关系时，容易低估寿险信息化技术制度创新对就业市场的正向影响程度。

表 4 - 5   **寿险现代化信息技术制度创新对就业市场影响结果**

项目	（1）OLS 就业市场（Job - Mar）	（2）OLS 就业市场（Job - Mar）	（3）2SLS 二阶段 就业市场（Job - Mar）
保险科技发展指数（InsurTech - Dev）	0.06 *** (0.0079)	0.0092 * (0.0068)	0.0097 * (0.0068)
数字化程度（Deg - Dig）		0.526 (0.134)	0.452 *** (0.132)
覆盖程度（Coverage）		1.71 *** (0.169)	1.95 *** (0.202)
城镇化率（Urban - rate）		- 0.207 (0.34)	0.133 (0.37)
互联网普及率（IntPen - rate）			1.15 ** (0.547)
常数项 C	415.04 *** (43.34)	- 2.87 (49.70)	12.09 (46.01)
样本量	279	279	279
R^2	0.7016	0.8674	0.8704

注：列（2）在列（1）的基础上加入了控制变量，列（3）在列（2）的基础上进一步引入了工具变量，括号中的数字为标准误，*** 、** 、* 分别表示在 1%、5%、10% 水平上显著。

（二）稳健性检验

为进一步验证寿险信息化技术制度创新对就业市场的正向作用，表 4 - 6

采用混合回归、随机效应、固定效应分别对寿险信息化技术制度创新影响人才需求进行研究，列（1）～列（6）结果显示，无论是否加入控制变量和工具变量，参合比例的回归系数在10%的水平上均显著为正，表明寿险信息化技术制度创新对就业市场具有强烈的正向作用。表4-6稳健性回归结果与表4-5回归结果相一致，进一步验证了理论模型的命题2。

表4-6　　　　　　　　　　　稳健性检验

项目	（1）OLS	（2）OLS	（3）ML	（4）ML	（5）FE	（6）FE
变量名称	就业市场 （Job - Mar）	就业市场 （Job - Mar）	就业市场 （Job - Mar）	就业市场 （Job - Mar）	就业市场 （Job - Mar）	就业市场 （Job - Mar）
保险科技 发展指数 （InsurTech - Dev）	0.06 *** （0.0079）	0.0097 * （0.0068）	0.06 *** （0.0077）	0.0097 * （0.0068）	0.06 *** （0.007）	0.0081 * （0.006）
常数项	415.04 *** （43.34）	12.09 （46.01）	415.04 *** （64.48）	11.78 （52.98）	415.71 *** （5.67）	- 25.52 （47.83）
控制变量	NO	YES	NO	YES	NO	YES
样本量	279	279	279	279	279	279

注：括号中的数字为标准误，*** 、* 分别表示在1%、10%水平上显著。

（三）异质性检验

考虑到不同地区寿险信息化制度创新对就业市场的影响可能存在一定差别，因此，本章将根据东、中、西地区划分对本研究数据进行分类，并采用混合回归进行比较回归分析，具体结果如表4-7所示。列（1）～列（6）结果显示，在加入控制变量和控制内生性后，寿险信息化制度创新对就业市场的回归系数明显降低，且根据列（2）、列（4）、列（6）的数据可知：东部地区的寿险信息化制度创新的回归系数为0.195，说明在东部，寿险业信息化制度创新更能扩大就业市场；然后是中部地区，系数为0.087；西部地区的寿险信息化制度创新回归系数最低，仅为0.046。上述异质性分析表明寿险业信息化制度创新对于就业市场的影响会因为不同地区的经济差异而产生区别。

表 4 – 7 寿险信息化制度创新对就业市场的异质性分析

项目	(1) 东部	(2) 东部	(3) 中部	(4) 中部	(5) 西部	(6) 西部
变量名称	就业市场 (Job – Mar)	就业市场 (Job – Mar)	就业市场 (Job – Mar)	就业市场 (Job – Mar)	就业市场 (Job – Mar)	就业市场 (Job – Mar)
保险科技 发展指数 (InsurTech – Dev)	0.63 *** (0.084)	0.195 *** (0.0169)	0.192 *** (0.032)	0.087 ** (0.077)	0.25 *** (0.054)	0.046 ** (0.026)
常数项	85.03 *** (76.75)	429.39 * (227.24)	172.37 *** (36.47)	235.24 (406.33)	337.49 *** (22.30)	145.77 *** (55.43)
控制变量	NO	YES	NO	YES	NO	YES
样本量	117	117	54	54	108	108
R^2	0.0435	0.8543	0.2883	0.8553	0.1745	0.8658

注：括号中的数字为标准误，*** 、** 、* 分别表示在1%、5%、10%水平上显著。

（四）模型结果分析

第一，保险科技发展指数和就业市场两者之间存在显著正相关，即寿险业进行信息化制度创新会显著增加就业市场。根据表 4 – 5 列 (1) ~ 列 (3)的回归结果可知，在控制了其他变量和工具变量的情况下，保险科技发展指数对于就业市场的回归系数由 0.06 下降到 0.0097，且均显著为正，也进一步验证了理论命题 2。这表明，寿险在适应网络时代的发展以及进行信息化制度创新的过程中，能生产出更多的寿险产品，增加寿险公司的利润，进而增大就业市场，吸引更多的人才投入乡村建设，实现乡村人才振兴。正如相关学者所述，乡村振兴战略需要多元化金融体系的构建，保险为乡村振兴尤其是乡村人才振兴提供了强有力的支撑（王修华，2019）。中共中央和国务院印发《乡村振兴战略规划（2018 – 2022 年)》指出，要实行更加积极、更加开放、更加有效的人才政策，推动乡村人才振兴，让各类人才在乡村大施所能、大展才华、大显身手。而寿险业信息化制度创新进而促进其就业市场也正为这些人才提供了用武之地，响应了国家乡村振兴的号召。我国保险业自 1980 年恢复以来，经过几十年的发展，实现了高速增长。2022 年底，我国保费规模由 1980 年的 4.6 亿元快速增长到 2022 年的 4.7 万亿元，继续保持世界第二，保险公司总资产规模也达到了27.1万亿元①。

第二，数字化程度和覆盖程度均不同程度地影响着就业市场。表4－5列（3）的数字化程度和覆盖程度回归系数分别为0.452、1.95，且均显著为正，这表明就业市场会受到多方面因素的影响，我国寿险业的就业环境也会随着不同地区而有所差异，正是这些差异限制了寿险业的就业市场，阻碍了乡村人才振兴。正如学者所言，由不同地区经济差异所形成的社会、信息网络会显著地影响着农村人才的外出就业，进而影响着乡村人才振兴（王春超，2015），因此，推动乡村人才振兴要和推动乡村经济发展协同并进。截至2022年末②，全国参加养老保险人数达到10.5亿人，并且全国社会保障卡持卡人数达13.68亿人，覆盖96.8%人口，已基本接近实现人群全覆盖的目标，因此，我国寿险业的就业市场环境也在不断扩大，给了人才更加广泛的用武之地。

第五节　结论和建议

本章着重从理论和实证两个方面分析了寿险业信息化制度创新对于乡村人才振兴的影响。寿险业进行信息化制度创新所产生的经济效应是实现乡村人才振兴的关键，即寿险业通过信息化制度创新来提高人才收入和扩大就业市场。本章在柯布—道格拉斯函数的基础上推导出寿险业通过信息化制度创新提高人才收入以及扩大就业市场来实现乡村人才振兴，并在理论推导基础上构建实证模型，研究了寿险业信息化制度创新是否影响人才收入与就业市场，进一步验证寿险业通过信息化制度创新来实现乡村人才振兴。结合实证分析部分对研究结论进行总结的同时，给出相应的建议，为国家乡村振兴战略的早日实现作出贡献。

---

① 银保监会：2022年保险行业总保费收入4.7万亿元［EB/OL］.［2023－02－10］. https：//www.zgbxjj.com/headlines_details.html？id＝1942&type＝02，05.

② 全国基本养老保险参保人数达10.5亿人［EB/OL］.［2023－01－22］. https：//baijiahao.baidu.com/s？id＝1755703439880273069&wfr＝spider&for＝pc.

一、研究结论

随着我国乡村建设的不断深入以及农业农村现代化的不断推进，中国乡村对于人才的需求越发强烈。人才振兴是乡村振兴战略的核心要素，实施乡村振兴战略必须破解人才瓶颈制约，要把人力资本开发放在首要位置。随着经济的发展，寿险业在乡村振兴战略中发挥着不可估量的作用，寿险业通过信息化制度创新增加科技投入，生产出更加完善的寿险产品，增加人才的健康资本，进而提高他们的收入水平，同时，寿险业信息化制度创新也给自身带来了利润，扩大就业市场，给了人才用武之地，这也正是寿险业信息化制度创新所带来的经济效应。关于寿险业信息化制度创新对乡村人才振兴有着怎样的影响，本章从理论和实证两个方面研究了寿险业信息化制度创新对乡村人才振兴的影响以及内在深层次的影响机理。结合本章实证结果，在考虑省级层面影响后，得出如下实证结果。

（一）寿险业信息化制度创新促进乡村人才振兴

寿险业信息化制度创新对乡村人才振兴具有促进的作用。不管实证结果还是稳健性检验、异质性，都能得到寿险业信息化制度创新能够提高人才收入和扩大就业市场的结论，这表明寿险业推动信息化制度创新是实现乡村人才振兴的重要动力，寿险业通过信息化制度创新增加科技投入，可以生产出更加完善的寿险产品，人才通过购买这种寿险产品，提高了自身健康水平，进而增加自身的收入，增加人才投身于乡村、奉献于乡村的动力，在保障其收入的同时，也使得更多的人才乐意前往乡村工作，进而充分发挥乡村人才在乡村振兴中的致富带头作用，不断强化乡村创业的产业、技术、金融等支持功能。此外，寿险业适应互联网时代的发展，生产更加完善的寿险产品，也给寿险业带来了利润，帮助寿险业生成更多的就业市场，为乡村人才提供就业渠道，给了人才可以大展身手的平台，进一步促进乡村人才振兴。

（二）寿险业数字化程度对乡村人才振兴存在着正向影响作用

寿险业进行信息化制度创新，不同省份的寿险业数字化程度也对乡村人才振兴有着促进作用。无论是基础模型的估计系数还是稳健性检验、异质性检验的估计系数，其对人均国内生产总值以及寿险保费收入的提升都有显著的正向促进作用。寿险业数字化程度的提升，也进一步促进了寿险业的移动化、实惠化、信用化和便利化，给寿险业带来低门槛和低成本的优势，提高客户的使用感，让越来越多的人才认可寿险业，信任寿险业，从而让更多人才愿意前往寿险行业工作，新型人才的涌入为寿险业带来了新技术，进一步促进寿险业的转型，提高寿险业的数字化程度，这种良性循环不仅促进寿险业的发展，通过寿险业的信息化制度创新，还给人才带来良好的寿险产品，提高人才的健康资本，也进一步促进人才的收入增长，激发乡村人才的生产积极性，使人才乐于留下来，加速现代化农业农村的建设。

（三）寿险业覆盖程度促进乡村人才振兴

寿险覆盖程度体现了寿险业在乡村发展过程中人才对于寿险的重视程度，它是根据人们购买寿险业的比重加权平均得到的一个指数，寿险覆盖程度不管对于人才收入还是就业市场都具有正向促进作用，且都通过了稳健性检验和异质性检验，这表明农村具有巨大的潜在的寿险市场和资源。随着经济的发展，越来越多的人才了解保险、认识保险、购买保险，保险意识也随之提升，这也为寿险公司在农村市场的拓展提供了难得机遇，可以增加人才对于寿险公司的认可度，让更多的人才从事寿险行业，帮助他们解决就业问题，增加其收入，从而促进农村经济的发展。农村寿险业的覆盖可以为没有纳入社会保险制度保障范围内的农民提供多层次的养老、医疗、健康保险等保障服务，从而有利于扩大社会保障的覆盖面，减轻政府在社会保障方面的压力，对完善社会保障体系发挥着十分重要的作用，进而吸引人才涌入乡村，让人才在乡村工作无后顾之忧，提高他们的健康水平，切实解决人才在乡村的保障问题，使得城乡保障一体化，促进乡村人才振兴。

二、研究建议

从研究结论来看，寿险业通过信息化制度创新影响乡村人才振兴的主要因素就是寿险业由科技发展所带来的经济效应，因此，乡村人才振兴过程中不仅需要引入外来人才和先进的技术，而且自身也要大力发展经济，让脱贫攻坚和乡村振兴协同发展。本章主要探究寿险业信息化制度创新与乡村人才振兴之间的关系，寿险业信息化制度创新所影响的是乡村人才收入情况和寿险业自身能提供的就业岗位，结合寿险业信息化制度创新影响乡村人才振兴的结论给予如下建议。

（一）提高寿险业的信息化制度创新水平

基于数字科技的发展以及寿险专业人才的需求，寿险业需要紧密结合科技，融入科技元素，不断提高自身的信息化制度创新水平，吸纳传统寿险业的优势，让寿险业更好地服务于乡村振兴事业，同时也能促进自身经济发展，实现良性循环，因此，寿险业要想提高信息化制度创新水平，应该做到以下几点：第一，加强人才培养与积累，人才是寿险信息化制度创新过程中关注的重要环节，在当前领域中，既了解寿险又了解技术的从业者较少，学校、工作岗位应及时调整人才培养方向，针对性地进行培养教学，度过即学即用的发展阶段，注重人才梯队结构的形成。第二，加强政策监管，寿险业信息化制度创新是个新兴产物，很容易出现金融风险，高新技术产品的研发具有很大的风险性，因此，政府应进行组织协调，使各个部门相互配合、相互支持，形成良好的风险分摊机制，促进寿险业信息化制度创新水平。第三，丰富新型寿险产品，加强产品创新。寿险业要想实现乡村人才振兴，就得依靠其信息化制度创新创造出更加完善的寿险产品，因此，寿险业可以加强对寿险创新产品的知识产权保护，培养出更多创新型人才，进一步完善保险资金运用管理体制，增强寿险公司产品创新空间，并建立健全相关的监管制度。

（二）加快农村数字化转型

乡村振兴战略的主要目标是建设现代化农业农村，我国乡村应该抓住数字经济时代的历史机遇，补齐农业现代化短板，为实现乡村振兴打下坚实基础，充分利用新一代数字技术，进一步夯实农业数字化转型基础，全面提升农业全产业链数字化水平。而实现乡村数字化转型应从以下几点入手：第一，加大从城到乡的资源流通，主要是通过建立农村导向的资源配置机制，引导网络、信息、技术和人才等资源向农村地区流动，以信息流带动资金流、技术流、人才流和物资流，大力扩充和激活农村地区要素资源，激发乡村振兴和经济发展的内生动力。第二，加快乡村数字化变革步伐，促进数字技术与农业深度融合，实现现代农村农业，邀请从事农业科技相关领域专业人才建立研究基地，培育乡村本土的农业人才，为本土人才培育增添力量。第三，大力引入数字化转型企业，让数字化转型企业带动乡村进行数字化转型，同时，数字化转型企业也为乡村带来新型人才，进一步促进乡村发展，进而实现乡村振兴。

（三）鼓励寿险业进入乡村

随着人口老龄化的不断加大，农村人口老龄化比城市更为严重。农村老龄人口对于保障需求更高，因此，为了解决农村养老问题，解决人才对健康保障的需求，进而确保人才能够全身心地投入到乡村建设中来，政府应该鼓励寿险业进入农村市场，让寿险业更好地服务于乡村，助推乡村人才振兴。因此，政府应该做到以下几点：一是政府应当大力支持寿险业的发展，寿险业自身也应当不断增加规模，提高产品创新度、管理、服务等方面的水平。二是政府应当通过税收优惠、政策支持等方式促进寿险公司发展，寿险公司也应当积极进行产品创新、管理改革，加强资产管理，不断增强自身实力，提高自身竞争力，从而促使我国寿险业更好地发展，为农村的经济增长贡献力量。三是政府和社会应当不断努力提高公民的保险意识。政府和相关部门可以针对农村、城市不同情况进行区别宣传，加大政府对保险知识的宣传力度，乡村组织可以组织定期讲座对农民进行保险知识的普及，定期调查农民的投保意愿，促进农村投保意愿的提升。

（四）加快推进乡村人才振兴建设

推动乡村人才振兴，把人力资本开发放在首要位置，强化乡村振兴人才支撑，乡村振兴，人才为要，在实施乡村振兴战略中要把人才资源是第一资源的理念落到实处，坚持人才资本优先投资、人才资源优先开发，大力推进乡村人才工作体制机制创新，努力在乡村广阔舞台上汇聚起农业农村现代化建设的各类英才，以乡村人才的全面开发和振兴推动乡村各项事业的全面发展和振兴。因此，实现乡村人才振兴可以从以下几个方面出发：第一，做好顶层设计，中央应站在全局高度，作出顶层设计和规划，出台乡村振兴人才发展规划纲要，制定加快培养"一懂两爱""三农"工作队伍的指导性意见，对乡村人才进行科学分类或梳理，明确加强乡村人才以及"三农"工作队伍的目标任务、工作重点，提出乡村人才工作优先发展的支持政策。第二，建立乡村人才激励机制，对长期在乡村基层一线工作人员在待遇、职务、职称等各方面予以倾斜，而且倾斜力度还要大，使其在政治上受到应有重视、在社会得到应有地位、在经济上获得应有报酬，吸引人才扎根农村，在广阔农村舞台奉献青春和大展才华。第三，引进创新型企业，乡村人才振兴需要引进优秀的人才，而优秀的人才在乡村得有用武之地，因此，可以引入那些现代化的新型企业，让这些现代化的新型企业给人才大展身手的地方，让人才能够大施所能，新型企业也能吸引新型科技人才，进而实现农村现代化、实现乡村振兴战略。

（五）注重人才振兴与寿险业的共同发展

乡村在进行人才振兴的过程中要重视地区寿险业的发展，寿险业的深入一方面可以给乡村人才带来更加完善、更加保障的寿险产品，提高人才健康资本，另一方面可以带给人才更好的、新型的就业市场，从而实现与寿险业对应的乡村人才振兴。因此，人才振兴和寿险业要做到协调发展，在乡村振兴战略的过程中应注意人才培养与寿险业的协调发展，则主要做到以下几点：一是要发挥政府在农村人才培养工作中的统筹规划作用，同时也为寿险业在农村地区发展建立有利的土壤环境，确保对农村人才培养的财政支持。二是寿险业要结合社保部门构建起农村社会保障体系。由于长时期的城乡二元结构，农村的社会保障水平远不及城市，因此，亟须完善农村社会保障体系，保障农民的生活质量，才能留住人才。三是加大农村地区对寿险业的引进，让专业的人做专业的事，为农村人才带来保障，农村人才只有身体得到保障，才能全身心地投入到建设乡村中来，才能进一步落实乡村人才振兴。

第五章

寿险业助推乡村文化振兴的市场普及创新的实证分析

  乡村文化振兴的推进为寿险业提供了重要的发展机遇。我国寿险业发展的主要问题是农村地区的普及程度不够。乡村文化振兴能够促使政府加大政策的引导支持力度，鼓励寿险公司到农村地区发展，增加寿险在农村地区的供给机会，提升农村地区的社会保障水平。党的二十大报告中强调，物质富足、精神富有是社会主义现代化的根本要求。当前我国社会主要矛盾的判断是"人民日益增长的美好生活需要和不平衡不充分的发展之间的矛盾"，其中，日益增长的美好生活需要的主要内容就是社会保障等基本公共服务（王震，2019）。自乡村文化振兴提出以后，我国农村社会保障等基本公共服务建设成就有目共睹。本章基于乡村文化振兴中提出的提升农村地区的基本公共服务水平，利用我国 31 省份的面板数据，对我国寿险市场普及创新和农村居民社会保障水平进行实证分析，探究这两者的内在关联和作用机制，并将我国分为欠发达地区和发达地区分别进行实证分析。此外，寿险的深度和密度是影响农村居民社会保障水平提升的重要机制，这两者能够平衡区域间的寿险发展，将有助于政府改善寿险在各区域发展不均衡的状况。最后，依据实证检验的结果，对寿险市场普及创新给出相关政策建议，使其更好地服务乡村文化振兴。

第一节　研究背景及文献综述

　　寿险是一种能够让人们解决养老、医疗、意外伤害等各类风险的保障产品。在农村社会保障工作中扮演着重要角色。2022 年，《中国银保监会办公厅关于 2022 年银行业保险业服务全面推进乡村振兴重点工作的通知》指出要提升农村地区人身保险发展水平，积极发展面向低收入人群，特别是脱贫地区群众的普惠保险，创新商业养老保险产品，满足不同收入群体的养老需求，持续监测县域保险保障水平，提升基础金融服务质效，丰富服务种类，支持商业保险公司因地制宜发展农村意外险、定期寿险等业务。因此，本节将对寿险业服务乡村文化振兴的提出背景和国内外相关文献研究进行梳理，为寿险市场普及创新的实证分析提供理论支撑。

一、研究背景

　　乡村文化振兴是乡村振兴战略的灵魂。2022 年，《中国银保监会办公厅关于 2022 年银行业保险业服务全面推进乡村振兴重点工作的通知》中强调，加强农村地区的寿险投入力度，针对农村居民开发设计普惠型寿险产品，并且从八个方面提出了 2022 年银行业保险业服务全面推进乡村振兴工作要求，包括确保涉农金融投入稳定增长、优化涉农金融供给体制机制、加大对巩固拓展脱贫攻坚成果同乡村振兴有效衔接的金融支持、优先保障粮食安全和乡村产业金融投入、探索创新金融支持乡村建设的有效方式、加强新型农业经营主体金融服务、提高进城农民金融服务水平、增强保险服务乡村振兴功能作用和强化农村金融环境建设等。各寿险公司要结合当地农村实际情况，加大对农村健康险、意外险等业务潜力的挖掘力度。我国保险业的发展速度不断提升，2022 年保险密度为 3326 元/人，保险深度为 3.88%[①]。

---

　　① 保险业协会：2022 年保险密度为 3326 元/人，保险深度为 3.88% ［EB/OL］. ［2023 - 09 - 01］. https：//baijiahao. baidu. com/s? id = 1775833764425969664&wfr = spider&for = pc.

中央政府为了提升我国农村居民的社会保障水平，于2009年正式建立新型农村社会养老保险，并于2014年建立了全国统一的城乡居民养老保险制度。但是在实践中，由于负担能力相对较低，大部分农村地区参保人选择低档次缴费，保障水平偏弱。截至2022年底，参加社会养老保险缴费档次仍集中在小于500元区域，整体缴费层次仍较低，且选择提高缴费档次的意愿不高。同时，由于缺乏社会养老保险知识，甚至混淆社会养老保险与商业保险的区别。由于个人缴费过少，城乡居民养老保险基金收入中约七成来自财政补贴，财政压力偏重，缺口渐敞，难以满足日益增长的社会养老需求。养老保险覆盖率虽高，但城乡居民养老保险月人均基本养老金水平、全国农村低保月均标准均远低于农村人均月生活费用，与物价上涨与生活水平的提高不相协调，难以为农村老年人提供最基本的生活保障，特别是老年人体弱多病。因此，当前我国农村社会保障水平在绝对量、相对量上均相对较低。

乡村文化振兴是实现乡村振兴战略的内生力量，推动着乡村振兴战略全过程的发展。乡村文化振兴能从权利、制度、权力性质和效率四个层面促进乡村振兴，并且能够促进农村居民权利意识的觉醒，培育出完善的乡村文化产业体系（孙刚和罗昊，2021）。乡村文化振兴是乡村发展理念的根本转变，能够带动乡村文化产业的发展，为乡村文化服务提供补给，促进城乡基本公共服务的均衡发展，而农村居民社会保障水平是基本公共服务均等化的关键一环。农村居民社会保障水平是乡村文化振兴的基础和前提，它是指某段时期内一个地区农村居民享受的社会保障高低程度，它是直接衡量农村社会保障资金供求关系的重要指标，并间接反映着农村地区社会保障体系的运行状况（熊文等，2021），而寿险市场普及创新则在农村居民社会保障水平中扮演着重要角色。农村寿险市场的推广和普及能够提升农村居民风险保障意识、扩大农村居民的社会保障支出、提升农村居民的社会保障水平。寿险市场普及创新的深度以及密度失衡可能会对农村居民社会保障水平产生消极影响。因此，要加强寿险市场普及创新的力度、确保寿险市场普及创新的均衡发展，才能够提升农村居民社会保障水平，促进乡村文化振兴。

二、文献综述

根据上节内容，寿险市场普及创新与农村居民社会保障水平之间存在关联。本节将结合前人的研究成果，分别从保险市场普及创新和农村社会保障水平两个方面对相关文献进行梳理，深入研究寿险市场普及创新对农村居民社会保障水平的影响，探索寿险市场普及创新对农村居民社会保障水平的作用机制，为国家助推乡村文化振兴提供决策思路。

（一）保险市场普及创新

基于现有学者关于保险市场普及创新的研究，主要将其分为以下几个方面。

一是农业保险市场的推广普及作用。马九杰等（2020）利用2000~2016年的省级数据讨论了农业保险推广对农民收入增加的作用路径，发现农业保险试点对农村居民各项收入有着积极显著的影响，且该试点会提升其非农收入占总收入的比例。政策性农业保险推广能够强化农民择业机制，激励一部分农民通过流转土地、规模经营成为职业农民，另一部分流转出土地后进城就业，因此农民的农业收入和非农收入都有所提升；叶涛等（Ye et al.，2020）和张燕元等（Zhang et al.，2019）也认为政府对政策性农业保险的补贴和推广会提升农民的社会福利和生产能力，也可以有效地稳定农业发展、提高农民收入和促进农村贫困户脱贫。黄颖等（2021）认为农业保险的普及推广可以通过直接效应和间接效应两种渠道提高农民收入，农业保险对农民收入的整体影响为正，但作用力度较小。且农业保险普及对不同保障水平地区农民收入的影响具有异质性。

二是商业保险市场推广普及的作用。南永清等（2020）采用我国2003~2017年省级面板数据分析研究发现，以商业保险密度和保险强度为特征的商业保险发展对居民消费有着显著正向影响，相较于农村居民消费，商业保险对城镇居民呈现更强的消费效应，同时，财产保险消费效应明显高于人身保险对居民消费影响。石晓军等（2017）和达夫尼（Dafny，2017）认为商业保险市场的普及发展与经济消费水平有互相促进的关系，只有促进人们经济、教育和健康状况改善的城镇化，才能推动寿险业的快速发展。若仅仅是农村人口向城镇转移，而没有相应配套的基础设施和制度的城镇化，并不会带来寿险业的繁荣和发展。马学琳等（2021）研究认为，普惠金融中商业保险的普及有助于提高农民参与正规金融投资活动，对非正规金融投资不显著，且保险知识的普及对于农民参与正规投资也具有显著的正向影响，这说明普惠金融体系中商业保险的普及对于引导农民形成正确的投资观念、参与正规的投资活动具有显著的正向指引作用。

三是保险市场普及的区域差异。钟水映等（2018）对我国保险业发展水平进行了空间格局分析，发现我国保险业的整体水平在稳步上升，但是不同地区间的发展速度存在差异，且这个差距较大。但总体来说，我国保险业的发展水平是逐年上升的，发展水平较低的省份不断减少。李小林等（2021）通过对比中国和美国等发达国家在保险业市场风险成因的差异提出，中国保险业市场风险的主要影响因素为行业内部脆弱性，而发达国家的保险业市场风险主要受经济波动的影响。此外，贝克等（Beck et al.，2003）汇总了1961~2000 年 68 个经济体的数据，发现通货膨胀、人均收入、银行业发展等经济指标是造成各区域保险业普及发展水平存在差异的重要因素。

（二）农村居民社会保障水平

乡村文化振兴背景下对农村居民社会保障水平的影响因素研究主要有以下几个方面。

一是乡村文化振兴背景下财政支出对农村居民社会保障水平的影响。刘蓓等（2016）在其基本公共服务均等化评价研究中发现，由于农村各地区经济发展水平不同所导致的公共财政总量差异，使得用于公共服务的财政支出水平也不尽相同，进而导致了农村各地区农村居民社会保障水平的差别；赫国胜等（2015）和科赫等（Koch et al.，2021）也认为财政支出会对农村居民的社会保障水平产生调节作用，且人均 GDP 和劳动生产要素分配偏离系数是影响社会保障水平的重要因素，人均消费支出对农村社会保障水平存在正向影响，但是老年人口比重对农村社会保障水平存在负向影响。

二是乡村文化振兴下农村居民收入对农村居民社会保障水平的影响。于文广等（Yu et al.，2021）通过综合分析，对社会保障支出在减少收入不平等和农村贫困方面的影响进行了评价。他们发现，从长远来看，社会保障支出与城乡居民收入差距之间存在着正相关关系，但影响非常有限：城乡收入差距变化的近99%来自自身贡献，进一步的研究还表明社会保障支出有助于减少农村绝对贫困。根据分析结果，政策影响鼓励更多的社会保障支出和更公平的社会保障制度。同时，城乡收入差距减小有助于减少农村绝对贫困，能够提高农民的农村居民社会保障水平。加雷克（Garrec，2011）、李琦等（2021）认为，农村居民社会保障水平与全寿命平均收入相关，社会保障制度既能减少终身收入不平等，又能促进经济增长，进而影响到农村居民社会保障水平。

三是乡村文化振兴下经济发展水平对农村居民社会保障水平的影响。托宾（Tobin，2005）研究发现，随着中国人均GDP的提高，社会、文化和教育支出占GDP的比重由4.1%上升到5.4%，这表明地方经济发展水平的上升将促进农村居民社会保障水平的发展；李旸等（2020）和贝莱蒂尼等（Bellettini et al.，2000）也认为经济增长能够提高农村居民社会保障水平，对于发展中国家，这点尤为明显。通过研究经济合作与发展组织国家不同类型的政府支出后发现，从长远来看，将支出重新分配给社会福利可能会对GDP产生一定的负面影响，且社保支出随经济发展水平的提高而提高，但在不同的经济发展阶段提高的速度并不相同。

（三）相关文献评述

现有文献验证了保险业促进乡村文化振兴的重要作用，强调了寿险业提升农村社会保障水平的重要促进作用，因此，寿险市场普及创新对农村居民社会保障水平有积极影响。在乡村文化振兴的背景下，寿险市场普及创新对于提升农村居民社会保障水平、完善基本公共服务建设具有重要意义，而现阶段由于我国的农村寿险市场的普及发展尚不成熟，关于推进寿险市场普及创新和其促进农村居民社会保障水平的相关研究甚少。本章的主要贡献可能表现在以下两个方面：一是在柯布—道格拉斯生产函数基础上，构建了寿险市场普及创新影响农村居民社会保障水平的固定效应模型，从理论层面分析了寿险市场普及创新对农村居民社会保障水平的作用机理和影响机制；二是利用《中国保险年鉴》、EPS 全球数据库等相关数据，通过实证方法分析了寿险市场普及创新对农村居民社会保障水平的影响，最后依据实证结果提出推进寿险市场普及创新助力乡村文化振兴的政策建议。

第二节　寿险业助推乡村文化振兴的市场普及创新的理论模型

西方经济学家一般运用均衡分析方法，通过建立各种经济模型，考察在长期经济增长动态过程中，实现稳定状态的均衡增长所需具备的均衡条件，其中，最著名的是柯布—道格拉斯生产函数模型。本节将以柯布—道格拉斯函数为基础，研究寿险市场普及创新对农村社会保障水平的促进作用，并通过这种促进来完善基本公共服务建设，进而推进乡村文化振兴发展。

一、乡村文化振兴背景下寿险深度失衡与农村居民社会保障水平

为了探究寿险市场普及创新以及农村居民社会保障水平对乡村文化振兴的影响，本章将构造一个包括寿险深度（depth）失衡、密度（density）失衡与农村居民社会保障水平的理论模型，深入探讨寿险深度失衡和密度失衡对农村居民社会保障水平的影响路径和作用机制。农村居民社会保障水平是指一定时期内，一国或地区农村居民享受的社会保障的高低程度。其中，寿险深度是指一国（地区）的寿险保费收入与该地区的 GDP 总额的比率，它是衡量一个地区寿险市场发展程度和潜力的指标之一；寿险深度失衡即寿险在各区域的经济发展地位较低，且各区域的寿险在经济发展地位中差距过大；寿险密度是指按当地人口计算的人均寿险费额，反映该地国民参加寿险的程度（寿险保费收入／总人口）；而寿险密度失衡表示部分地区的人均寿险保费过低，且区域间寿险保费差距过大，从而引起区域间寿险发展不平衡等

问题。本章将我国分为发达地区 D 和欠发达地区 U 分别进行模型推导。

本章研究的是寿险市场普及创新与农村居民社会保障水平的关系，因此，将农村居民社会保障水平作为因变量，将寿险深度和寿险密度作为自变量。原始的柯布—道格拉斯生产函数形式为：

$$Y = AL^{\alpha}K^{\beta}\,(A > 0, 0 < \alpha < 1, 0 < \beta < 1) \tag{5-1}$$

其中，Y 是经济产出水平；A 是技术水平，即综合要素生产率；L 是为生产所投入的劳动力；K 是投入的资本；α、β 是劳动力和资本产出的弹性系数。

柯布—道格拉斯生产函数反映了在生产技术等条件确定的情形下某种产品的外在投入和其内在产出的函数关系。如果技术条件改变，必然会产生新的生产函数（秦德智和邵慧敏，2016）。因此，当农村居民社会保障水平作为被解释变量时，考虑到投入因素和综合要素生产率的变化，农村居民社会保障水平不仅受寿险普及率的影响，也受到财政支出等投入因素影响，而农村居民社会保障产品支出主要用于社会保障产品的消费支出（熊文等，2021）。由于本章的研究对象与基本的柯布—道格拉斯生产函数的研究对象不同，因此，要对模型进行改动来适应本章的研究对象和目的。

（一）发达地区农村居民社会保障性产品生产的柯布—道格拉斯生产函数

首先，引入满足农村居民社会保障性产品生产的柯布—道格拉斯生产函数（发达地区）：

$$Y_D = G_D^{\alpha_1}K_D^{\beta_1}L_D^{\gamma_1} \tag{5-2}$$

其中，产出弹性 α_1、β_1 和 γ_1 满足 $\alpha_1 + \beta_1 + \gamma_1 < 1$，且 $\alpha_1 > 0$、$\beta_1 > 0$、$\gamma_1 > 0$。通过社会资本 K_D、劳动力 L_D 来生产农村居民社会保障产品 Y_D，其产出最大化函数为：

$$\pi = (1 - \tau_D - \tau)Y_D - rK_D - wL_D \tag{5-3}$$

其中，π 为农村居民社会保障产品的产出。进一步求解，可知发达地区 π 最大化的一阶条件为：

$$r = (1 - \tau_D - \tau)\beta_1 \frac{Y_D}{K_D} \tag{5-4}$$

$$w = (1 - \tau_D - \tau)\gamma_1 \frac{Y_D}{L_D} \tag{5-5}$$

其中，r 为农村居民保障性产品的价格；w 为工资收入，随资本 K_D 和劳动 L_D 的变化而变化；τ_D 为发达地区政府为寿险普及所发生的支出占财政总支出的比率；τ 为中央政府为地方寿险发展普及的一般支出占财政总支出的比率。

另外，G_D 为发达地区政府对农村居民社会保障水平的补贴，例如社会保险、养老保险等。根据储德银等（2019）在模型推导中的设定，假设地方政府对农村居民社会保障水平的补贴全部用于农村居民保障性产品生产，其预算约束满足：

$$G_D = \tau_D Y_D + T_r \tag{5-6}$$

其中，式（5-6）中的 T_r 是政府为地方农村居民社会保障水平发展所供应的税收返还和转移支付。

根据本章研究目的，通过提高寿险深度增加地方寿险在市场经济中的地位来实现地方农村居民保障性产品产出最大化（徐凤辉，2018），将式（5-4）、式（5-5）和式（5-6）代入到式（5-2）中，并对 τ_D 求导可得：

$$\tau_D^* = \frac{(1 - \tau)\alpha_1}{\alpha_1 + \beta_1 + \gamma_1} + \frac{\beta_1 + \gamma_1}{\alpha_1 + \beta_1 + \gamma_1} \times \frac{T_r}{\gamma_D} \tag{5-7}$$

其中，式（5-7）中 T_r / Y_D 表示发达地区寿险深度失衡水平（DEP_D）。基于式（5-7）可得：

$$\frac{\partial \tau_D^*}{\partial DEP_D} < 0 \tag{5-8}$$

根据式（5-8）可知，发达地区寿险深度失衡程度越大，寿险在经济市场的发展地位越低，农村居民会更倾向于购买其他在经济市场上地位较高的产品，从而在寿险类产品的消费上意愿降低，导致农村居民社会保障水平越低。

（二）欠发达地区农村居民社会保障性产品生产的柯布—道格拉斯生产函数

与发达地区同理，利用生产函数对欠发达地区农村居民社会保障性产品生产进行推导得：

$$Y_U = G_U^{\alpha_2} K_U^{\beta_2} L_U^{\gamma_2} \qquad (5-9)$$

其中，产出弹性 α_2、β_2 和 γ_2 满足 $\alpha_2 + \beta_2 + \gamma_2 < 1$，且 $\alpha_2 > 0$、$\beta_2 > 0$、$\gamma_2 > 0$。通过社会资本 K_U、劳动力 L_U 来生产农村居民社会保障产品 Y_U，其产出最大化函数 π 为：

$$\pi = (1 - \tau_U - \tau) Y_U - rK_U - wL_U \qquad (5-10)$$

在式（5-10）的基础上，可知 π 最大化的一阶条件为：

$$r = (1 - \tau_U - \tau) \beta_2 \frac{Y_U}{K_U} \qquad (5-11)$$

$$w = (1 - \tau_U - \tau) \gamma_2 \frac{Y_U}{L_U} \qquad (5-12)$$

τ_U 为欠发达地区地方政府为寿险普及所发生的支出占财政总支出的比率。

此外，G_U 为欠发达地区政府对农村居民社会保障的财政补贴，其值满足：

$$G_U = \tau_U Y_U + T_r + T_e \qquad (5-13)$$

其中，T_e 表示政府为了缩小地区间的经济发展水平差距对欠发达地区提供的税收返还和转移支付，其函数关系式为：

$$T_e = h\overline{\tau}M, 0 \leq h \leq 1 \qquad (5-14)$$

其中，h 表示地区间的均衡化程度，h 越大说明政府提供 T_e 的越大；$\overline{\tau}$ 为地方政府为寿险普及所发生的支出占财政总支出的标准比率；M 为发达地区和欠发达地区间农村居民的社会保障水平差距，其值主要受两地区的经济差距影响，即：

$$M = f(\tau_D Y_D, \tau_U Y_U) \tag{5-15}$$

由于两个地区的经济差距是寿险密度失衡的直接体现，可将 M 表示寿险密度失衡（DEN）。

将式（5-11）、式（5-12）和式（5-13）代入到式（5-10）中，并对 τ_U 进行求导：

$$\tau_U^* = \frac{(1-\tau)\alpha_2}{\alpha_2 + \beta_2 + \gamma_2} - \frac{\beta_2 + \gamma_2}{\alpha_2 + \beta_2 + \gamma_2} \frac{T_r + T_e}{Y_U} \tag{5-16}$$

其中，与发达地区类似，$(T_r + T_e)/Y_U$ 反映了欠发达地区寿险深度失衡水平（DEP_U），且：

$$\frac{\partial \tau_U^*}{\partial DEN_U} < 0 \tag{5-17}$$

根据 2021 年 6 月正式施行的《中华人民共和国乡村振兴促进法》可知，乡村文化振兴主要内容包括农村文化产业发展、农村居民保障水平提升、农村社会文明程度等内容。在本模型中，利用乡村文化振兴程度表示文化振兴。即：

$$RRC = aRSSL + bCI + cLOSC + d \tag{5-18}$$

其中，RRC 表示乡村文化振兴程度；RSSL 表示农村居民社会保障水平；CI 表示农村文化产业；LOSC 表示农村社会文明程度；a、b、c 表示三者的系数，且均大于 0；d 表示影响乡村文化振兴的其他原因。

根据式（5-8）和式（5-17）可知，无论是发达地区还是欠发达地区的寿险深度失衡程度越大，其农村居民社会保障水平程度越小，进一步可得：

$$RSSL = eDEP_i + \pi, e < 0 \tag{5-19}$$

将式（5-19）代入到式（5-18）可得：

$$RRC = aeDEP_i + a\pi + bCI + cLOSC + d \tag{5-20}$$

此处 π 为密度失衡相关函数，在第二部分进行探究，此处不展开讨论。

进一步地，根据式（5-20）可以得到假设1：无论是发达地区还是欠发达地区，寿险深度失衡程度加大会直接遏制农村居民在社会保障产品的购买意愿，限制农村居民社会保障水平，进而对乡村文化振兴进程产生消极影响。其经济学意义为：一个地区的寿险深度失衡会导致该地区寿险会处于较低的经济发展地位，进而使得农村居民在社会保障支出中寿险所占的比例较低，从而降低了寿险对农村居民的保障力度，不利于农村居民社会保障水平的提升，并对乡村文化振兴过程产生阻力。

二、乡村文化振兴背景下寿险密度失衡与农村居民社会保障水平

在考察深度失衡对地方农村居民社会保障水平的影响之后，为全面分析密度失衡对地方农村居民社会保障水平的作用渠道与影响效应，基于式（5-15）得到发达地区的财政支出为：

$$\tau_D Y_D = f^{-1}(\overline{\tau_U Y_U}(D), D) \qquad (5-21)$$

在以欠发达地区财政支出为基准的前提下，由式（5-18）可知，两地区间财政支出差距越大，发达地区财政支出水平越高。

结合式（5-7）和式（5-21），可重新得到发达地区地方政府最优财政支出为：

$$\tau_D^* = \frac{(1-\tau)\alpha_1 f^{-1}(\overline{\tau_U Y_U}(D), D)}{(\alpha_1 + \beta_1 + \gamma_1) f^{-1}(\overline{\tau_U Y_U}(D), D) + (\beta_1 + \gamma_1) T_r} \qquad (5-22)$$

对式（5-21）关于密度失衡变量求导可得：

$$\frac{\partial \tau_D^*}{\partial DEN} = \frac{(1-\tau)\alpha_1(\beta_1 + \gamma_1) T_r}{[(\alpha_1 + \beta_1 + \gamma_1) f^{-1}(\overline{\tau_U Y_U}(D), D) + (\beta_1 + \gamma_1) T_r]^2}$$
$$\frac{\partial f^{-1}(\overline{\tau_U Y_U}(D), D)}{\partial DEN} > 0 \qquad (5-23)$$

根据式（5-23）可知，密度失衡能够提高发达地区农村居民社会保障

水平，即密度失衡提高了发达地区农村居民在寿险上消费意愿，提高了农村居民的保障水平。伴随发达地区的经济增长，农村居民对社会保障水平的需求及其依赖程度逐渐增大，促使发达地区地方政府需要通过增加财政支出来解决需求。

根据以上式（5-14）与式（5-16）可以得到：

$$\tau_U^* = \frac{(1-\tau)\alpha_2}{\alpha_2+\beta_2+\gamma_2} - \frac{\beta_2+\gamma_2}{\alpha_2+\beta_2+\gamma_2}\frac{T_r+h\overline{\tau}D}{Y_U} \qquad (5-24)$$

通过式（5-24），可以求得寿险密度失衡通过寿险市场普及创新的深度失衡对农村居民社会保障水平的间接影响效应为：

$$\frac{\partial \tau_U^*}{\partial DEN} = \frac{\partial \tau_U^*}{\partial DEN_U}\frac{\partial DEP_U}{\partial DEN} < 0 \qquad (5-25)$$

其中，等式右边第一项为欠发达地区寿险深度失衡对农村居民社会保障水平的影响，根据假设1可知其值为负；第二项为寿险密度失衡对欠发达地区寿险深度失衡影响，计算可得其值为正，所以寿险密度失衡通过加剧欠发达地区寿险深度失衡而进一步降低了农村居民社会保障水平。

结合式（5-18）、式（5-23）和式（5-25）可得密度失衡与乡村文化振兴的关系为：

$$\pi = fDEN_d + gDEN_i + h, f > 0, g < 0 \qquad (5-26)$$

其中，DEN_d 表示密度失衡的直接作用，DEN_i 表示密度失衡的间接作用，代入式（5-17）可得：

$$RRC = aeDEP_i + a(fDEN_d + gDEN_i) + bCI + cLOSC + d \qquad (5-27)$$

根据式（5-27）可以得到假设2：寿险密度失衡通过直接作用于发达地区提升寿险在经济发展中的地位，并加强了农村居民购买寿险的意愿，从而提升了发达地区农村居民社会保障水平、促进了乡村文化振兴的发展；寿险密度失衡通过提高欠发达地区寿险深度失衡程度将间接导致欠发达地区寿险经济地位的下降，遏制农村居民社会保障水平，进而抑制乡村文化振兴的发展。其经济学意义为：寿险密度失衡导致各地区农村居民处于不同程度的社会保障水平，发达地区的寿险密度较高，购买寿险意愿强烈；欠发达地区的农村居民由于经济、收入等因素影响，加上寿险密度较低，其农村居民在社会保障产品时中较少考虑购买寿险，导致寿险产品无法为欠发达地区的农村居民提供风险保障，从而阻碍乡村文化振兴的发展。

第三节　实证模型和数据来源

实证主义遵循的基本原则是结论的客观性和普遍性，结论必须在观察和实验的事实基础上得到，并以这种方法得出适用于一般情况的普适性结论，且在其他情况中依然可以得出这种结论。因此，实证研究法是对一定数量研究对象的观察、调查和研究，从特殊到普遍，从而总结出研究对象的本质属性和发展规律的一种研究方法。因此，本节分为模型设定、变量选取、内生性检验、数据来源四个部分，为后续的实证结果和分析内容进行铺垫。

一、模型设定

为了进一步研究乡村文化振兴背景下寿险市场普及创新对农村居民社会保障水平的作用机理和影响程度，结合文献综述和理论模型分析，在参考詹新宇等（2019）构建的固定效应模型的基础上，把农村居民社会保障水平作为被解释变量，寿险深度和密度作为解释变量，将经济发展水平、居民人均财政支出、居民人均可支配收入设置为控制变量，在式（5-20）和式（5-27）的基础上建立如下固定效应模型进行实证检验：

$$RSSL_{it} = \alpha_0 + \alpha_1 DEP_{it} + \alpha_2 DEN_{it} + \alpha_3 control_{it} + \lambda_i + \eta_t + \varepsilon_{it} \quad (5-28)$$

其中，$RSSL_{it}$表示 i 地区在 t 年的农村居民社会保障水平，用社会保障支出/地区总人口与地区人均医疗保健消费支出之和表示；DEP_{it}和 DEN_{it}分别表示 i 地区在 t 年的寿险市场普及创新的深度和密度；$control_{it}$表示控制变量的集合：经济发展水平、居民人均财政支出、居民人均可支配收入；λ_i 为个体固定效应；η_t 表示时间固定效应，ε_{it} 为随机扰动项。

二、变量选取

（一）因变量：农村居民社会保障水平

参考陈迪红等（2019）和陈俭等（2020）的模型设计和指标选取，考虑到农村居民社会保障水平的内涵和外延，本章在选取指标时，在地区人均社会保障支出的基础上，添加地区人均医疗保健消费支出，让这两者之和作为农村居民社会保障水平的指标更能体现农村居民的社会保障水平。

（二）自变量：寿险市场普及创新

本章的研究目的主要是探究寿险市场普及创新与农村社会保障水平之间的关系，以寿险深度与寿险密度来代表寿险市场普及创新，然后研究这两者对农村居民社会保障水平的影响。根据南永清等（2020）的研究，测量商业保险发展水平的指标主要有保费收入、保险深度和保险密度。其中，保险密度反映的是该地区居民参与保险程度，或者说保险密度更倾向于反映保险的普及程度；保险深度反映的是相关保险品种地区经济发展中的地位。尽管保费收入是保险业发展最直观常用的指标，但考虑到我国各地区人口规模、经济社会发展水平存在较大差异，故接下来将主要采用保险密度和保险深度指标进行分析。因此，选取自变量时采用《中国保险年鉴》的各省份的寿险深度和寿险密度作为自变量进行实证分析。

（三）控制变量

根据前面对现有学者关于农村居民社会保障水平的研究综述可知，影响农村居民社会保障水平主要有经济发展水平、财政支出和收入三个方面。如刘蓓等（2016）基于熵权 TOPSIS 法来研究广西壮族自治区基本公共服务的评价指标。在模型中，其选择收入、财政支出等进行指标设计和分析。因此，本章选取各省份的经济发展水平、人均财政支出和人均可支配收入作为控制变量。

三、内生性检验

考虑到寿险市场普及创新与农村居民社会保障水平之间可能存在双向因果关系，从而引发内生性问题。由于社会保障支出指标并没有一以贯之的统计口径和与其准确对应的数据资料，较多采用的是"社会保障和就业支出"，它具体包含"人力资源和社会保障管理事务""民政管理事务""对社会保险基金的补助""就业补助""抚恤""退役安置""社会福利""残疾人事业""最低生活保障""自然灾害生活救助""城市特困人员与农村五保户供养"等方面的支出。这样的统计口径，与现行对主要包含"社会保险""社会救济""社会福利""优抚安置"等在内的社会保障体系界定基本相符（李宏和张向达，2020）。人均社会保障支出是地方社会保障和就业支出与地方人口之比，能够反映出当地对社会保障服务体系的投入力度，也是居民农村居民社会保障水平的最低保障。本章以人均社会保障支出作为工具变量来控制该内生性问题。

人均社会保障支出的变量选取主要从外生性和相关性两个方面分析：从外生性角度来看，人均社会保障支出能够客观真实地反映个体的最低保障水平；从相关性上来看，由于人均社会保障支出是构成农村居民社会保障水平的组成部分，一定程度上反映了国家对居民社会保障的投入和政策发展趋势。由此可见，选取 2008～2019 年的人均社会保障支出进行内生性检验，基本满足工具变量的相关性和外生性条件。

四、数据来源

本章研究选择了我国 31 个省份（不包括港澳台地区）2008～2019 年共12 年的数据作为省级层面的分析样本。数据主要来源于《中国保险年鉴》、EPS 数据库等。各变量统计性描述如表 5-1 所示。

表 5 - 1　　　　　　　　**2008 ~ 2019 年各变量描述性统计**

变量	变量说明	观测数	均值	最小值	最大值	标准差
PSSL	农村居民社会保障水平（元）	372	2186.737	395.2031	6764.772	1241.426
SSE	人均社会保障支出（元）	372	1434.506	267.8092	6298.187	906.9551
DEP	寿险深度（%）	372	2.227339	0.04	5.88	0.947523
DEN	寿险密度（元）	372	1166.425	10.65	7529.857	1091.518
GDP PC	经济发展水平（元）	372	11638.77	2428.66	62400.17	8011.434
FE PC	人均财政支出（元）	372	47840.59	9855	164220	26389.33
DI PC	居民人均可支配收入（元）	372	21827.49	9740.43	69441.56	9339.941

第四节　实证检验

本节在理论模型推导和模型设定等方面的基础上，分别对寿险深度失衡、寿险密度失衡关于发达地区和欠发达地区农村居民社会保障水平的影响展开研究，并且对模型结果进行分析，验证本章的假设内容。此外，会增加寿险密度对欠发达地区农村居民社会保障水平的中介效应分析，充实实证检验的结果，为后续关于促进乡村文化振兴的结论和政策建议做铺垫。

一、寿险深度失衡与农村居民社会保障水平的模型结果分析

（一）基准模型回归结果

表 5 - 2 反映了寿险深度对发达地区和欠发达地区农村居民社会保障水平的模型估计结果。结合表 5 - 2 可以看出，在 FE 回归里面，发达地区 DEP 的系数为 119.8437，欠发达地区 DEP 的系数为 443.625，且两个回归模型中两者都极为显著。这表明寿险市场普及创新的深度提升对发达地区和欠发达地区的农村居民社会保障水平均有着积极影响。

表 5 - 2 　　　　　　　 寿险深度对发达和欠发达地区农村居民

社会保障水平影响的模型估计结果

项目	(1) OLS	(2) FE	(3) OLS	(4) FE
	$RSSL_D$	$RSSL_D$	$RSSL_U$	$RSSL_U$
DEP	58. 6486 (1. 37568)	119. 8437 *** (9. 21843)	346. 9004 *** (8. 52951)	443. 625 *** (16. 5647)
GDP PC	0. 14127 *** (12. 08529)	0. 10472 *** (26. 2442)	0. 08565 *** (20. 2543)	0. 08203 *** (10. 0316)
FE PC	0. 00178 (0. 56868)	0. 00503 *** (8. 85408)	0. 02786 *** (7. 50875)	0. 03489 *** (13. 2844)
DI PC	0. 017423 ** (2. 00518)	0. 04586 *** (13. 5055)	0. 03613 *** (2. 80227)	0. 012518 ** (2. 25185)
常数 C	- 315. 851 ** (- 2. 42018)	- 1083. 97 *** (- 14. 7416)	- 1219. 69 ** (- 8. 24262)	- 1217. 94 *** (- 20. 0039)
年份	Yes	Yes	Yes	Yes
R^2	0. 912921	0. 996046	0. 831042	0. 972927
样本量	120	120	252	252

注: *** 、 ** 分别表示在1%、5%的显著水平上显著,各变量括号内是估计系数对应的 t 值。

(二) 稳健性分析

本章利用改变因变量的办法来进行稳健性检验,结果如表 5 - 3 所示。从检验结果上看,将 RSSL 变更为 SSE,发达地区和欠发达地区的 DEP 对 SSE 的回归结果依然显著。表 5 - 3 稳健性回归结果与表 5 - 2 基准回归结果相一致,进一步验证了理论模型的假设 1。由此可知寿险深度和农村居民社会保障水平之间存在正相关关系,所以一旦寿险深度失衡将会导致农村居民社会保障水平降低,因此假设 1 成立。

表 5 - 3 　　　　　　　　　　　稳健性检验结果

项目	(1) OLS	(2) FE	(3) OLS	(4) FE
	SSE_D	SSE_D	SSE_U	SSE_U
DEP	- 1. 88452 (- 0. 07253)	38. 6612 *** (37. 8418)	167. 866 *** (5. 23554)	234. 052 *** (15. 8933)

续表

项目	(1) OLS	(2) FE	(3) OLS	(4) FE
	SSE$_D$	SSE$_D$	SSE$_U$	SSE$_U$
GDP PC	0.14368 *** (20.1695)	0.09993 *** (135.919)	0.08268 *** (24.8026)	0.08912 *** (16.0445)
FE PC	−0.00652 *** (−3.41231)	−0.00532 *** (−39.8381)	0.01174 *** (4.01361)	0.01007 *** (6.05405)
DI PC	0.00253 (0.47767)	0.0327 *** (75.9711)	0.01848 * (1.81839)	0.00212 (0.68308)
常数 C	−49.2098 (−0.61875)	−583.458 *** (−46.5525)	−582.124 ** (−4.99007)	−437.279 *** (−12.8351)
年份	Yes	Yes	Yes	Yes
R^2	0.93351	0.999117	0.813736	0.975355
样本量	120	120	252	252

注：***、**、*分别表示在1%、5%和10%的显著水平上显著，各变量括号内是估计系数对应的 t 值。

（三）异质性分析

为了探究寿险深度对农村居民社会保障水平影响的地区异质性，将我国分为东部、中部、西部三个地区进行分析，结果如表5-4所示。从表5-4的 FE 的列（4）、列（5）、列（6）可知，寿险深度的发展对于不同地区均有着积极影响。从 FE 回归结果可知，寿险深度对东部地区农村居民社会保障水平影响的系数是 116.4138，而对中部地区和西部地区系数分别是 254.839 和 445.168。

表 5-4　　　　　　　　　　　异质性分析结果

项目	(1) OLS	(2) OLS	(3) OLS	(4) FE	(5) FE	(6) FE
	东部地区	中部地区	西部地区	东部地区	中部地区	西部地区
DEP	58.64862 (1.375682)	203.327 *** (7.35728)	273.009 *** (4.34367)	116.4138 *** (3.614068)	254.839 *** (9.23005)	445.168 *** (11.2236)
GDP PC	0.141277 *** (12.08529)	0.10402 *** (6.94883)	0.07839 *** (14.5011)	0.112796 *** (8.412909)	0.11386 *** (5.43398)	0.07959 *** (8.10546)

续表

项目	(1) OLS	(2) OLS	(3) OLS	(4) FE	(5) FE	(6) FE
	东部地区	中部地区	西部地区	东部地区	中部地区	西部地区
FE PC	0.001784 (0.568681)	0.03637 *** (10.09812)	0.03164 *** (6.14081)	0.011191 *** (4.888896)	0.03832 *** (7.57282)	0.03546 *** (10.3109)
DI PC	0.017423 ** (2.005182)	0.00311 (0.32698)	0.01451 (0.75876)	0.022196 *** (3.285641)	− 0.01209 * (− 1.67758)	0.00664 (0.97824)
常数 C	− 315.8517 ** (− 2.42018)	− 909.218 *** (− 7.98929)	− 719.445 *** (− 3.14595)	− 906.518 *** (− 9.54706)	− 889.99 *** (− 11.1006)	− 1065.24 *** (− 12.9207)
年份	Yes	Yes	Yes	Yes	Yes	Yes
R^2	0.912921	0.972045	0.807928	0.973181	0.988071	0.972932
样本量	120	72	144	120	72	144

注：*** 、** 、* 分别表示在1% 、5% 和10% 的显著水平下显著，各变量括号内是估计系数对应的 t 值。

（四）模型结果分析

第一，从表5－2的列（2）中结果可知，寿险深度对发达地区和欠发达地区农村居民社会保障水平的影响极为显著，且系数分别为119.8437 和443.625，对农村居民社会保障水平的发展有重要的促进作用。寿险深度的提升意味着寿险在当地所占的经济比重越高，发展地位也就越高。在乡村振兴战略的背景下，要加强寿险在各地区的发展力度和资金投入，确保寿险在农村居民社会保障水平发展中的重要地位，促进农村居民的个人保障意识，为乡村文化振兴发展提供氛围保障。保险制度作为内生于经济增长和经济结构的风险管理制度，其发展的不平衡限制了保险功能的完整履行和保险资源的有效配置，是制约保险业稳定健康发展的关键瓶颈因素。同时，保险业区域发展的不平衡会反作用于区域经济的协调发展，致使区域经济发展差距进一步拉大。保险业发展要实现从注重数量扩张向追求结构和效益转变，有必要甄别造成我国保险业发展不平衡的原因。

第二，寿险深度的失衡可能会对农村居民社会保障水平产生消极影响，不利于乡村文化振兴的发展。地区间经济发展水平、产业结构特征、人民生活水平以及城镇化水平等资源禀赋存在差距，使得中国保险业的空间分布格局差异明显。作为市场经济制度的基本元素，保险业发展失衡并非完全由经济发展差异所致，外部环境因素、市场供给和需求因素不同是构成保险业发展区域差异问题的关键。寿险深度失衡意味着寿险在地方经济市场地位的下降，人们购买寿险意愿也将持续降低。2021年4月通过的《中华人民共和国乡村振兴促进法》明确提出建立全面覆盖且层次多样化的可持续性农村金融服务体系，引导保险等金融机构深入到欠发达的农村地区发展。为顺应国家政策，多家保险公司发售了带有普惠性的寿险新险种，为农村广大农民群体提供了坚实的保障后盾。多家保险公司在寿险方面深入开发新产品，为推动实现乡村文化振兴作出了重要贡献。

二、寿险密度失衡与农村居民社会保障水平的模型结果分析

(一) 基准回归结果

表5-5反映了寿险密度对发达地区和欠发达地区农村居民社会保障水平影响的模型估计结果。由表5-5可知，在FE回归中，发达地区DEN系数为0.21205，欠发达地区DEN系数为0.99743，且两个回归模型结果都极为显著。这表明寿险密度的提升对发达地区和欠发达地区的农村居民社会保障水平均有着积极影响。

表5-5　　　　　寿险密度对发达和欠发达地区农村居民

社会保障水平影响的模型估计结果

项目	(1) OLS	(2) FE	(3) OLS	(4) FE
	$RSSL_D$	$RSSL_D$	$RSSL_U$	$RSSL_U$
DEN	0.0354 (0.63214)	0.21205 *** (23.2777)	0.86786 *** (8.74869)	0.99743 *** (18.6511)
GDP PC	0.14251 *** (11.5695)	0.10977 *** (61.4831)	0.0826 *** (20.0794)	0.08977 *** (12.0426)
FE PC	0.001008 (0.32489)	0.00216 *** (9.34253)	0.01256 *** (3.13057)	0.01197 *** (4.50159)
DI PC	0.01707 * (1.82075)	0.0353 *** (23.4647)	0.02625 ** (1.98727)	0.001631 (0.33135)

续表

项目	(1) OLS	(2) FE	(3) OLS	(4) FE
	RSSL$_D$	RSSL$_D$	RSSL$_U$	RSSL$_U$
常数 C	-189.978 (-1.48481)	-742.42 *** (-15.6302)	-408.6141 ** (-2.56607)	-127.4667 ** (-2.06377)
年份	Yes	Yes	Yes	Yes
R^2	0.911794	0.997666	0.833019	0.976706
样本量	120	120	252	252

注: *** 、 ** 、 * 分别表示在1%、5%和10%的显著水平上显著, 各变量括号内是估计系数对应的 t 值。

(二) 稳健性检验

在此次实证分析中依然利用改变因变量的办法来进行稳健性检验, 结果如表5-6所示。从检验结果上看, 将 RSSL 变更为 SSE, 发达地区和欠发达地区的 DEN 对 SSE 的回归结果依然显著。表5-5稳健性回归结果与表5-4基准回归结果相一致, 进一步验证了理论模型的假设2。由此可知寿险密度和农村居民社会保障水平之间存在正相关关系, 因此一旦寿险密度失衡将会导致农村居民社会保障水平降低, 因此假设2成立。

表5-6　　　　　　　　　　稳健性检验结果

项目	(1) OLS	(2) FE	(3) OLS	(4) FE
	SSE$_D$	SSE$_D$	SSE$_U$	SSE$_U$
DEN	0.02051 (0.60572)	0.12754 *** (20.7337)	0.38722 *** (4.89093)	0.53821 *** (17.9575)
GDP PC	0.14178 *** (19.0405)	0.09893 *** (42.7391)	0.08094 *** (24.6519)	0.09085 *** (17.5766)
FE PC	-0.00647 *** (-3.45356)	-0.00704 *** (-15.9524)	0.00486 (1.51813)	-0.00043 (-0.26187)
DI PC	0.00112 (0.19686)	0.02752 *** (17.671)	0.01548 (1.46841)	-0.005325 * (-1.82585)
常数 C	-30.8076 (-0.39828)	-445.285 *** (-36.1694)	-211.601 * (-1.665)	126.739 *** (3.57133)

续表

项目	(1) OLS	(2) FE	(3) OLS	(4) FE
	SSE_D	SSE_D	SSE_U	SSE_U
年份	Yes	Yes	Yes	Yes
R^2	0.933723	0.99772	0.811337	0.977738
样本量	120	120	252	252

注：*** 、＊分别表示在1%和10%的显著水平上显著，各变量括号内是估计系数对应的 t 值。

(三) 异质性分析

为了探究寿险密度对农村居民社会保障水平影响的地区异质性，在前面分为发达地区和欠发达地区的基础上，进一步将我国分为东部、中部、西部三个地区进行异质性分析，结果如表5-7所示。从表5-7的 FE 的列 (4)、列 (5)、列 (6) 可知，寿险密度的发展对于不同地区均有着积极影响。从 FE 回归结果可知，寿险密度对东部地区农村居民社会保障水平影响的系数是0.218699，而对中部地区和西部地区系数分别是0.66315和1.01151。

表5-7　　　　　　　地区异质性分析结果

项目	(1) OLS	(2) OLS	(3) OLS	(4) FE	(5) FE	(6) FE
	东部地区	中部地区	西部地区	东部地区	中部地区	西部地区
DEN	0.035407 (0.63214)	0.51605 *** (7.315555)	0.71948 *** (4.57579)	0.218699 *** (4.578128)	0.66315 *** (10.4114)	1.01151 *** (14.7080)
GDP PC	0.14251 *** (11.5695)	0.10807 *** (7.234838)	0.07663 *** (14.6961)	0.121342 *** (10.1169)	0.12313 *** (6.75509)	0.08950 *** (10.1842)
FE PC	0.001008 (0.32489)	0.0237 *** (6.00638)	0.02025 *** (3.47622)	0.006121 ** (2.519378)	0.02170 *** (4.68024)	0.01282 *** (3.88300)
DI PC	0.017075 * (1.82075)	-0.001661 (-0.1732)	0.00145 (0.07320)	0.01564 ** (2.406308)	-0.02139 *** (-3.13056)	-0.00369 (-0.62473)
常数 C	-189.978 (-1.48481)	-358.480 *** (-3.36213)	-53.4606 (-0.22094)	-593.706 *** (-6.96461)	-156.201 ** (-2.08234)	-80.7625 (-0.99762)
年份	Yes	Yes	Yes	Yes	Yes	Yes
R^2	0.911794	0.971903	0.810415	0.974270	0.989564	0.979684
样本量	120	72	144	120	72	144

注：*** 、** 、＊分别表示在1%、5%和10%的显著水平上显著，各变量括号内是估计系数对应的 t 值。

（四）寿险密度对欠发达地区农村居民社会保障水平影响的中介效应分析

根据理论模型推导中的式（5-25）可知，寿险密度失衡通过加剧欠发达地区寿险深度失衡，进一步降低了农村居民社会保障水平。下面基于式（5-25）对此进行验证，回归结果如表5-8所示。

表5-8　寿险密度对欠发达地区农村居民社会保障水平的中介效应回归结果

项目	（1）OLS	（2）FE
	DEN_U	DEN_U
DEP	0.002259 ***	0.00204 ***
	(37.11712)	(49.70890)
GDP PC	-1.08E-05 ***	3.88E-05 ***
	(-4.273192)	(19.7965)
FE PC	-4.02E-05 ***	-5.65E-05 ***
	(-16.33086)	(-31.73349)
DI PC	-1.53E-05 *	-6.22E-06
	(-1.889792)	(-1.429957)
常数 C	2.175442 ***	2.234697 ***
	(22.26438)	(40.26615)
年份	Yes	Yes
R^2	0.887509	0.979267
样本量	252	252

注：***、*分别表示在1%和10%的显著水平上显著，各变量括号内是估计系数对应的 t 值。

在中介效应分析中，采用 OLS 和 FE 进行回归。回归结果显示，欠发达地区 DEP 回归系数分别为 0.002259 和 0.00204，且都在 1% 水平上显著，表明欠发达地区寿险密度提升不但会对农村居民社会保障水平有着直接的促进效应，也会通过影响其寿险深度进一步影响农村居民社会保障水平。主要原因是寿险密度的提升会促进欠发达地区农村居民的寿险消费，提升寿险的经济发展地位，进而提高了农村居民的社会保障水平，所以一旦寿险密度失衡，必然引起寿险深度的失衡，降低农村居民的社会保障水平。综上表明，欠发达地区寿险密度提升可以促进寿险深度发展，进而提高农村居民社会保障水平，由此验证了式（5-25）的结论。

（五）模型结果分析

第一，从表5-4中的列（2）可知，寿险密度对发达地区和欠发达地区农村居民社会保障水平的影响亦极为显著，且系数分别为0.21205和0.99743，对农村居民社会保障水平有积极影响。寿险密度的提升意味着越来越多的人愿意通过购买寿险产品来为自己和家人提供充足的人身保障。政府通过降低保险公司开展小额人身保险的门槛，提升对保险公司开展寿险业务的监管力度通过鼓励寿险险种的市场创新来服务乡村文化振兴。当前我国寿险产品的客户群体主要分布在经济发达的省份，多数产品都是根据城市居民的特点进行设计，这些产品无法满足农村地区的实际需求，在经济欠发达地区尚未建立起适合农村地区的寿险市场体系和配套产品。虽然我国出台了一系列优惠政策促进农村寿险市场的形成和发展，但这些政策的促进作用和有效发挥时间还是需要政府在宏观层面进行把握，这就导致寿险公司在农村地区市场的发展战略会依赖政府的行动和决策。

第二，寿险密度失衡可能会造成人均社会保障不足，从而对生产生活造成消极影响。在我国的农村地区，大多数的农村居民仅靠社保、医保等作为自己全部的保障，而仅靠这些保障是无法真正地实现乡村振兴进程。一旦农村居民突发意外伤害，若是尚未购买寿险，不仅对其自身是重大的损失，也会给其家庭带来沉重的打击，因此，寿险密度必须确保在农村地区持续增长，否则势必会对乡村文化振兴产生阻碍，影响乡村振兴战略的实施。农村寿险市场的发展主要有两方面的问题：一方面，当前我国农村寿险市场的商业价值巨大，但想要完全开发出农村寿险市场的商业价值，需要投入大量的成本，如宣传成本、人力成本、运营成本和理赔成本，这些无疑会阻碍寿险公司在农村寿险市场的发展；另一方面，农村较为简单的生活方式使得保险事故发生的概率较低，这就导致许多农村居民没有充分重视养老、意外等事件，这就为寿险公司开展业务带来了重重困难。

第五节　结论和建议

随着我国乡村振兴战略中各项改革措施的不断深入，如何充分发挥商业人身保险的弥补与保障功能，是必须面对、不可绕行的重要课题。开拓农村寿险市场，必须严格按照农村居民的需求来设计险种产品，要遵循条款简单、保费低廉、保障适度等原则。随着保险业的持续发展和乡村振兴战略的逐步实施，寿险业在助推农村居民社会保障水平发展、促进乡村文化振兴方面有着重要的战略地位。本节将在综合前面几节内容有关寿险业实证分析的基础上，结合当前中国寿险业所面临的问题，提出寿险市场普及创新的未来发展方向，提升农村居民社会保障水平，完善基本公共服务建设，以期促进中国寿险市场更好地实现乡村文化振兴。

一、研究结论

首先，寿险深度对发达地区和欠发达地区农村居民社会保障水平的影响极为显著，且系数分别为119.8437和443.625，对农村居民社会保障水平的发展有重要的促进作用。在乡村振兴战略的背景下，要加强寿险在各地区的发展力度和资金投入，确保寿险在农村居民社会保障水平发展中的重要地位，促进农村居民的个人保障意识，为乡村文化振兴发展提供氛围保障。寿险深度的失衡可能会对农村居民社会保障水平产生消极影响，不利于乡村文化振兴的发展。寿险业发展失衡并非完全由经济发展差异所致，外部环境因素、市场供给和需求因素的不同是构成保险业发展区域差异问题的关键。寿险深度一旦失衡，意味着寿险在地方经济市场地位的下降，而人们购买寿险的意愿也将持续降低。

其次，寿险密度对发达地区和欠发达地区农村居民社会保障水平的影响亦极为显著，且系数分别为0.21205和0.99743，对农村居民社会保障水平有积极影响。寿险密度的提升意味着越来越多的人愿意购买寿险产品来为自己和家人提供充足的人身保障。寿险密度失衡可能会造成人均社会保障不足，会对生产生活造成消极影响。在我国的农村地区，大多数的农村居民仅靠社保、医保等作为自己全部的保障，而仅靠这些保障是无法真正地实现乡村振兴进程。一旦农村居民突发意外伤害，若是尚未购买寿险，不仅对其自身是重大的损失，也会给其家庭带来沉重的打击，因此，寿险密度必须确保在农村地区持续增长，否则势必会对乡村文化振兴产生阻碍，影响乡村振兴战略的实施。

最后，在中介效应分析中，欠发达地区 DEP 的回归系数分别为0.002259 和 0.00204，且都在 1% 水平上显著，表明欠发达地区寿险密度提升不但会对农村居民社会保障水平有着直接的促进效应，也会通过影响其寿险深度进一步影响农村居民社会保障水平。其中的主要原因是寿险密度的提升会促进欠发达地区农村居民的寿险消费，提升寿险的经济发展地位，进而提高了农村居民的社会保障水平，所以一旦寿险密度失衡，必然引起寿险深度的失衡，降低农村居民的社会保障水平。

二、研究建议

在理论模型推导和实证分析结果的基础上，从完善寿险市场普及制度、区域间寿险平衡发展和相关寿险政策方面提出以下建议。

（一）提升寿险市场普及创新的力度，完善寿险市场普及制度

加强寿险宣传，调动农民参保积极性。通过宣传提高农民商业保险意识，为农民提供更为深入的保障，是当前各大保险机构都需要认真对待的问题。寿险的宣传，目的在于让农民认识到寿险的特有优势，让农民认识到可以用手中的余钱换回更大的保障和更好的收益，以应对基本医疗保险等保障体系所不能弥补的大量由重疾、教育、意外等带来的巨大损失。在宣传时，要以贴近农民生活与农民实际需求的方式开展，要让农民对寿险有更为直观的、全面的认识。不断创新宣传工作思路，组织专门队伍深入农村，展示公司形象宣传、保险产品和公司实力，并通过电视、广播、报刊和墙体广告、

发放资料、保险案例的宣传和乡、村级产品说明会等多种渠道和方式，形成多方位、立体化的宣传网络，对农民群众宣传到位，吸引农民群众的参与，让寿险产品真正地"上山下乡"，引导、激发农民的保险需求，积极培育农村保险市场。进一步整合农村网点服务功能，使保险服务真正服务于农民、方便于农民。针对农村网点后台支持还不是很到位的现状，在可控风险的前提下，简化一些流程、下放一定权限，同时，积极推行一体化营销策略，丰富和拓宽营销渠道，使保险多元化服务延伸到广大农村和农民中。

（二）重视寿险业在区域间的平衡发展

城市群间保险业发展差异是造成保险业空间分异的主要成因，应结合各城市群经济发展和人口密度的实际情况，采取差异化的保险优化方案，推动各城市群保险深度和保险密度的共同均衡。保险业发展水平较高的城市群往往也是经济最为发达的城市群，因而要在区域协调发展的框架下改变粗放式发展路径，由规模扩张向内涵质量思维转变，打造与经济发展水平相适应的区域保险经济圈，形成保险发展与经济发展耦合协调支撑城市群建设的正向反馈机制。对于保险业发展水平较低的城市群，通过加大资金支持力度、下调保险机构准入门槛的政策性优势抵补区位性劣势，构建与发达城市群互补的保险市场体系，形成优势互补、竞合互动的空间网络结构。避免出现区域间寿险深度、密度失衡的现象，实现寿险市场普及在农村的创新发展。

政府应继续加快发展中西部经济，进而刺激寿险需求。国家的经济发展政策应该适当向中西部倾斜，这样不仅能够缩小中西部地区与东部地区的经济差距，又可以刺激中西部地区的寿险需求。在国家经济发展的同时，保证增加居民可支配收入。实证结果表明，居民人均可支配收入的增加对于寿险需求的增加有着显著的促进作用。在当前经济形势复杂，外部需求持续疲软的情况下，寿险在金融服务业领域也可以成为扩大内需、刺激经济增长的一股力量。寿险公司需要积极配合国家政策和战略，对养老、医疗与意外等能够提升农村居民社会保障水平的险种，要加强投入开发力度，特别是对旧产品的设计创新。同时，要加强与政府的联系和合作，促使他们高度重视寿险业对经济发展的保障作用和社会管理功能，帮助解决农村营销服务部的设置和审批问题以及建设农村营业网点等问题。

（三）规范寿险业在农村的业务经营，引导寿险公司下沉到农村基层开展业务

保险公司在农村市场举行保险理念的宣扬时，要做到了解农村客户的切实需求，比如，农村客户对哪种保险更为青睐是意外险、健康险还是养老险等。因此保险公司要针对农村客户的真实需求来设计保险产品，使得这些产品能够满足各类消费人群的不同的需求。同时，在设计这些保险产品时，不能千篇一律，应该具有差异性，针对农村保险市场的特点，设计出具有低保费、高保障、缴费灵活等特点的险种，从而提高保障力度。最重要的一点就是，在设计保险产品的同时，产品责任的设置应该简单明了、通俗易懂，这样才能让百姓做到真正了解保险产品从而进行投保。这样能够推进寿险在农村保险市场上的发展。保险企业应首先明确农民目前要解决的首要问题是保险保障，因而应当不断优化农村寿险业务的结构，推出适合农村客户急需的养老、医疗等寿险产品，对于一些保障效果不够明显、可能带来较大保费投入压力而不适合农村保险需求的中长期投资类保险产品，可暂缓推出。因此，各保险企业一是要尽快开发出一批高保障、低保费、突出保障功能的普惠性寿险产品，二是要研究开发出适合农村客户购买的一张保单保全家和一笔保费多保障的产品，三是开发针对外出打工农村居民需要的人身意外险，四是开发出针对农村居民的养老保险产品。

（四）打造组建社会保障服务的专业团队，强化养老保险教育

加快社会养老保险服务队伍建设，增设互联网＋、养老服务、养老保险等专业课程，加快培养兼具金融服务、老年医学、老年护理以及社会工作等知识的复合型技能人才，开展养老服务从业人员职业培训和技能考核。并且，保险机构也应加强人员培训，增强专业服务技能，打造一支"更懂养老，特别是农村养老"的专业团队，为农村老年客群提供更具专业性、多元化且富个性化的养老保险服务，进一步提高服务质量。针对农村老年人理财，提供专业规范营销，以匹配与满足个性化差异需求；协助农村老年人掌

握更多防骗技能，以有效的保险服务手段来防范风险；等等。线下，优化银行物理网点的各类设施设备，提升便捷性；线上，简化业务办理流程，优化服务渠道，采取远程人脸识别、指纹识别等新型保险科技手段，特别是解决出门不便、地处偏远的农村老年客户办理银行业务困难的问题。

根据不同地区需求特点，开发与当地需要相吻合、极具特色的商业养老保险产品，特别是定价策略要具有足够吸引力，保障水平与农民缴费能力相一致，缴费方式与农民收入特点相匹配，条款内容通俗易懂、完备详细，参保流程简化，赔付效率提升，从而激活其购买商业保险的欲望，将农民潜在需求转化为有效需求。积极推进长期护理保险在农村的试点工作，针对乡村人口开发推广农村小额人身保险、农民养老健康保险等普惠保险业务。首先，寿险企业要从能力和素质去把握农村营销员的质量。其次，通过培训教育提升农村营销员的留存率和产出率。培训教育不能简简单单地进行理论课程教育，更多的是要从实践当中去总结归纳。最后，要加强诚信建设，寿险公司要建立诚信标准制度，在营销员中倡导诚信第一。

第六章

寿险业助推乡村生态振兴的资源投入制度创新的实证分析

发展乡村生态产业是实现乡村生态振兴的重要基础（廖进球和吴昌南，2010）。我国生态产业发展处于起步阶段，需要给予其充分的资金支持，寿险是我国保险的重要组成部分，寿险业通过保险资金投资配置实现资源投入制度创新是生态产业获取长期资金支持的重要途径。寿险业要通过资源投入制度创新，充分提高保险资金配置的效率，支持生态产业发展，进而推动乡村实现生态振兴（杜莉和郑立纯，2020）。本章基于寿险业资源投入制度创新，引出寿险业资源配置制度创新，进而以寿险业保险资金余额投资规模和投资结构创新，量化寿险业资源投入形式，探究其对乡村生态产业发展的影响。然后，基于保险资金余额的配置作用，探索寿险业在资金余额以外的其他资源投入对生态产业发展的作用机制，进而研究寿险业资源投入制度创新对实现乡村生态振兴的促进作用。为此，本章首先从背景政策上分析了保险业绿色金融与生态产业发展的相关关系，并进行了文献评述；其次从理论和实证上研究了寿险业资金运用创新对乡村生态产业发展的影响。通过理论模型推导建立寿险资金投资规模和投资结构与生态产业发展规模和产出水平的均衡关系，并基于 2010～2019 年的全国农村和保险业相关数据进行实证检验，依据理论和实证研究结论，提出寿险业资源投入制度创新的政策建议。

第一节　研究背景及文献综述

　　要研究寿险业资源投入对生态产业发展的促进作用，首先要厘清绿色金融与生态产业发展的相关关系，其次要对目前学术界的研究方向和研究内容进行全面的了解，以为本章的研究开展打下基础。因此，本节首先介绍了我国生态振兴的政策建设情况，简要介绍了我国乡村振兴战略对生态振兴发展的要求；其次分析了我国寿险业资金资源投资配置的现状，结合对乡村生态振兴和保险发挥绿色金融作用的现有研究文献评述，对寿险业资源投入制度创新的路径进行理论分析，为后面展开寿险业资源配置研究奠定基础。

一、研究背景

　　生态产业发展是实现我国乡村振兴战略要求中生态振兴目标的重要基础。2021 年 4 月 29 日，十三届全国人民代表大会第二十八次会议通过了《中华人民共和国乡村振兴促进法》，标志着我国在乡村振兴战略的体制建设中向前迈出了新的一步。在习近平总书记提出的"五个振兴"的科学论断中，生态振兴是实现乡村振兴的重要基础和有力抓手（黄祖辉，2018）。生态环境是发展一切的基础，生态兴，产业才能实现可持续发展，人才才有更好的创造条件，文化才能拥有更好的发展背景，乡村组织才能更好地发挥治理作用。当前我国乡村还存在生态破坏、资源浪费、环境污染等生态问题，因此，要实现乡村生态振兴，首先要进行生态环境保护和建设。《中华人民共和国乡村振兴促进法》明确规定要健全乡村生态保护机制，建设美丽乡村；其次要加大乡村生态制度、生态设施、生态文化等建设的投资力度（张灿强和付饶，2020），多层次推动乡村生态振兴全面发展。

　　要实现乡村生态振兴，在追求生态效益和社会效益的同时还要保证发展的经济效益，结合产业振兴，以绿色生态为产业发展的改革方向，推动产业和生态协同发展（翟坤周，2021）。推动生态产业发展是实现乡村振兴战略生态振兴的重要基础，2021 年 9 月 13 日，国务院办公厅印发《关于深化生态保护补偿制度改革的意见》，通过深化生态保护补偿机制改革进一步激励特色优势产业发展，扩大绿色生态产品供给。生态产业化发展和产业生态化发展是大势所趋，生态保护补偿制度改革是推动生态产业发展、加快生态文明制度体系建设、推进绿色发展的重要制度保障。

保险资源指的是在一定制度、文化和技术背景下，能够被保险人利用、有开发价值的可保风险标的（孙蓉，2008），保险资源总量与国家政策制度、经济发展状况和保险意识水平相关。保险资源不仅包括保险资金，还包括保险产品等多种形式的资源。资源具有稀缺性，因此，保险资源配置需要注重效率，寿险业对生态产业资源投入制度创新是对保险资源配置的创新，包括对保险资金和保险产品等多种形式资源的配置。从量化寿险资源投入指标的角度来看，保险资金余额投资配置最能反映寿险业资源投入，因此，本章以寿险业保险资金余额投资为基础，研究分析寿险业资源投入与生态产业发展的关系。

保险金融部门是助推生态产业发展的重要保障，2021 年 4 月，《中国银保监会办公厅关于 2021 年银行业保险业高质量服务乡村振兴的通知》，对充分发挥保险的保障作用作出了明确的规定，要求寿险业以高质量创新发展推动乡村生态振兴。寿险资金周期长、规模大的特性与生态产业对资金的需求一致，以寿险资金支持乡村生态产业稳定发展具有很好的适配性。一是寿险业通过保险资金投资，为生态产业提供直接和间接资金来源，保障生态产业发展所需的资本，扩大生态产业发展规模，进而为乡村生态振兴打下经济基础；二是寿险业通过将资源配置于保险产品创新，为生态产业提供风险保障等金融服务。我国保险资金余额主要配置于银行存款和债券，从其他投资的占比来看，保险资金余额还有较大的创新空间（张立勇，2012）。在可持续发展和保护生态环境的全新发展理念下，寿险业资源配置创新要突出绿色发展理念（李晓西等，2015），将有限的保险资金余额投入到更能促进生态产业发展的资金运用途径当中，提高其作为金融部门的资金融通和资金创造效率，为生态产业发展提供创新金融支持（温暖，2021）。

二、文献综述

（一）乡村振兴战略生态振兴的发展方向

乡村振兴战略是解决我国"三农"问题的重要政策理论，生态振兴是实现乡村振兴的关键。对于乡村生态振兴发展途径的研究，主要有以下几种方向：一是从宏观政策发展角度，基于宏观政策的延续，结合脱贫攻坚的工作研究，在巩固脱贫成果的基础上，总结乡村发展经验，继续探索实现乡村振兴的发展途径，保障我国乡村建设的有效成果的延续（周伍阳，2021；秦杨，2019；GAO and Wu，2017）。二是从政府部门和市场关系的中观层次角度，研究多元化主体推进生态发展的体制机制，认为政府具有基础性稳定作用，同时，市场是提高发展活力的保障，政府与市场共同发挥作用可以更好地为生态产业服务（张志胜，2020；杜春林和孔珺，2021；Tian and Bo，2019）。三是从产业的微观层次角度，将生态振兴与产业振兴相结合，研究生态和产业协调发展和作用效率（高尚宾，2019；Tan，2019），基于生态产业化和产业生态化发展角度，强调要同时注重生态振兴的经济性和社会性，推动生态产业建设具有经济效益发展体系的同时，强调产业绿色发展保护生态（谷树忠，2020；魏玲丽，2015；Gao，2019）。

（二）绿色金融支持乡村振兴战略发展

生态产业发展离不开金融服务的支持，绿色金融的发展对生态产业的协同作用正不断显现（梁刚，2021）。对于绿色金融支持生态振兴的研究主要基于制度、资金配置和技术等角度的创新，为生态产业提供全面的支持：一是绿色金融制度创新，主要包括绿色信贷、绿色证券以及绿色保险制度创新，强调制度顶层设计的引领作用，结合生态环境发展现状和不足，有针对性地进行改革和完善，从而更有效地为实现生态文明建设提供发展方向和政策引导（李周，2016；姚树荣和周诗雨，2020；Steven et al.，2016）。二是从绿色金融发展多途径提供资金的角度，研究提高保险资金配置效率的途径和效率的影响因素，其中，对保险业发挥绿色金融作用的研究主要从支持农业的角度强调农业保险在生态农业发展中的重要作用，乡村生态农业发展金融部门要为提供金融服务支持和多样化的金融产品保障（许梦博等，2018；周爱玲，2018；Hirbod et al.，2020）。三是从绿色金融技术创新发展的角度，保险业创新绿色保险产品，为乡村各生态产业提供绿色金融产品，为生态产业部门提供独特的风险保障和金融服务支持，通过产品和资金特性的适配，加快推进我国生态体系建设（廖进球和吴昌南，2010；杜莉和郑立纯，2020；Zhao et al.，2018）。学术界的研究成果都认可保险对生态产业发展的支持和促进作用，当前较多的研究集中于农业保险的作用，而对寿险业对于生态产业发展的研究较少，但寿险业作为保险行业的重要组成，对发挥保险业资源配置作用具有重要影响，因此，需要深入寿险业保险资金资源配置对我国生态发展的影响，探究进一步推动我国生态产业不断加速发展和生态体系建设不断完善的新途径。

（三）相关文献评述

现有文献从多个层次验证了生态产业对促进生态振兴的重要作用，并对金融部门对生态产业发展的支持作用进行了较为充分的研究，验证了绿色金融对生态振兴的促进作用（许梦博等，2018），强调保险业提供绿色金融服务和绿色保险产品助推生态产业发展的积极作用，但较少有文献从我国寿险业资源配置和资源投入的角度展开细化研究。与现有的研究相比，本章主要的贡献在于：首先，从乡村生态产业发展的资金需求出发，验证寿险业响应国家政策，针对生态产业发展配置保险资金余额投资方向，提高生态产业发展规模，为乡村生态振兴研究提供了一个新的视角；其次，从实证分析中得到寿险业资金余额的投资结构对生态产业发展的影响作用，从寿险业微观投资形式中探索资源配置创新投资的途径，为研究寿险业对生态产业的资源投入制度创新途径；最后，结合实证研究中保险资金余额投资结构的影响结果，从保险资金余额投资方式创新的角度，为寿险业资源投入制度创新提出政策建议和创新实践方法，将资源投入创新落到实处，为探索金融助推乡村生态振兴提出切实的建议。

第二节 寿险业资源投入制度创新助推
乡村生态振兴的理论模型

寿险资金余额投资是寿险业资源投入的重要组成，要深刻理解寿险资源投入与生态产业发展的关系，需要从理论模型上进行深入推导。为了从实证研究上探究寿险业资源投入制度创新对乡村生态产业发展的促进作用，本节拟建立寿险业资金余额投入和生态产业产出模型，通过函数模型构造，求解寿险业资金投资规模和投资结构关键变量与生态产业产出水平的均衡关系，以寿险业资金余额投资量化寿险业资源投入，并在得到的均衡结果上分析寿险业资源投入与生态产业发展的均衡关系。

一、寿险业资金余额投资规模对生态产业发展的促进作用

（一）理论模型

"两山"理论是绿色生态和经济发展的经典结合。生态产业作为具有准公共物品性质的产业，相较于普通产业其发展更需要政策性支持（李晓西和王佳宁，2018）。对于保险业而言，保险资金参与绿色投资、支持生态产业发展同时具有经济效益和社会效益，在获取利润的同时可以通过改善生态环境，降低其他生态保险的赔付，因此，保险业创新发展与支持生态产业发展间高度契合（张承惠，2016）。为研究寿险业资源投入与生态产业的产出关系，需要研究乡村生态产业的生产和不断发展的过程，了解生态产业的行业特点。柯布—道格拉斯生产函数是研究经济学问题中最常用的一种生产函数形式，能够充分反映企业在生产过程中的要素投入和产出，以及各要素的生产效率、企业的规模特点等。因此，在此处使用产出的一般形式——柯布—道格拉斯生产函数描述生态产业的产出形式。假设生态产业的生产函数为：

$$F(K,L) = E \cdot K^{\alpha}L^{\beta} \qquad (6-1)$$

其中，K 为生态产业投入的资本，L 为劳动力投入，E 为生态产业生产过程中其他要素投入的产出作用。产业追求 T 时期内产出的最大化：

$$\max \int_0^T F(K, L)\, dt \qquad (6-2)$$

由于生产离不开资金资源支持，生态产业在发展过程中存在约束条件：

$$s.\,t.\ \dot{A} = R - C + rA \qquad (6-3)$$

其中，A 为生态产业的资产水平；$\dot{A}$ 为资产水平的动态变化，等于产业营业收入减去资金成本加上资产的投资利息 $r \times A$（陈经伟等，2019）；R 为生态产业的收入水平，由于生态产业生产具有生产周期长、投入成本高的特征，其成本回收需要其产出产品进入市场后才能顺利实现（谷树忠，2020）。因此，生态产业在生产的初期除获取的外部金融支持 C（即各金融部门为生态产业提供的资金，如贷款等）以外，初期资产 $A_{(t=0)} = 0$，且其初期营业收入 $R = 0$。直到整个生产的后期，$t \geq T^*$ 时才会有营业收入 $\hat{R}$，假设 T^* 和 $\hat{R}$ 外生，则有：

$$R = \begin{cases} 0, 0 \leq t \leq T^* \\ \hat{R}, T^* \leq t \leq T \end{cases} \qquad (6-4)$$

其中，T 为整个生产周期。在生态农业的生产过程中，只有当农产品收获并进入市场销售阶段时，生态农业产业才会获得收入。

在企业生产的初始阶段，收入为 0，因此，此时资产不断减少，直到达到最小值，初期 A 会达到负值，有 $-A \leq C$（初期资产水平不能超过融资的最大值），进一步推导得到约束条件：

$$A \geq -C \qquad (6-5)$$

其中，C 即为生态产业面临的融资约束，企业的最大融资本息合计不超过融资上限 C（陈经伟等，2019）。在该融资约束下，得到生态产业的产出最大化问题的最优解为：

（1）当 $0 \leqslant t \leqslant T^*$ 时，

$$K = \sqrt[\alpha]{\frac{\ln(C/T^*) + (t - T^*)^\beta}{ML^\beta}}, A = -t \cdot \sqrt[\alpha]{\frac{\ln(C/T^*) + r(t - T^*)}{ML^\beta}}$$

$$(6-6)$$

（2）当 $T^* \leqslant t \leqslant T$ 时，

$$K = \sqrt[\alpha]{\frac{\ln\left[\frac{1}{T-T^*}\frac{\hat{R}}{r}(e^{-rT^*} - e^{-rt}) + \frac{C}{T-T^*}e^{-rT^*}\right] - rt}{ML^\beta}},$$

$$A = (T-T^*) \cdot \sqrt[\alpha]{\frac{\ln\left[\frac{1}{T-T^*}\frac{\hat{R}}{r}(e^{-rT^*} - e^{-rt}) + \frac{C}{T-T^*}e^{-rT^*}\right] - rt}{ML^\beta}} + \frac{\hat{R}}{r}(e^{-r(T-t)} - 1)$$

$$(6-7)$$

由式（7）的均衡结果可得：

$$\frac{dA}{d\hat{R}} = \frac{1}{\alpha} \cdot \sqrt[\frac{1}{\alpha}-1]{\frac{\ln\left\{\left[\frac{1}{T-T^*}\frac{\hat{R}}{r}(e^{-rT^*} - e^{-rt}) + \frac{C}{T-T^*}e^{-rT^*}\right] - rt\right\}}{ML^\beta}}$$

$$\cdot \frac{(e^{-rT^*} - e^{-rt})/r}{\left\{\ln\left[\frac{1}{T-T^*}\frac{\hat{R}}{r}(e^{-rT^*} - e^{-rt}) - \frac{C}{T-T^*}e^{-rT^*}\right] - rt\right\}\Big/ ML^\beta}$$

$$+ \frac{e^{-r(T-t)} - 1}{r} < 0 \qquad (6-8)$$

$$\frac{dA}{dC} = \frac{1}{\alpha} \cdot \sqrt[\frac{1}{\alpha}-1]{\frac{\ln\left\{\left[\frac{1}{T-T^*}\frac{\hat{R}}{r}(e^{-rT^*} - e^{-rt}) + \frac{C}{T-T^*}e^{-rT^*}\right] - rt\right\}}{ML^\beta}}$$

$$\cdot \frac{e^{-rT^*}}{\left\{\ln\left[\frac{1}{T-T^*}\frac{\hat{R}}{r}(e^{-rT^*} - e^{-rt}) - \frac{C}{T-T^*}e^{-rT^*}\right] - rt\right\}\Big/ ML^\beta} > 0 \qquad (6-9)$$

（二）研究假设

由式（6-8）得生态产业资产与产业后期收入大小成反比，生态产业后期，收入越多，前期资产水平越低，即生态产业发展规模越大，前期需要的资产越多，其面临的融资压力越大。而由式（6-9）得到生态产业资产与融资上限 C 呈正向相关，生态产业融资上限值越大，即融资约束程度越小，产业后期可获得的资产产值越大。因此，要使生态产业不断发展、扩大规模，则前期要给予生态产业充分的资金支持，从而减少可获资金不足对生态产业发展的约束。

由此可得研究假设 1：寿险业资金余额投资生态产业的数量越多，投资规模越大，生态产业的发展规模越大，从而得到产出规模越大，要提高生态产业发展规模，需要给予生态产业充分的融资支持，提高其融资上限。其经济学意义为：保险金融部门提高保险资金余额对产业的投资和支持总量，可以促进生态产业发展，增加生态产业资金投资规模有利于提高产业产出水平和发展规模，即寿险业对乡村生态产业资源投入制度创新的发展使得生态产业可以获得更多的资金资源，从而得到充分发展。

二、寿险业资源配置制度创新对生态产业融资的促进作用

（一）理论模型

下面进一步分析寿险业资源配置结构对基于生态产业充分资金支持、减轻生态产业融资约束的促进作用。为充分研究保险业资源配置制度创新与生态产业发展的相关关系，假设在一个只有实体生产部门和金融部门存在的封闭的生态产业体系中，假设不存在折旧，为精确研究保险的作用，将金融部门分为保险部门和非保险部门（陈经伟等，2019）。依据凯恩斯宏观经济理论，金融部门通过将储蓄转为投资为生产部门提供投资资金，生态生产部门产出 $Y(t)$ 构成消费 C 和储蓄 S。使用产出的一般形式——柯布—道格拉斯生产函数描述生态产业的产出过程，公式如下：

$$Y(t) = C + S = A \cdot K(t)^{\alpha} \{ [1 - \mu_1(t) - \mu_2(t)] \cdot L(t) \}^{\beta} \cdot R(t)^{\gamma}$$

$$(6-10)$$

其中，$K(t)$ 为生态产业自有资本投入，即金融部门融资以外的私有资本，该资本的增长率为 $\dot{K}(t)$，且有：

$$\dot{K}(t) = \theta(t) S(t)(1 - \omega) \qquad (6-11)$$

其中，$\theta(t)$ 为生态产业作为生产部门其储蓄转化为投资的效率，ω 为金融部门资本占储蓄的比例。$\omega = \omega_1 + \omega_2$，其中，$\omega_1$、$\omega_2$ 分别为非保险金融部门和保险部门资本占储蓄的比例，则

$$\dot{\theta}(t) = \delta \cdot \mu(t)\theta(t) \qquad (6-12)$$

其中，$\dot{\theta}(t)$ 为生态产业储蓄转化为投资的增长率，受金融部门效率 δ 和金融部门劳动力所占比例 $\mu(t)$ 的影响。$\mu(t) = \mu_1(t) + \mu_2(t)$。$\mu_1(t)$ 和 $\mu_2(t)$ 分别为非保险金融部门劳动力投入和保险金融部门劳动力投入，$1 - \mu_1(t) - \mu_2(t)$ 则为生态产业部门的劳动投入比例，$L(t)$ 为整个经济体系的劳动力总量。$R(t)$ 为保险金融部门通过资源配置为生态产业创造的资本积累，此处将寿险业受政策引导对生态产业的资金支持看作是广义上的政策性金融，生态产业的发展处于起步阶段时，经济效益并不明显（罗胤晨等，2021），因此，在保险支持生态产业发展中，其资源配置具有准公共产品的性质，从而区别于产业自身投入的资本 $K(t)$（陈经伟等，2019），以公共资本的形式不断积累，作用于生态产业产出。α，β，γ 分别为私人资本、劳动和保险金融资本积累的产出弹性。资本积累随着保险行业资本资源占储蓄的比例变化以及金融部门效率的变化而变化，资本积累的增长率为：

$$\dot{R}(t) = \omega \cdot \tau \cdot \mu_2(t)R(t) \qquad (6-13)$$

保险业资本积累的动态公式反映了保险行业响应国家政策支持乡村生态产业发展，对其掌握的保险资金进行充分配置，通过增加资金余额对生态产业的使用提高金融效率 τ，可以为乡村产业创造资本积累效应。ω 为保险资金占储蓄的比例。τ 为保险金融部门的保险余额占保费收入的比，表示储蓄转化为投资的效率。以 Lucas 效用函数模型求模型中生态产业体系产出效用最大化：

$$\max \int_0^{+\infty} \frac{c(t)^{1-\sigma}-1}{1-\sigma} e^{-\rho \cdot t} L(t) \, dt \tag{6-14}$$

其中，$c(t)$ 为人均生态消费，ρ 为贴现率，σ 为消费边际效用弹性的绝对值。依据内生经济增长模型得到动态优化问题为：

$$c(t)L(t)+S(t)=AK(t)^{\alpha}\{[1-\mu_1(t)-\mu_2(t)]L(t)\}^{\beta}R(t)^{\lambda} \tag{6-15}$$

结合资本积累增长率式（6-4）、生态产业私有资本增长率式（6-2）以及储蓄转化资本的增长率式（6-3）得到公式组：

$$\begin{aligned}
c(t)L(t)+S(t)&=AK(t)^{\alpha}\{[1-\mu_1(t)-\mu_2(t)]L(t)\}^{\beta}R(t)^{\lambda} \\
\dot{R}(t)&=\omega \cdot \tau \cdot \mu_2(t)R(t) \\
\dot{K}(t)&=\theta(t)S(t)(1-\omega) \\
\dot{\theta}(t)&=\delta \cdot \mu(t)\theta(t)
\end{aligned} \tag{6-16}$$

其中，δ 为金融部门效率。

由式（6-7）的系列反应过程，可得保险金融部门通过各种途径进行保险资金余额投资，提高资金积累效率，对生态产业的支持作用机制：随着经济水平的不断发展，储蓄水平 S（t）不断提高，其中，保险金融部门通过资源配置制度创新，改善保险资金余额在银行存款、债券和基金等投资中的配置比例，使得储蓄水平转化为投资的效率 τ 提高，且针对生态产业进行精准资本投入，保险金融资源配置创新带来的投资的增加在具有积累效应的同时（R（t）增加），提高了生态产业的产出水平 Y，生态产业产出水平的提高进一步推动经济增长，从而实现储蓄水平提高的良性循环（陈经伟等，2019）。

进一步地，通过构造 Hamilton 模型求解上述最优化问题：

$$\begin{aligned}
H(c,K,S,R,\theta,\delta_1,\delta_2,\delta_3,\delta_4,t)&=\frac{c(t)^{1-\sigma}-1}{1-\sigma}e^{-\rho \cdot t}L(t)+ \\
&\delta_1(t)AK(t)^{\alpha}\{[1-\mu_1(t)-\mu_2(t)]L(t)\}^{\beta} \cdot R(t)^{\lambda}- \\
&\delta_1(t)[c(t)L(t)+S(t)]+\delta_2(t)[\theta(t)S(t)(1-\omega)-\dot{K}(t)]+ \\
&\delta_3(t)[\delta\mu(t)\theta(t)-\dot{\theta}(t)]+\delta_4(t)[\omega_2\tau\mu_2(t)R(t)-\dot{R}(t)]
\end{aligned} \tag{6-17}$$

利用最优化条件的欧拉方程：

$$\frac{dH}{dx} - \frac{d\left(\frac{dH}{dx}\right)}{dt} = 0 \qquad (6-18)$$

其中，x 分别代入内生变量得到：

$$c(t)^{-\sigma} e^{-\rho \cdot t} = \delta_1(t) \qquad (6-19)$$

$$\delta_1(t)\alpha \frac{c(t)L(t) + S(t)}{K(t)} + \dot{\delta}_2(t) = 0 \qquad (6-20)$$

$$\delta_1(t) = \theta(t)\delta_2(t) \qquad (6-21)$$

$$\delta_2(t)S(t) + \delta_3(t)\{\delta[1-\mu(t)] - \dot{\delta}_3(t)\} = 0 \qquad (6-22)$$

$$\delta_1(t)\beta \frac{c(t)L(t) + S(t)}{\mu(t)} = \delta_3(t)\delta\theta(t) \qquad (6-23)$$

求解得动态均衡：

$$\frac{\dot{y}(t)}{y(t)} = \frac{\dot{c}(t)}{c(t)} = \frac{\alpha \dot{\theta}(t)}{(1-\alpha)\theta(t)} + \frac{\gamma \dot{R}(t)}{(1-\alpha)R(t)} + \frac{(\alpha + \beta - 1)n}{1-\alpha} \qquad (6-24)$$

由式（6-7）变形可得：

$$\frac{\dot{\theta}(t)}{\theta(t)} = \delta \cdot \mu(t) \qquad (6-25)$$

代入均衡式（6-15）可得：

$$\frac{\dot{y}(t)}{y(t)} = \frac{\dot{c}(t)}{c(t)} = \frac{\alpha}{(1-\alpha)}\delta \cdot \mu(t) + \frac{\gamma \dot{R}(t)}{(1-\alpha)R(t)} + \frac{(\alpha + \beta - 1)n}{1-\alpha} \qquad (6-26)$$

$$\frac{\partial \frac{\dot{y}(t)}{y(t)}}{\partial \delta} = \frac{\alpha}{(1-\alpha)} \cdot \mu(t) > 0 \qquad (6-27)$$

（二）研究假设

因此得到研究假设 2：生态产业产出水平的增长与保险资金配置中直接

促进生态产业资本水平提高的金融效率 δ 呈正相关。其经济学意义为：保险金融部门通过提高可以形成直接投资效应的银行存款等途径的投资资金配置水平，直接提高生态产业资本资金 K，进而提高生态产业产出水平，即在资源投入制度创新中，配置于生态产业可获取的直接资源的比例越高，则其越能促进生态产业发展。

同时，由于 $\dot{R}(t) = \omega \cdot \tau \cdot \mu_2(t) R(t)$，$R(t)$ 取决于保险金融的资金资源占比 ω 和保险资金余额投资生态产业的效率 τ，即：

$$\frac{\dot{R}(t)}{R(t)} = \omega \cdot \tau \cdot \mu_2(t) \qquad (6-28)$$

将其代入式（6 – 15）得：

$$\frac{\dot{y}(t)}{y(t)} = \frac{\dot{c}(t)}{c(t)} = \frac{\alpha \, \dot{\theta}(t)}{(1-\alpha)\theta(t)} + \frac{\gamma}{(1-\alpha)} \cdot \omega \cdot \tau \cdot \mu_2(t) + \frac{(\alpha+\beta-1)n}{1-\alpha}$$

$$(6-29)$$

$$\frac{\partial \frac{\dot{y}(t)}{y(t)}}{\partial \tau} = \frac{\gamma}{(1-\alpha)} \cdot \omega \cdot \mu_2(t) > 0 \qquad (6-30)$$

可进一步得到研究假设 3：生态产业产出水平的增长与保险资金资源从储蓄转化为对生态产业投资的效率水平呈正比关系，其经济学意义为：在响应政策的引导下，保险资金余额投资支持生态发展，可以为生态产业创造资金积累作用 R，其中的资金使用效率 τ 越高，生态产业的产出水平越高，即保险行业为生态产业带来的直接积累作用中，金融效率越高，越有利于生态产业成长，即在寿险业资源投入制度创新中，加大使生态产业获得的资本积累的资源投资力度，可以通过资本等资源的长期积累效应促进生态产业发展。

第三节　实证模型和数据来源

从保险资金余额运用的微观角度量化寿险业资源投入制度创新，以从理论模型的角度充分论证寿险业资源投入和乡村生态产业发展的均衡关系，得到保险资金余额投资结构和投资规模是影响生态产业发展的关键因素。基于背景分析和理论模型的分析研究，本节进一步验证理论模型中提出的研究假设，首先依据均衡关系建立计量模型，其次从实证的角度设计和选取我国乡村生态产业发展和寿险资源投入相关数据。为充分衡量我国乡村生态产业发展水平，通过主成分分析方法构建综合性衡量指标，为实证检验做好准备。

一、计量模型设定

根据理论均衡模型推理得出的结论及研究假设，结合数据特征，依据模型推导保险资金支持生态产业的规模与生态产业发展资产规模的均衡关系设计基准模型为：

$$Y = \delta_1 + \delta_2 total + \delta_3 Z_1 + \varepsilon_1 \qquad (6-31)$$

其中，total 为总的保险资金余额用于支持乡村生态产业发展的水平。再依据均衡结果式（6-26）与式（6-27）反映的生态产业产出水平和寿险业发展水平及投资资金效率的关系，设置普通最小二乘法回归的计量模型为：

$$Y = \theta_1 + \theta_2 X_1 + \theta_3 X_2 + \theta_4 X_3 + \theta_5 X_4 + \theta_6 X_5 + \theta_7 X_6 + \theta_7 Z_2 + \varepsilon_2 \qquad (6-32)$$

基于均衡分析的结果，构造线性函数，研究乡村生态产业产出发展水平与寿险业绿色创新之间的关系。其中，被解释变量 Y 分别为乡村生态产业产出水平的主成分指标 F1 和 F2，X_1、X_2、X_3、X_4 和 X_5 分别为寿险业资金运用余额在各个层面的投入，分别为银行存款 X_1、国债购买 X_2、金融债券购买 X_3、企业债购买 X_4、证券投资基金 X_5 和其他投资 X_6，Z_2 为一系列控制变量。

二、变量选择

（一）被解释变量

要衡量乡村生态振兴，主要依据生态产业的发展情况，以生态产业分类为基础，通过生态农业、生态工业和生态产业发展，覆盖乡村生态振兴的多个层面，实现多层次构造乡村生态产业发展综合评价指数（王云华，2019）。依据乡村生态产业分类，参考生态振兴发展的研究（黄国勤，2019），从乡村生态工业、乡村生态农业、乡村生态服务业三个方面选取相关数据，构造乡村生态产业评价指标，其中，生态农业为乡村生态产业发展的重点。对于乡村生态工业，以乡村第一产业就业人数和太阳灶建设台数为代表指标；对于生态农业，以农村农林牧渔总产值、乡村生态工程造林面积、农业化肥使用量以及乡村太阳能使用面积为代表；对于生态服务业，选取乡村年生态旅游人次数据为代表（鲁伟，2014）。生态产业评价指标具体如表 6 – 1 所示。

表 6 – 1　　　　　　　　　　生态产业发展评价指标

一级指标	生态工业	生态农业	生态服务业
二级指标	乡村第一产业就业人数 C_1	农林牧渔总产值 C_7	乡村生态旅游人数 C_4
	太阳灶建设台数 C_6	乡村生态造林面积 C_2	
		农业化肥使用量 C_3	
		太阳能使用面积 C_5	

确定指标系数后，为了将各类数据统一到同一量纲水平进行主成分分析，需要对数据进行标准化处理，则：

$$Z_i = \frac{X_i - \mu}{\sigma}, (i = 1, 2, 3, \cdots) \qquad (6-33)$$

其中，Z_i 为经过 Z – Score 方法标准化处理的数据，X_i 为原始数据，μ 为某一类原始数据的均值，σ 为标准差。经处理后的数据主成分分析结果如表 6 – 2 所示。

表 6 – 2　　　　　　　　　　主成分分析结果

主成分	特征值	方差贡献率	累计贡献率
Comp1	4. 54646	0. 6495	0. 6495
Comp2	1. 824	0. 2606	0. 9101
Comp3	0. 519501	0. 0742	0. 9843

续表

主成分	特征值	方差贡献率	累计贡献率
Comp4	0.09396	0.0134	0.9977
Comp5	0.0111804	0.0016	0.9993
Comp6	0.00309216	0.0004	0.9997
Comp7	0.0018138	0.0003	1

由表 6-2 可知，前两个成分贡献率已经达到 91.01%，且其特征值均大于 1，表明前两个成分已经基本包含了全部指标具有的信息，因此，选取前两个成分作为基准参量。为进一步发掘各主成分因子的敏感强度，对载荷矩阵进行旋转，得到主成分载荷矩阵如表 6-3 所示。

表 6-3　　　　　　　　　　主成分载荷矩阵

主成分	第一特征值	第二特征值
Comp1	0.4631	-0.452
Comp2	-0.1	0.1891
Comp3	-0.0041	-0.0638
Comp4	0.0904	0.1397
Comp5	0.6865	-0.1451
Comp6	0.0924	0.7059
Comp7	0.5362	0.4658

第一主成分：$F_1 = 0.4631 \cdot C_1 + (-0.1) \cdot C_2 + (-0.0041)C_3 + 0.0904C_4 + 0.6865C_5 + 0.0924C_6 + 0.5362C_7$

第二主成分：$F_2 = (-0.452) \cdot C_1 + (0.1891) \cdot C_2 + (-0.0638)C_3 + 0.1397C_4 + (-0.1451)C_5 + 0.7059C_6 + 0.4658C_7$

其中，两个主成分的 C_7 指标比例系数都较高，表明农林牧渔的总产值可以较好地衡量乡村生态产业发展状况。除 C_7 以外，在第一主成分中，太阳能可持续能源的使用面积 C_5 占比较高，因此，可以将第一主成分看作是生态农业的反映。同理，在第二主成分中，C_6 的比例系数较高，因此可以将第二主成分看作是生态工业的反映。

（二）解释变量

为了衡量寿险业资源投入制度创新对乡村生态产业发展的助推作用，依据理论模型的推导结果和作出的模型研究假设，参考（张国志等，2017；段国圣和段胜辉，2018）的研究，从寿险业资金运用余额的配置结构中选取代表数据作为解释变量，反映保险资金的投资路径，衡量寿险业资金配置情况。其中，寿险业保险资金运用余额主要投资于银行存款、债券投资、证券投资资金投资以及其他投资，其中，债券投资包括国债购买、金融债购买和企业债购买，具体如表6－4和图6－1所示。

表6－4　　　　　　　　　　　　　解释变量

变量	形式	含义
X_1	银行存款	低风险投资的资金配置
X_2	国债购买	低风险投资的资金配置
X_3	金融债购买	金融投资的资金配置
X_4	企业债购买	对企业的支持
X_5	证券投资基金	多元化金融投资
X_6	其他投资	非传统性质的投资

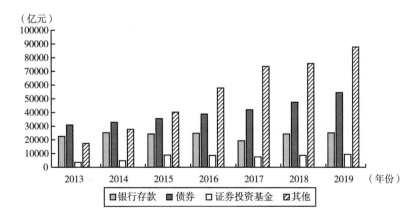

图6－1　2013～2019年保险资金投资结构

资料来源：笔者根据国家金融监督管理总局相关统计数据（如 https://www.cbirc.gov.cn/cn/view/pages/ItemDetail.html? docId = 358921&itemId = 954&generaltype = 0）整理得到。

从 2013～2019 年我国保险资金余额投资结构来看，银行存款类投资在总的保险资金余额中的比例较为稳定，债券投资比例近年来有所上升，从 2013 年的 30925.28 亿元增长到 2019 年的 54561.65 亿元，涨幅近 76.43%。债券投资的增长意味着保险资金余额投资证券化的进程在不断推进，相较而言，其他投资部分则有更为明显的上涨：从 2013 年的 17340.59 亿元到 2019 年的 87826.83 亿元，增长率达 400%，表明我国保险资金余额投资的创新形式在不断发展。同时，从总体上看，我国保险资金整体投资规模也随着债券投资和其他投资的增加而扩大。

（三）控制变量

本书为控制保险行业发展水平，参考李心愉和付丽莎（2013）的实证研究，选取寿险业保险深度和保险密度为控制变量；生态产业层面，为控制乡村农业及经济发展水平，选取的控制变量包括国家 GDP 发展水平；为控制人口发展因素，选取乡村人口数量为控制变量；同时，为控制生态环境和生态资源水平，选取农业受灾面积为控制变量；为控制寿险业及金融业发展水平，选取利率水平、寿险业员工人数为控制变量。

（四）内生性问题

考虑到模型可能存在的内生性问题，从工具变量的根本属性出发，参考在做内生性问题研究的各学者的思路（周京奎等，2020；方颖和赵扬，2011），选取乡村地区生态产业的早期发展水平为工具变量。中共十八届五中全会提出创新、协调、绿色、开放、共享五大发展理念。在绿色发展理念下，生态产业有了兴起和发展的机会，因此，政策出台的前后对产业发展的方向有一定的影响，因此，本书选取绿色发展政策出台前的生态产业发展水平，以生态产业产出产值为衡量指标，将其作为工具变量来控制内生性问题。工具变量的选取主要从以下方面考虑：从外生性来看，早期乡村生态产业发展水平与当期的政策和经济发展状况相关，而与目前寿险业资源配置制度创新呈弱相关；从相关性来看，早期乡村生态产业发展水平是生态产业发展的基础。由此可见，早期乡村地区生态产业发展水平基本可以作为研究寿险业资源配置制度创新与生态产业发展相关研究的工具变量。

三、数据来源和统计特征

本书寿险业制度创新相关数据来源于《中国保险统计年鉴》,农村生态产业发展相关数据来源于《中国农村统计年鉴》,其余数据来源于国家统计部门公开发布的权威数据以及《中国统计年鉴》。考虑到数据的可获得性,选取了国家层面的 2010 ~ 2019 年的 10 年数据,具体数据的统计特征如表 6 - 5 所示。

表 6 - 5 变量和统计特征

变量	Obs	Mean	Std. Dev.	Min	Max
第一产业就业	10	23132.1	2866.982	19445	27931
生态林业工程建设	10	270.993	47.95643	192.69	366.79
农业化肥使用	10	5793.59	206.4688	5403.6	6022.6
生态旅游人次	10	168100	108468.6	30000	309000
太阳能面积	10	7647.14	1152.893	5498.3	8805.4
太阳灶数量	10	213.2735	22.89298	161.7233	232.5927
农林牧渔产值	10	99254.8	15114.75	69319.8	116803.6
F1	10	− 1.49E − 08	2.132242	− 4.453348	1.972566
F2	10	2.98E − 09	1.350554	− 2.756037	1.438525
保险资金余额	10	108424.1	48151.14	46046.62	185270.6
银行存款	10	22105.92	3864.303	13909.97	25310.73
国债	10	8263.429	5333.547	4741.9	20672.01
金融债券	10	15867.18	3365.298	10038.75	20658.19
证券投资资金	10	6045.56	2786.285	2620.73	9423.29
企业债券	10	15463.11	4960.667	7935.69	21462.84
其他投资	10	40678.94	30934.25	6725.7	87826.83
乡村生产总值	10	685260.1	188198.3	412119.3	990865.1

续表

变量	Obs	Mean	Std. Dev.	Min	Max
农业保费	10	37536.83	17639.73	13376.07	67250
乡村人口	10	61036.1	4012.885	55162	67113
受灾面积	10	25764	6233.289	18478	37426
保险深度	10	3.597	0.6298686	2.87	4.42
保险密度	10	1748.019	895.031	268.79	3049.07

第四节　实证检验

根据理论模型推导结果得到寿险业资源投入制度创新中资源配置规模和资源配置结构具有关键作用。寿险业增加保险资金余额投资规模、进行资金余额运用和投资结构创新有利于促进生态产业发展，即寿险业资源投入规模扩大、资源投入于具有积累效应的形式可以推动生态产业发展。本节为进一步验证理论推导结果，将选取的数据代入计量模型进行实证检验，并通过稳健性检验和异质性分析验证计量回归结果，以得到较为稳定的结果。

一、寿险业提高资金余额规模促进乡村生态产业发展

（一）模型结果描述

由理论模型推导可知，寿险业保险资金余额投资规模越大，生态产业的发展水平越高；寿险业资源投入越多，生态产业发展得越好。生态产业发展对资金有较大的需求，且寿险资金支持是生态产业发展的重要保障，只有获得充分的资金，生态产业规模才能有效扩张，产出水平才能提高，乡村生态发展建设才能不断推进。寿险业要加大资源投入制度创新力度，扩大投入规模，全面促进我国乡村生态产业发展，实现生态振兴。对基础模型进行回归，结果如表6-6所示。

表 6 - 6 基础模型回归结果

被解释变量	f1	f1	f2	f2
total	0.4601239 *	0.3841351 ***	1.864857	− 0.1350322 ***
常数项	2.576478	− 4.164952	18.87055	1.464075
样本量	10	10	10	10
R^2	0.9008	0.7525	0.5086	0.2318
控制变量	有	无	有	无

注：***、* 分别表示在 1%、10% 水平上显著。

从基础模型回归结果（见表 6 - 6）来看，寿险业资金余额与生态产业的发展存在正向相关关系，这与理论推导中的研究假设 1 相符合，即资金投资于生态产业越多，越可以促进生态产业发展，从而得到更大规模的生态产业产出。从 F1 和 F2 两个主成分的不同回归结果来看，寿险业资金资源配置的促进作用系数为 0.4601239。其中，对主成分 F1 的回归系数更为显著，但对于主成分 F2 的回归系数更大，为 1.864857。这表明由 F1 代表的生态工业发展更容易受到保险资金余额配置的影响。寿险业资金促进生态产出提高的作用对于生态农业的作用效果更明显。

（二）稳健性检验

为进一步验证寿险业资源配置制度创新对生态产业的促进作用，从寿险业发展水平多角度衡量寿险业资源创新水平，并使用构成乡村生态产业发展水平指标的分项指标，如选取农林牧渔产值水平和乡村太阳能可持续能源使用量为被解释变量分别进行回归，对比基准回归结果，验证基准回归结果的稳定性，稳健性回归结果如表 6 - 7 所示。

表 6 - 7 稳健性回归结果

被解释变量	f1	f2	output	sun
total	0.467153 *	4.349584	0.800188 *	0.2876721 *
常数	2.647825	24.21417	− 0.3368305	− 1.747595
样本量	10	10	10	10
R^2	0.9009	0.6874	0.9554	0.8471
控制变量	有	有	有	有

注：* 表示在 10% 水平上显著。

从表6-7的回归结果来看，首先，运用农林牧渔总产值为回归被解释变量的回归结果，回归系数显著为正，为0.800188。太阳能使用面积为被解释变量的回归系数也显著为正，为0.2876721。这表明寿险业资金余额投资规模对乡村农林牧渔产值和生态资源利用的基础建设有明显的促进作用，即寿险业资金余额投资规模越大，乡村生态产业和生态资源建设规模越大，进而促进乡村生态产业发展。其次，通过将被解释变量与不同的控制变量进行回归，检验基准模型回归结果的稳健性，得到各个回归结果都与基准回归有相同的系数符号，即基准回归较为稳健。

（三）异质性分析

考虑到政策对生态产业发展的影响，政策发布可能会通过保险部门以外的其他途径对生态产业发展水平产生影响，因此，对政策可能带来的不同时期的异质性进行分析。在解释变量中加入政策性虚拟变量进行回归。在乡村生态产业不断发展的过程中，保险等金融部门对生态产业的支持受政策性指向的影响。2010年，保监会发布保险资金投资的暂行办法，随后的2012年、2014年，针对保险资金运用颁布了各项政策，2018年，经过不断修改和完善后正式颁布《保险资金运用管理办法》。2016年，"十三五"规划强调从大气、水和土壤防治三方面加强生态保护；2017年，发布生态保护红线若干意见，坚守生态保护底线；2018年，《乡村振兴战略规划（2018-2022）》要求建设美丽宜居的乡村生态；2020年，强调要建立多层次现代化环境治理体系，具体如表6-8所示。

表6-8　　　　　　　生态保护政策发布概要

年份	政策名称	政策内容
2016	《"十三五"生态环境保护规划》	打好大气、水和土壤防治三大战役，要求加强生态保护和生态修复，推进生态环境领域国家治理体系和治理能力现代化
2017	《关于划定并严守生态保护红线的若干意见》	确保生态功能和生态质量，维护国家生态安全
2018	《乡村振兴战略规划（2018-2022年）》	建设美丽宜居村庄，全面提升农村人居环境质量
2020	《关于构建现代环境治理体系的指导意见》	建立多层次有效互动的良性环境治理体系

　　由此，将是否颁布保险资金运用和生态建设相关政策规定作为虚拟变量，设定颁布的年份为1，未颁布为0，将政策虚拟变量代入模型进行回归。此外，选取促进生态发展相关政策还未正式首次提出之前的年份，即2004～2009年的数据进行回归分析，以构造在没有政策因素影响下的寿险资金余额投资规模对乡村生态产业发展的作用机制，得到回归结果如表6-9所示。

表6-9　　　　　　　　　　　异质性分析回归结果

被解释变量	f1	f1	f2	f2	f1	f2
total	0.6780073 **	0.6160335 *	0.07418 *	-0.0421367	1.10338 *	-0.8700564
policy	0.0290534	0.8540735	0.371398	-2.02891		
与政策交互项		0.0796558		0.1495034		
常数	-0.5536123	-0.9632086	4.121975	3.353217	-2.399533	-8.75465
样本量	10	10	10	10	6	6
R^2	0.8536	0.8588	0.407	0.4526	0.9943	0.752
控制变量	有	有	有	有	有	有
是否有政策作用	是	是	是	是	否	否

注：**、*分别表示在5%、10%水平上显著。

　　从表6-9的回归结果来看，在政策虚拟变量的加入下，保险资金余额对生态产业发展的促进作用仍然显著为正，且政策作用有正向影响。其中，在对主成分F1的回归结果中，回归系数分别为0.678007和0.6160335，而在该资金管理办法颁布之前的回归中，通过2004～2009年的6年数据，得到回归结果为1.10338。首先，这表明寿险资金余额对生态产业没有显著的促进作用；其次，通过比较有无政策影响的回归结果，得到在没有政策引导的情况下，寿险资金余额投资更会偏向于支持乡村生态工业发展，而政策引导资金更多地流向乡村生态农业产业。因此，在政策的作用下，寿险资金余额创新配置更有利于提高乡村生态农业发展规模。同时，总的来看，关于保险资金配置的相关政策的发布，有利于引导保险资金进入生态产业，支持生态产业发展。

（四）模型结果分析

　　1. 寿险资金余额投资规模提高有利于生态产业发展。保险业资金余额运用规模与生态产业资产水平呈正相关，即保险资金余额投资规模越大，生态产业可获资本水平越高、发展规模越大。首先，从我国生态产业的行业特点来看，我国生态产业发展目前还处在初步发展水平，经济效益并不明显。生态产业的发展需要较长周期，推动生态产业发展需要长期稳定的资金支持。寿险业在我国保险体系中占据较大的市场份额，因此，寿险业对于我国生态产业发展具有明显的资源适配性（张承惠，2016）。其次，从杜莉和郑立纯（2019）的实证研究结果来看，如绿色保险、绿色信贷，碳排放交易等政策下我国绿色金融体系不断完善，绿色金融越来越能充分发挥促进绿色经济效益发展的作用。绿色金融创新为生态产业提供更多的融资机会，从而推进生态产业发展，提高了绿色 GDP 水平。2021 年 4 月 9 日，《中国银保监会办公厅关于 2021 年银行业保险业高质量服务乡村振兴的通知》，对保险业支持乡村振兴提出要求，强调保险业发挥金融作用，提高金融产品和金融服务供给质量，加强产品和服务创新，进一步明确了保险业对乡村振兴发展的促进作用。此外，保险资金余额具体如图 6 - 2 所示。

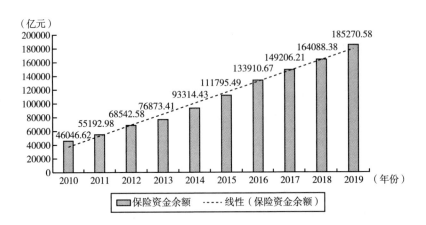

图 6 - 2　2010 ~ 2019 年保险资金余额规模

资料来源：笔者根据国家金融监督管理总局相关统计数据（如 https：//www. cbirc. gov. cn/cn/view/pages/ItemDetail. html？docId = 887993&itemId = 954&generaltype = 0）整理得到。

2. 保险资金余额配置管理政策对不同生态产业有不同作用。从实证回归结果来看，生态产业产出对寿险资金投资的敏感程度不同，总保险资金余额投资规模的变化对生态农业的促进作用更为显著，对生态工业的促进效应较弱。首先，生态农业是乡村生态发展的主力军，农业是乡村振兴的坚实基础，在乡村发展农业具有天然的地理优势和资源优势（骆世明，2017），因此，支持乡村生态产业发展具有更好的放大作用，且寿险业在资源配置中要更向生态农业发展倾斜。2019 年 5 月 29 日，我国多部门联合发布《关于加快农业保险高质量发展的指导意见》，从顶层设计上明确了加快农业保险高质量发展的指导思想、发展目标和基本原则，是我国农业保险发展改革的重要举措。2020 年 6 月 12 日，《中国银保监会办公厅关于进一步明确农业保险业务经营条件的通知》明确农险业务经营条件、提高农险业务经营标准。国家政策对发展农业保险的重视进一步保障了保险资金资源配置对生态产业发展的促进作用。其次，我国绿色农业保险的发展在绿色保险创新中占据重要地位，主要以巨灾保险和环境责任险的形式发展，因此，从寿险业绿色保险创新的角度来看，寿险业资源配置创新主要作用于乡村生态农业，从而生态农业相较于服务业和工业可以受到更多的促进作用（周兴云和刘金石，2016）。我国"十三五"规划中强调，完善农业保险大灾风险分散机制，加快发展再保险创新。2021 年 5 月，银保监会发布的数据显示，2021 年第一季度，我国农业保险原保费收入 238.57 亿元，同比增长 27.43%。第一季度末农业再保险的核心偿付能力充足率为 1202.61%。农业巨灾保险和再保险是分散农业产业发展风险的重要途径，加强农业巨灾保险和再保险创新是进一步保障农业生态产业发展的有效途径。因此，寿险业资源配置要向巨灾保险创新倾斜，以保险形式创新支持生态产业发展。

二、寿险业资金配置结构助推乡村生态产业发展

（一）模型结果描述

从理论模型推导结果来看，研究假设 2 和研究假设 3 表明寿险业调整保险资金运用投资结构、提高资金运用效率、创新保险产品有利于提高乡村生态产业发展水平，寿险业资金余额投资于银行存款有利于提高生态产业获取资本的效率，寿险业资金余额投资于债券将会导致生态产业获取资本的效率下降。将数据代入到计量模型中得到回归结果如表 6 - 10 所示。

表 6 – 10 保险资金投资配置回归结果

被解释变量	f1	f1	f2	f2	f1	f2
bank	1. 51455 **	1. 228 *	1. 646 **	1. 264135 *	4. 199727 **	2. 0024 ***
bond					– 1. 691234	– 3. 617 ***
country	– 3. 6756 *	– 1. 3428 **	– 5. 4002 **	– 3. 473696 ***		
finance	– 3. 3989	1. 97474	– 3. 8325	2. 091277		
company	– 2. 8705	3. 33778 *	– 7. 3343 *	0. 0922038		
Invest fund	– 1. 697	– 0. 11223	– 2. 7563	– 0. 0704641	– 1. 823445	– 1. 7552
else					1. 153327 *	0. 34359 *
常数	36. 631	– 9. 83214 ***	9. 99E + 01	– 3. 342268 **	– 6. 1769 **	– 1. 7742 *
样本量	10	10	10	10	10	10
R^2	0. 997	0. 9877	0. 9946	0. 9668	0. 9417	0. 9613
控制变量	有	无	有	无	无	无

注: *** 、 ** 、 * 分别表示在 1% 、5% 、10% 水平上显著。

由表（6 – 10）的回归结果可得，寿险业资金投资于银行存款有利于促进生态产业发展，回归系数为正，且分别为 1.51455、1.228、1.646 和 1.264135，即通过银行存款对生态产业的间接资金支持作用为正，且银行存款投资对生态产业发展有非常明显的促进效应，符合研究假设 2 的设定。寿险业资金余额债券投资包括国家债券、金融债券和企业债券，分别对生态产业发展带来不同程度的抑制作用，其中，国家债券有显著的负向影响，分别为 – 3.675586、– 1.342779、– 5.400282 和 – 3.473696，表明债券投资将会降低生态产业获取资本积累的效率，因此，保险资金运用投资于债券对生态产业发展具有抑制作用，且这种抑制作用大于银行存款投资的正向促进作用，验证了研究假设 3 的结论。综合不同变量的回归结果，得到生态产业发展规模受保险资金投资结构对产业获取资本和获取资本积累效应的效率的影响，对于生态产业，保险资金银行存款投资的效率更高，债券投资会分散资金获取的积累效率。

（二）稳健性检验

为进一步验证寿险业不同途径的资源配置对生态产业的影响和作用，类似于前面的稳健性检验方法，从寿险业发展水平多角度衡量寿险业资源创新水平，并且选取乡村农林牧渔总产值和太阳能使用面积作为生态产业发展水平的衡量指标，并分别对生态产业发展水平和寿险业资金余额配置结构变量进行回归，对比验证回归结果的稳定性。稳健性回归结果如表 6 - 11 所示。

表 6 - 11　　　　　　　　　　稳健性回归结果

被解释变量	f1	f2	output	sun
bank	1. 514551 **	1. 646361 **	0. 6153529	0. 173727 ***
country	- 3. 675586 *	- 5. 400282 **	- 0. 8926093	- 1. 334387 ***
finance	- 3. 398953	- 3. 832538	- 0. 2473476	- 0. 6492807 **
company	- 2. 870522	- 7. 334344 *	1. 56E - 02	- 0. 8704344 *
Invest fund	- 1. 697042	- 2. 756285	- 0. 1004666	- 0. 3321212 ***
常数	36. 63184	99. 88234	- 2. 04119	0. 173727 ***
变量数	10	10	10	10
R^2	0. 997	0. 9946	0. 9887	0. 9999
控制变量	有	有	有	有

注：*** 、** 、* 分别表示在1% 、5% 、10% 水平上显著。

从表 6 - 11 的回归结果来看，对于太阳能使用面积，保险资金余额投资于银行存款同样有显著的正向影响系数，为 0. 173727，而债券投资中国债投资系数显著为 - 1. 334387，金融债券投资系数显著为 - 0. 6492807，企业债券投资系数显著为 - 0. 8704344。同样，国债投资对生态产业资金获取的抑制作用高于银行存款的促进作用。此外，通过将被解释变量与不同的控制变量进行回归，补充检验模型回归结果的稳健性。由多个回归结果的系数显著性和正负号的对比，得到各个回归结果都一致地表现了银行存款投资对生态产业资金获取的促进作用和债券投资对生态产业资金获取的抑制作用，各个回归结果都与回归模型在表 6 - 10 中得到的结果有较为一致的系数符号和显著性，即可以验证回归的结果较为稳健。

（三）异质性分析

与上述异质性分析思路相同，考虑到寿险业保险资金余额配置结构和投资形式受政策导向的影响，因此，要分析寿险业资源配置受政策影响对生态产业作用的异质性。因此，在模型中加入政策性虚拟变量，同样地，将是否颁布保险资金运用及生态环保相关政策规定作为虚拟变量，设定颁布的年份为1，未颁布为0，将政策虚拟变量代入模型进行回归。再选取最初政策颁布前的2004～2009年6个年份的数据进行回归，分析在没有政策影响的情况下，寿险业保险资金配置结构对生态产业发展的影响，得到回归结果如表6－12所示。

表6－12   异质性分析回归结果

被解释变量	f1	f2	f1	f2
bank	1. 20258 *	1. 21524 *	－ 0. 4130512	10. 97845
policy	－ 0. 1962391	－ 0. 3746469		
bond			－ 2. 57527 **	－ 2. 893301
country	－ 1. 240962 *	－ 3. 279313 ***		
finance	1. 518218	1. 219716		
company	3. 794823	0. 9647622		
Invest fund	－ 0. 6015256	－ 1. 004466	3. 693881	－ 5. 306007
常数	－ 9. 487385	0. 9797	－ 3. 204105 *	－ 3. 458838
变量数	10	10	6	6
R^2	0. 9891	0. 9797	0. 9913	0. 5994
控制变量	有	有	无	无
是否有政策	是	是	否	否

注： *** 、 ** 、 * 分别表示在1%、5%、10%水平上显著。

首先，在政策虚拟变量的加入下，保险资金余额对生态产业发展的促进作用仍然显著为正，且政策作用有正向影响。但与保险资金规模对生态产业发展规模影响的基准模型的回归结果不同，此处的政策回归系数为负，表明保险资金管理运用相关政策的出台可能会因为对资金运用产生约束作用，从而导致寿险业资金配置对生态产业的促进作用受到抑制，从而政策变量对生态产业的发展存在抑制作用。其次，在该资金管理办法颁布之前的回归中，选取 2004～2009 年的 6 个年份数据，得到回归结果为寿险资金余额对生态产业没有显著的促进作用，因此，相关政策的发布有利于引导保险资金进入生态产业，支持生态产业发展。尤其是保险资金运用于银行存款，对于乡村生态产业具有显著促进作用，即带来资本和产出增长的作用。而债券投资对生态产业产出水平具有抑制作用，这在缺少政策引导保险资金分配时也有一定的体现。

（四）模型结果分析

1. 寿险业资金余额用于银行存款投资有利于促进生态产业发展。银行存款投资水平对生态产业发展具有正向影响作用，即加大寿险资金余额对银行存款的投资力度有利于提高生态产业发展水平，且这种促进作用直接可以反映在产值的产出水平上。首先，从银行存款投资的性质来看，银行通过存贷款业务为生态产业提供间接融资，保险资金余额投资银行存款，由银行存款为生态产业创造资本增长，进而提高生态产业的产出水平。2018年，《保险资金运用管理办法》要求切实推动保险资金服务实体经济，尤其要加强险资直接投资实体经济。其次，出于规避风险的考虑，寿险业资金余额在银行存款中的投资占比一直以来较大（任春生，2018），同时，银行的资金配置也存在受政策引导的作用。2020 年 5 月 27 日，《关于保险资金投资银行资本补充债券有关事项的通知》放宽保险资金投资银行资本的资本补充债券发行人条件。因此，不难理解寿险业资金通过银行存款对生态产业的促进作用。

2. 寿险业资金余额用于债券投资抑制生态产业发展。寿险资金投资于债券则对生态产业发展具有抑制作用，这种抑制作用在国债、金融债和企业债券都有显著的结果显示，即寿险资金余额投资于债券，会降低生态产业发展获取资金的效率。首先，保险作为金融部门，其对生态产业发展的政策性金融支持的资本积累效应受保险部门资金投资效率的影响，高收益投资对应着高风险，存款、债券和证券基金等不同投资结构对生态产业具有不同影响（马莉，2019），即保险资金投资形式是影响保险资金进入生态产业的效率的关键。2018 年发布的《保险资金运用管理办法》中强调强化保险资金投资运用风险管理和监督机制，加强去杠杆等工作。其次，债券融资通常具有明确的目的性，多用于基础设施建设和缓解融资主体资金流通，很难顾及生态产业的发展。从生态产业发展的角度，债券融资会分散资金流向，从而导致资金无法精准用于支持生态产业发展（张承惠，2016），使得生态产业发展的资本积累效用的效率下降，从而导致产出水平降低。2020 年 10 月 10 日，《关于优化保险机构投资管理能力监管有关事项的通知》要求深入推进保险资金运用市场化改革，同时，继续加强投资管理能力事中事后监管。对保险资金投资管理的监管使得保险资金投资受到进一步规范，为保险部门发挥金融促进作用提供监管保障。

3. 其他投资下寿险业资金投入创新对生态产业发展具有促进作用。从其他投资的回归结果来看，寿险业还要不断进行资金配置创新，开发新的作用机制，更好地发挥资源配置的作用。寿险业产品创新是寿险业回归保险本质、用保险产品支持乡村产业发展的有效途径。产品创新是形式，其根本还是在于有针对性地解决生态产业的风险控制和资金保障需求。产品创新，即创造一种新的产品或者开发一种新的产品特性（刘客，2014）。在现存的市场上，若现有的产品已经不能够满足或者适配市场需求，则需要根据现存的市场环境设计一种新的产品形式。对于乡村生态产业发展，寿险业仅仅依靠农业保险将导致保障供给不足的，还需要依靠巨灾保险、环境责任险等多种绿色保险产品创新，与时俱进、因地制宜地发展保险产品创新，才能更好地服务乡村生态产业发展。根据相关统计数据显示，我国保险资金用于绿色投资的存量从 2018 年的 3954 亿元增加至 2020 年的 5615 亿元，年均增长率达到了 19.17%[①]，占总保险资金余额的 2.59%。未来，寿险业还要通过更多的保险产品设计，丰富产品供给，保障生态产业风险控制的多样化需求，进一步推动我国乡村生态产业的发展。2018～2020 年绿色保险投资如图 6 - 3 所示。

---

① 绿色投资超 5000 亿元_保险 ESG 理念持续深化［EB/OL］.［2023 - 06 - 26］. http://www.cenonline.net.cn/Archives/IndexArchives/index/a_id/4805.html.

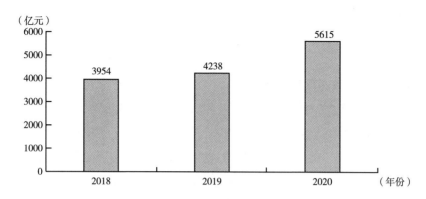

图 6 - 3　2018 ~ 2020 年绿色保险投资

资料来源：保险业三年累计提供超 45 万亿保额绿色保障_ 绿色投资年均增长 19.17%
［EB/OL］.［2021 - 06 - 17］. https：//baijiahao. baidu. com/s? id = 1702793466751079360&wfr =
spider&for = pc.

第五节　结论和建议

在经过理论分析提出研究假设及实证检验研究假设的正确性后，基于寿险业保险资金余额配置与生态产业产出的理论和实证关系，对寿险业资源投入制度创新助推生态产业发展的路径进行引申和总结，并根据总结得到的结论提出针对性的建议，以资金余额投资的规模和形式为创新出发点，以小见大，为寿险业资源投入制度创新助推乡村生态产业发展落到实处提出具体的实践路径。

一、结论

在生态产业产出最优化理论模型中，由均衡理论模型得到寿险业资产投资规模与生态产业产出规模的相关关系，通过主成分分析构造乡村生态产业发展水平的衡量指标，并与寿险业资金余额运用指标进行计量模型回归，基于理论分析和实证检验得出基础结论，在基础结论上引申寿险业资源投入制度创新的相关结论如下。

(一) 寿险业扩大资源投入制度创新规模有利于生态产业发展

寿险业资源投入规模越大，生态产业获取的各方面资源规模越大。首先，以资金余额投资为例，寿险业资金余额投资规模影响生态产业发展规模，寿险业保险资金余额投资规模越大，生态产业可获得资金支持的来源越广，可获资金越多，生态产业发展的资金越充分，生态产业发展规模越大，产出越多。而寿险资金余额是寿险业配置其保险资金的重要形式，寿险业只有通过不断创新，拓展资金配置途径，提高资金配置规模，才能不断推动生态产业发展，实现乡村生态振兴。其次，寿险业拓宽资源投资规模不仅能促进生态产业资金资源规模提高，还可以通过提高保险规模、保险保障范围等使得生态产业提高风险防范水平。

(二) 寿险业资源投入要通过结构创新优化生态产业投入效率

寿险业资源投入结构影响生态产业获取资源的投资效率。首先，从保险资金余额投入结构来看，寿险业资金余额配置规模是寿险业资金余额促进生态产业发展的重要影响因素，除了要加大寿险业资金余额投资规模，还要通过资源配置制度创新和资源投入制度创新优化寿险业资金余额的投资结构。通过实证研究发现，寿险业资金余额投资于银行存款有利于促进生态产业发展，而寿险业资金余额投资于债券则存在抑制性作用，因此，寿险业在资源配置创新的过程中，要对保险资金投资结构进行优化，实现乡村生态产业发展，减轻债券投资资源分配比例，提高银行存款资金余额分配比例。其次，从其他投入资源，如保险产品投入结构来看，要进行产品形式优化，为乡村生态产业提供有针对性的保险产品，提高寿险业保险产品的风险保障效率。

(三) 寿险业要积极探索资源投入制度创新的新途径

寿险业资源投入制度创新不能局限于传统的资金和产品创新。首先，从目前我国寿险资金余额投资分配的发展情况来看，其他投资规模越来越大，逐渐达到整个保险资金投资余额的重要地位，这是我国保险资金余额投资形式不断发展创新的信号。在实证研究中发现，其他投资对于生态产业发展也存在明显的促进作用，因此，其他投资规模越大，越能够促进生态产业发展。为推动生态产业的不断建设，未来还要进一步加大寿险业保险资金余额其他投资的创新投入力度，推动保险资金余额投资多元化发展。其次，从寿险产品形式创新来看，保险行业可以通过多元化保险产品形式创新，助推生态产业发展，满足其多元化的金融需求。

总结而言，寿险业通过资源投入制度创新，进行资金资源配置创新，转变资金余额投资结构和投资方式，提高生态产业发展直接获取生产资本的效率、获取资本积累效应的资金效率，提高产业生产和产出规模，促进生态产业发展，实现乡村生态振兴。进一步地，通过创新资源配置投资绿色保险产品，积极发展环境污染责任险和巨灾保险等，结合创新绿色金融投资，将保险资金运用于绿色生态生产，可以为乡村生态产业发展提供动力，助推乡村振兴。

二、建议

针对以上结论总结，本书针对寿险业资源投入制度创新，基于保险资金余额投资规模和投资结构创新的实证研究结果，从以下几个方向对寿险业助推乡村生态振兴提出几点建议。

（一）扩大寿险业资源投入规模，针对生态产业建立专项绿色投资

扩大寿险业资源投入的整体投资规模，从提高寿险业保险资金余额运用在生态产业的投资比例、提高保险产品的投入规模等方面，推动寿险业资源投入制度创新在生态产业的投入力度。一是要完善寿险业保险资金使用机制和制度规定的顶层设计，与时俱进地对于生态产业、绿色投资的相关内容进行创新，紧跟最新的发展理念。目前我国已经在不断完善寿险业资金余额的规范管理机制，但更要从促进生态产业发展的角度，进一步加大引导寿险资金支持生态产业发展的力度，充分发挥寿险资金余额规模扩大对生态产业发展规模扩张的保障作用。二是要加大与银行等金融机构的合作力度，对寿险

业投资内容和投资形式进行多元化交流和创新，最大程度发展和完善寿险资金投资机制。寿险资金余额投资涉及多个金融部门的合作关系，因此，寿险业要创新资金余额配置，还要与银行等机构通力协作，创新金融产品和金融服务形式，共同探索支持生态产业发展、促进乡村生态振兴的实践路径。三是要建立新的投资效率评级机制，加大绿色创新理念和思想贯彻力度，与生态产业一起推动我国各项产业可持续发展。寿险业对生态产业发展的促进作用与保险资金余额投资对生态产业提供资金的积累效应相关，因此，要针对寿险业资金余额投资生态产业发展建立效率评级机制，直观反映寿险业资金的促进作用。

（二）优化寿险业资源投入结构，建立资源投入效率评级机制

创新寿险业资源投入结构，从保险资金投入结构优化资金投入形式和分配比例，提高生态产业资金获取效率；从保险产品形式丰富保险产品内容，提高风险保障范围。要实现寿险资源投入结构的创新效用，一是要优化保险资金余额投资结构，提高保险资金余额促进生态产业资金效率提高的投资形式和投资规模，依据实证研究，降低保险资金债券投资规模，同时，减少保险资金余额投资的风险，提高保险资金余额投资的安全性；二是充分了解最新绿色产业发展方向，精准定位生态产业风险控制的保险需求，创新寿险产品设计和保险内容，通过结合大数据等信息服务平台设计，提高寿险产品设计技术水平，充分了解产品需求和供给适配情况，做好供给侧结构性改革；三是要加大寿险业人才储备，针对乡村生态产业有针对性地培养专业化创新人才，为技术创新提供不竭动力。要提高我国保险业从业人员专业性素质水平，同时，针对乡村振兴，通过人才引进和激励机制，吸引保险人才向乡村市场流动，为乡村生态产业发展和实现乡村生态振兴奠定人才储备基础。

（三）创新寿险业资源投入的其他形式，探索保险金融服务生态新途径

拓宽寿险业金融服务领域，实现精准补偿，促进生态产业发展。为促进乡村生态振兴，一是要利用寿险财产资源，通过其他投资形式创新，探索针对优质生态企业进行精准投资的途径，依据政策要求有方向地进行资金资源

配置，帮助解决生态产业资金问题，提供金融服务，扶持企业发展。目前我国绿色保险和保险资金生态投资还处于初步发展的探索阶段，为进一步推动生态产业发展，保险业要进一步加大投资力度，创新绿色保险形式。二是针对绿色生态产业行业特征，设置专项绿色保险，对生态产业形成精准补偿和帮扶机制，保障产业稳定运营和发展。生态文明建设是保障长效可持续发展的基础，寿险业助推生态振兴，在推动生态环境发展的同时，也为乡村振兴的可持续发展奠定基础。三是要充分实行行业投资风险管控，促进乡村寿险高质量发展，保障寿险业形成长效的乡村振兴助推效用，实现可持续发展。

| 第七章 |

寿险业助推乡村组织振兴的寿险组织制度
创新的实证分析

乡村振兴战略要求实现五个振兴，即产业振兴、人才振兴、文化振兴、生态振兴、组织振兴。其中，乡村振兴的根本保证是组织振兴。组织振兴的关键是农村党组织振兴，而农村党组织振兴的关键是制度创新。农村寿险是构建农村社会保障体系的重要支柱，农村寿险组织制度创新有助于引导保险需求，提高居民抗风险能力。而农村居民收入和农村社会保障是反映农村组织经济保障层面的指标，经济保障水平的提高说明了乡村制度建设的逐步完善，这一定程度上反映了我国乡村组织振兴进展的顺利。本章基于乡村组织振兴的相关概念，结合我国农村寿险组织制度现状，对我国农村熟悉组织制度创新、影响组织振兴这一现状进行分析，并从经济和社会保障两个角度进行实证分析，研究现阶段寿险组织制度创新的实施效果，以及对农村居民收入和农村社会保障水平的作用效果。此外，依据实证检验的结果，对农村寿险组织制度创新给出政策建议，使其更好地服务于乡村组织振兴战略目标。

第一节　研究背景及文献综述

本节从农村寿险组织制度的背景出发，通过介绍农村寿险制度的现状及学者研究方向，阐述农村寿险组织创新的重要性及必要性，以及其对农村组织振兴的影响。本节主要分为研究背景和农村寿险的文献综述部分，其中，文献综述部分对寿险组织制度创新模式及影响组织振兴的因素进行了归纳。

一、研究背景

党的二十大报告再次强调，实施乡村振兴战略，要坚持农业农村优先发展。乡村组织振兴是乡村振兴战略的政治保障。而乡村振兴战略将使我国乡村实现飞速发展，解决我国城乡割裂的问题。《乡村振兴战略规划（2018—2022 年)》指出，要以法律制度为支撑，从政府、社会、群众多个主体出发，健全乡村治理体系，进而推动乡村组织振兴。2021 年，《中共中央　国务院关于全面推进乡村振兴加快农业农村现代化的意见》指出，要推动落实我国农村地区的寿险发展，落实城乡居民基本养老保险待遇确定和正常调整机制。另外，党的二十大报告指出，统筹落实"三农"政策，立足"四个转型"，确保农业稳产稳增、农民稳步增收、农村稳定安宁，为全面推进乡村振兴和加快建设农业强国提供有力支撑。经过多年发展，保险业对农业农村现代化和助力脱贫攻坚发挥了重要作用。在"三农"工作重心历史性地转向全面推进乡村振兴的新阶段，要持之以恒，主动作为，积极围绕提升保险服务能力和发挥风险管理作用，为全面推进乡村振兴贡献保险力量。

1982 年中央一号文件就指出：以党的基层组织、政权组织、经济组织、群众团体为代表的农村基层组织是党落实在农村政策、方针、各种任务的坚强依靠和支撑。《关于加强农村基层组织建设的通知》也提到，包括乡（镇）、村在内，重点是村的基层建设，是农村基层组织建设的重要工作任务研究。2021 年，农村居民人均可支配收入达到 5398 元，实际增长 16.3%，乡村产业加速发展的同时，需要大力发展农村商业寿险作为支持[①]。农村组织创新能提高农村社会运行效率（左停和苏青松，2020）。农村寿险组织制度创新是通过寿险组织与农村组织的协调合作，优化现有的组织制度（赵佳和姜长云，2013），其目的是实现农村寿险的高速发展，进而提高保险在农村社会保障的占比，为减轻政府财政压力、构建农村社会保障体系提供助

---

① 资料来源：民政部. 农业农村经济形势总体向好［EB/OL］. ［2021 - 04 - 21］. http：//www. gov. cn/xinwen/2021 - 04/21/content_5600964. htm.

力。农村寿险组织制度创新能增加农村居民收入，并提高农村社会保障水平。

寿险作为一种商业保险，能够在政府提供的养老保险与基本医疗保险之外，为农民提供更为深入的养老、重疾、医疗等保险服务。由于农村商业保险市场存在较大的难度，开拓农村商业寿险市场始终是各保险机构需要着力研究的问题。现阶段我国已经在保险助力乡村振兴方面取得一定成就。乡村组织振兴的主要内容包括了构建保障体系和增加乡村组织经济能力，而农村寿险组织制度创新对经济和保障有影响。因此，本节用收入和社会保障水平来衡量乡村组织振兴，并探究寿险制度创新对其的影响状况。农村居民收入和社会保障水平反映了农村地区的经济状况及保障能力，对农村组织的活动发展及抗风险能力都有一定正向促进作用，因此，收入和社会保障水平关系到农村组织振兴。

农村寿险是构建农村社会保障体系的重要组成部分，因此，寿险与农村组织的制度创新对实现乡村组织振兴至关重要。那么，农村寿险组织制度创新对组织振兴的收入稳定有何影响？农村寿险组织制度创新对组织振兴的保障功能又有何影响？本章从理论和实证两个方面进行探讨，通过聚焦于寿险与农村组织制度创新，探讨其组织制度创新路径，为建立全面的农村居民保障机制提出建议。

二、文献综述

本节分为农村寿险制度及组织振兴影响因素两个部分，具体介绍相关学者对农村寿险组织制度的研究及影响乡村组织振兴的因素，并对此进行归纳总结，从而为本章研究提供文献支撑。

（一）农村寿险制度创新

我国农村寿险制度正在经历变革阶段。一是农村养老保险的组织制度创新带来了农村家庭的经济福利。在养老保险领域，有学者提出，要优化多层次养老保险制度设计，推进退休制度改革，建立养老金收缴、给付动态调整机制，进而实现该领域的制度创新（刘斌和林义，2020），如农村社会养老保险计划通过组织制度创新为农村老人提供经济福利（Hu，2018）。二是农村医疗保险的制度创新为农村地区解决看病难、看病贵提供了解决方案。农村医疗保险的制度创新方向是在福利化、筹资渠道和资金发放渠道均进行了调整（顾昕，2017），这种创新显著提高了中老年农村居民的住院治疗利用率，特别是在贫困地区（Huang and Wu，2020）。该项制度创新将乡村居民从非正式的医疗保健转向乡村诊所（Green et al.，2021）。三是农村商业寿险的组织制度创新需要考量当地经济特点。有研究表明，农村地区的人口数量及结构对保费定价有一定影响（Barker，2019）。例如，农村小额人身保险的特点决定了其适合在农村组织中运行（张建等，2020）。该类保险在精准扶贫中发挥了重大作用，包括撬动财政资金、弥补救灾缺口和防止农户返贫（雎岚等，2015）。在农村地区，试点支持性政策对于中国农村寿险的发展具有显著的推动作用。通过组织制度创新，可有效实现农村寿险市场的业务拓展（周灿和欧阳挥义，2008）。

农业农村的发展工作一直备受我国政府重视。市场规模、保费总量、覆盖程度等多个方面的研究表明，国内保险农村保险市场巨大，且重要性日益提升，因此从市场潜力的角度阐明了国内的农村保险市场前景良好。随着扶贫与乡村振兴工作的推动以及农村经济的发展，农村地区无论是从购买能力或保险意识方面来说都出现了较大幅度的增长。无论是从车险还是非车险市场来看，农村市场的快速增长已经成为既定事实。然而，农村地区的保险中的道德风险也在不止一个地方产生重要影响，有的地方发生保险人假承保、降费承保的问题，而投保农户以各种方式骗赔的案件频发。同时，被称为协议赔付的不规范的理赔问题在一些地方也很突出（庹国柱，2012）。因此，保险公司应重视农村基层组织的作用，通过与农村村委会、村卫生所、邮局、农机站、合作社等组织机构合作，降低农村营销队伍的建设、运营成本，借助其公信力和影响力提高营销效率（罗承舜，2018），并加强农村保险营销人员的道德修养，杜绝营销人员欺诈、误导农民事件出现（姜芳和姜含春，2011）。

（二）乡村组织振兴的影响因素

乡村组织振兴的影响因素有以下几点：第一，村集体经济组织是落实乡村振兴战略的关键实施主体，坚持系统思维的土地使用制度创新则是推进乡村振兴的关键切入点（陈美球等，2018；Shen et al.，2019）。第二，村组织结构会对乡村组织振兴产生影响（王海娟，2020）。与政府组织不同，乡村组织大多由农村居民自发组织，组织活动范围覆盖面广，经营成本低，因此村组织结构的有效布局是乡村组织振兴的基石。第三，地区农业发展状况及基层政府培育农业产业的行动影响了乡村组织振兴（Shen et al.，2019）。不同类型的压力型体制下形成的分层治理结构、政企关系、产业培育方式最终导致农业产业培育出现差异化（朱天义和张立荣，2020）。第四，以农民为主体的组织建设状况对乡村组织振兴有一定影响。农户组织化建设是延伸和巩固农业产业链、加快推进农业农村现代化的重要途径（王雪平，2018）。这是因为农民主体性是经济主体、环境主体、文化主体、治理主体和价值主体的统一（徐琴，2021）。

虽然已有文献对农村寿险组织制度创新和乡村振兴进行了较多研究，但需要注意的是，现有农村寿险组织面临的困境是，农村居民的社会保障水平整体较低，由于经济文化等因素影响，农村居民对寿险仍抱有观望态度，商业寿险较难在农村地区发展。此外，现有文献鲜有从制度创新角度探讨农村寿险组织对乡村组织振兴的作用效果。本节构建了一个基于柯布—道格拉斯的生产函数模型，从理论上分析农村寿险的协调创新、组织制度创新与乡村组织振兴的关系。在理论研究的基础上，本节将利用中国劳动经济数据库等宏观数据，对农村寿险组织制度创新展开实证检验，并对其作用机制展开深入分析。

（三）相关文献评述

现有文献对农村寿险组织制度创新的作用进行了肯定，并对当前制度创新活动进行了评析。有学者指出国内的农村保险市场前景良好，但仍要规避经济及道德风险问题，另外，现有研究农村组织所包含的范围已经非常全面具体。农村社会发展的实践证明，组织兴旺的乡村，往往发展前景广阔。因此，重视组织振兴在乡村振兴整体中的重要价值，着力推动乡村组织振兴，是乡村实现内生性发展的必然要求。

与现有研究相比，本章的贡献主要体现在以下两个方面：一是构建了农村寿险组织通过制度创新增加农村居民收入和社会保障水平，促进乡村组织振兴的生产函数模型，从理论上分析了随着制度创新的实施、社会生产的效率提升，增加了居民收入和保障水平，而经济和保障水平的提高正是乡村组织振兴的体现。二是本章将利用中国劳动经济数据库等宏观数据，对组织制度创新影响农村居民收入及保障水平的作用情况展开实证检验。研究发现，组织制度创新与两者之间都呈现显著的正相关关系，并且影响系数存在差异。表现在制度创新对收入的影响大于对社会保障水平的影响，说明居民收入更容易受到制度创新的影响。根据上面的文献综述分析，农村寿险组织制度创新的研究，不仅需要选取合适的理论模型进行理论分析，还需要选择相应的指标替代制度创新，并进行实证分析。因此，本章运用道格拉斯生产函数来反映制度创新对经济保障的影响，从而说明其对农村组织振兴的影响。在此基础上，本章通过实证分析探讨制度创新对经济保障的影响系数。

第二节 寿险组织制度创新的理论模型

农村寿险组织制度创新是指将新组织形态与寿险制度进行协调，使其更好地维护农村居民的利益（鲁全，2021）。乡村组织振兴是指在农村基层地区，由农民与政府的有机结合形成的组织能正确发挥其在乡村振兴中的作用。制度经济学认为，随着外界环境的变化或自身理性程度的提高，人们会不断提出对新的制度的需求，以实现预期收益的增加。本节第一部分为制度创新对农村居民收入及社会保障水平的影响分析，第二部分引入制度创新理论，用道格拉斯生产函数将组织振兴的经济保障层面与寿险组织制度创新进行联系。由于农村经济水平和社会保障水平代表了该地区的发展状况，也一定程度上反映该地的治理状况，因此可用于衡量乡村组织振兴。

一、制度创新对农村居民收入的影响分析

制度创新理论的提出源于美国的新制度经济学派，是诺思和戴维斯（Douglass North and L E Davis）在合著的《制度变革与美国经济增长》一书中系统论证并提出来的。新制度经济学派利用现代的产权理论说明制度变迁与经济增长的关系，指出制度变迁是经济增长的影响因素之一，并把制度作为经济增长的内生变量加以考虑。这种理论使对制度的研究和分析更加趋向成熟，为后人的研究奠定了基础，从而使人们对制度的研究提高到了前所未有的地位，也使各个组织和个人在实践中开始重视改革落后的制度。

制度创新是指创新者为获得潜在利润而对现行制度进行变革的种种措施与对策。制度创新的原因是"外部性、规模经济、风险和交易费用的存在，使得在现有的制度结构下不能将潜在利润内部化时，就存在着制度创新的可能。如果预期的净收益超过预期的成本，一项制度创新就会被实施"。制度创新的模式有两种，包括诱致性制度创新和强制性制度创新。诱致性制度创新指的是现行制度安排的变更或替代，或者是新制度安排的创造，它由个人或一群（个）人，在响应获利机会时自发倡导、组织和实行。与此相反，强制性制度创新是由政府命令和法律引入和实行，必须由某种在原有制度下无法得到的获利机会引起。强制性制度创新可以在不同选民集团之间通过对现有收入进行再分配而产生。

根据新制度经济学的论述，决定一个社会产出水平的因素除了资本和劳动两种生产要素以及体现于两者之上的技术之外，还有社会所实施的制度。但是，制度与资本、劳动、技术并不处于同一层次，制度并不直接参与生产过程，而只是为生产主体使用资本、劳动和技术进行生产经营提供规则和稳定的可预期的环境，因此制度进入生产函数的方式应不同于资本、劳动和技术（雷钦礼，2017）。基于此考虑，可将含有制度变量的道格拉斯生产函数的一般形式设定为：

$$Y = Fz(A \cdot K, B \cdot L) \tag{7-1}$$

其中，Y 表示产出，K 和 L 分别表示资本和劳动投入，A 和 B 分别表示资本

和劳动的技术水平。

寿险即人寿保险，是一种以人的生死为保险对象的保险，是被保险人在保险责任期内生存或死亡，由保险人根据契约规定给付保险金的一种保险。农村寿险是指面向农村开办的各类人寿保险业务，就我国现有的农村经济结构和经营形式而言，农村寿险全面介入农村市场，为农民提供一揽子的全面保障方案，包括人身保险各个方面，尤其是生活方面与工作方面、农业领域与非农业领域。同时，农村寿险是最基础和最重要的民生问题之一。近几年我国农村社会保障发展迅速，基本形成了以社会养老保险、合作医疗、最低生活保障、五保供养、医疗救助等为主要内容的社会保障体系。

农村寿险组织与农村组织的协调创新会影响组织的运行效率。根据已有研究可知，从财务柔性的视角出发，协调创新效应能够促进组织的持续性创新（肖忠意等，2020）。根据《关于新时代加快完善社会主义市场经济体制的意见》可知，制度创新的主要方向是加强国家创新体系建设和激发市场活力，即强调组织规模和组织效率的创新方向。农村寿险组织制度创新可以带动组织制度变革，建立起适用于现有环境的制度体系，调动农村基层组织的积极性，进而提升组织效率；制度创新还可提高农村寿险的市场化程度，扩大组织规模。结合前人探讨的农村金融发展的制度创新指标（王劲屹，2018），本节将组织规模和效率用于衡量组织制度创新（Z）。设 g 为农村寿险组织规模，x 为农村寿险组织效率，则制度创新的表达式为：

$$Z = g \cdot x \tag{7-2}$$

农村寿险组织的协调创新通过影响组织效率进而对制度创新产生了一定影响。根据前人实证研究，制度优势可通过创新对组织的生产效率产生一定影响（吕洪燕等，2020）。制度创新会通过生产效率影响生产函数，不同的制度创新水平下，即使同样的要素投入和技术水平，产出也可能不同。因此技术水平 A 和 B 为 Z 组成的函数，即为 A(z) 和 B(z)。

$$A(Z) = \frac{1}{1 - \Phi(Z)} \int_0^N \left(\frac{x_{A_j}^{1-\Phi(Z)}}{K} \right) dj \tag{7-3}$$

$$B(Z) = \frac{1}{1 - \Phi(Z)} \int_0^N \left(\frac{x_{B_j}^{1 - \Phi(Z)}}{K} \right) dj \qquad (7-4)$$

其中，N 代表农村寿险产品的种类数目，x_{A_j} 代表寿险公司在农村地区的第 j 种产品。设参数 σ 代表农村寿险组织制度创新 Z 之下资本与劳动之间的替代弹性，并设 σ 是由 Z 组成的函数。替代弹性是寿险组织制度创新函数的原因在于，寿险制度影响了寿险产品的分配方式，从而导致寿险产品的资本与技术间替代弹性的不同，将其设置为制度的函数，是由于在不同的制度环境下，经济资源的配置方式会不同，特别是生产要素的配置方式会不同，有的制度允许和鼓励要素的自由流动，而有的制度限制和妨碍要素的自由流动，从而导致生产要素间替代弹性的不同，由此得到式（7-5）：

$$Y = \eta \left\{ \left[\alpha A(z) K \right]^{\frac{\sigma(z)-1}{\sigma(z)}} + \left[(1-\alpha) B(z) \cdot L \right]^{\frac{\sigma(z)-1}{\sigma(z)}} \right\}^{\frac{\sigma(z)}{\sigma(z)-1}} \qquad (7-5)$$

式（7-5）中，参数 σ 和技术水平变量 A 与 B 均设置为寿险组织制度创新 Z 的函数。其中 η 为效率函数，α 为分配参数，即作用于寿险产品资本和技术上的比例程度。受到现有寿险制度创新的影响，农村居民在生产过程得到的资本收入 w_{Ak} 和技术收入 w_{BL} 分别为：

$$w_{Ak} = \alpha \eta^{1 - \frac{1}{\sigma(z)}} \left(\frac{Y}{AK} \right)^{\frac{1}{\sigma(z)}} \qquad (7-6)$$

$$w_{BL} = (1-\alpha) \eta^{1 - \frac{1}{\sigma(z)}} \left(\frac{Y}{BL} \right)^{\frac{1}{\sigma(z)}} \qquad (7-7)$$

其中，资本收入 w_{Ak} 代表了农村居民的收入状况。综合式（7-3）、式（7-5）、式（7-6）可知：

$$w_{Ak} = \alpha \eta^{1 - \frac{1}{\sigma(z)}} \left[\frac{1 - \Phi(z)}{\int_0^N \left(\frac{x_{A_j}^{1 - \Phi(z)}}{K} \right) dj} \cdot \frac{Y}{K} \right]^{\frac{1}{\sigma(z)}} \qquad (7-8)$$

对式（7-6）、式（7-7）求导，由偏导可知：

$$\begin{cases} \dfrac{\partial w}{\partial z} > 0 \\ \dfrac{\partial z}{\partial A} > 0 \end{cases} \qquad (7-9)$$

该偏导体现了寿险制度创新对农村居民收入具有正向影响。

根据《乡村振兴战略规划（2018－2022年)》可知，要构建社会机构参与乡村组织振兴的有效机制，发挥其经济作用。乡村组织振兴的发展状况可由组织生产能力得以体现，因此资本收入和技术收入的发展将带来乡村组织振兴（刘厚莲和张刚，2021）。综合式（7－5）、式（7－6）可知：

$$Y = \eta \left\{ \left[\alpha A(z)K \right]^{\frac{\sigma(Z)-1}{\sigma(Z)}} + \left[(1-\alpha)B(z) \cdot L \right]^{\frac{\sigma(Z)-1}{\sigma(Z)}} \right\}^{\frac{\sigma(Z)}{\sigma(Z)-1}} \quad (7-10)$$

$$Y = AK \cdot \frac{w_{Ak}}{\alpha \eta^{1-\frac{1}{\sigma(Z)}}} \quad (7-11)$$

由于 $A > 0$，$K > 0$，由式（7－11）可知，乡村组织振兴 Y 受到农村居民收入 w_{Ak} 的正向影响，即农村居民的收入通过制度创新正向影响了乡村组织振兴。

因此得出假设1：农村寿险组织制度创新对乡村组织振兴的经济层面有正向影响。寿险组织与农村组织的协调发展会带动组织的运行效率，并影响农村寿险组织制度创新。制度创新带来了农村居民收入增值，即农村寿险组织制度创新推动了乡村组织振兴的经济层面。其经济学意义为，协调创新带来的组织运行效率的提高，使得农村寿险组织主体在投入资本和技术进行生产活动时，较易产生持续性新制度，使其具有制度创新倾向，而制度创新释放组织生产力并提高居民收入，形成组织内部高质量的发展循环。

二、制度创新对农村社会保障的影响分析

党的十九届四中全会强调要健全收入再分配调节机制，而社会保障就是实现再分配的重要手段之一。乡村组织振兴的主要内容之一就是构建健全的农村社会保障体系。因此，本节将农村社会保障水平作为乡村组织振兴的保障层面进行考量。由于农村寿险是农村社会保障的重要部分，寿险组织的经营能力直接决定了能提供保障的水平，因此需考量农村寿险组织经营成本。

农村寿险组织的成本中，若记资本利率为 r，折旧率为 δ，劳动力工资率为 w，则社会最终产品生产的总成本为：

$$C = (r + \delta)K + wL \qquad (7-12)$$

结合式（7-5）、式（7-11），可得：

$$
\begin{aligned}
C &= \eta^{-1}\left[\alpha^{\sigma(z)}\left(\frac{r+\delta}{A(z)}\right)^{1-\sigma(z)} + (1-\alpha)^{\sigma(z)}\left(\frac{w}{B(z)}\right)^{1-\sigma(z)}\right]^{\frac{1}{1-\sigma(z)}}Y \\
&= \eta^{-1}\left[\alpha^{\sigma(z)}\left(\frac{r+\delta}{A(z)}\right)^{1-\sigma(z)} + (1-\alpha)^{\sigma(z)}\left(\frac{w}{B(z)}\right)^{1-\sigma(z)}\right]^{\frac{1}{1-\sigma(z)}}AK\frac{w_{Ak}}{\alpha\eta^{1-\frac{1}{\sigma(z)}}}
\end{aligned}
$$

$$(7-13)$$

式（7-13）为农村寿险组织成本的函数模型。根据式（7-13），将农村寿险组织制度创新 Z 对农村寿险组织成本 C 求偏导，可得：

$$\frac{\partial C}{\partial Z} > 0 \qquad (7-14)$$

对式（7-13）进行分析可知，随着农村寿险组织制度创新的增加，农村寿险组织的经营成本会得到一定程度的缩减。根据前人研究，保险公司经营成本控制将直接影响其保险产品供给，即影响了保险的保障水平（林凯旋，2020）。而保险保障是农村社会保障水平的重要组成部分，即有效控制经营成本将对构建农村社会保障体系有正向影响。保险产品不同于其他商品的地方在于，其成本在卖出产品后仍继续增加（如理赔费用）。结合式（7-8）、式（7-13）可知，社会保障水平 S 与农村居民收入及寿险组织经营成本的关系式为：

$$
S = \lambda \frac{\eta^{1-\frac{1}{\sigma(Z)}}\left(\frac{Y}{AK}\right)^{\frac{1}{\sigma(Z)}}}{\eta^{-1}\left[\alpha^{\sigma(z)}\left(\frac{r+\delta}{A(z)}\right)^{1-\alpha(z)} + (1-\alpha)^{\sigma(z)}\left(\frac{w}{B(z)}\right)^{1-\sigma(z)}\right]^{\frac{1}{1-\sigma(z)}}Y}
$$

$$(7-15)$$

其中，λ 代表除去收入和成本外影响农村社会保障水平的因素及常数，如社会保障水平受到经济发展、人口结构等多个因素的影响，对其求 z 的偏导可知：

$$\frac{\partial S}{\partial z} > 0 \qquad (7-16)$$

因此，农村寿险组织制度创新对乡村组织振兴的保障层面具有正向影响。农村寿险的组织制度创新提高了农村居民的保障水平。根据《关于全面推进乡村振兴加快农业农村现代化的意见》可知，农村居民保障水平的提高是促进乡村组织振兴的重要战略方针，由此得到假设2：农村寿险组织制度创新通过正向影响农村居民保障水平，进而实现乡村组织振兴。其经济意义在于，农村寿险组织通过制度创新，实现了经营成本控制，因此在相同的资本技术水平下，能提供更多的保险产品；成本减少促进了该组织保障能力的提高，并提高社会保障水平。

第三节　实证模型和数据来源

本节介绍寿险业助力乡村组织振兴的实证模型和数据来源。实证模型是根据第二节中理论推导分析而来的，而本章选取的数据来源为宏观数据库，采用面板数据，对全国各省份 2010 ~ 2019 年的农村寿险制度创新及组织振兴状况进行分析。由于农村居民经济和社会保障水平能一定程度上反映该地区组织的治理水平，即代表了农村组织的经济保障水平，因此实证部分采用这两个变量代表乡村组织振兴程度。

一、模型设定

根据第二节的理论模型推导可知，农村组织与寿险组织的协调创新可能推动了寿险组织制度创新，带来了居民收入增长和社会保障水平增加，进而促进了乡村组织振兴。本部分将分别介绍农村寿险主动创新对收入和保障的实证模型。

（一）农村寿险组织制度创新对农村居民收入的影响

协调创新通过影响资本与技术水平来影响制度创新，进而影响产出。有学者基于制度创新，构建了多元回归模型探讨对因变量的影响作用（陶建群等，2020）。因此，在实证部分，本节采用农村居民总收入代表其产出情况，用于衡量农村组织振兴的效果。

根据式（7–8），因此，模型1为：

$$\ln Y_{it} = \alpha_0 + \alpha_1 \ln X_{it} + \alpha_i \mu_i + \varepsilon_{it} \qquad (7-17)$$

其中，被解释变量 Y_{it} 代表农村居民收入，X_{it} 代表农村寿险组织制度创新，μ_i 代表控制变量，ε_{it} 代表随机扰动项。另外，i 代表选取省份，t 代表选取时间。

（二）农村寿险组织制度创新对农村居民保障水平的影响

本部分考察寿险组织制度创新是否提高了农村居民的保障水平。本节主要使用该地区的小额人身保险的保险金来衡量保障水平。其中，被解释变量 y_{it} 代表农村居民的保障水平。模型2由理论推导部分式（7–15）得到，为：

$$\ln y_{it} = \beta_0 + \beta_1 \ln X_{it} + \beta_i \mu_i + \varepsilon_{it} \qquad (7-18)$$

二、变量设定

根据第二节的理论模型推导可知，农村寿险组织制度创新可以带动组织制度变革，建立起适用于现有环境的制度体系，调动农村基层组织的积极性，进而提升组织效率；制度创新还可提高农村寿险的市场化程度，扩大组织规模。结合前人探讨农村金融发展的指标（王劲屹，2018），农村寿险组织制度创新由组织效率与组织规模的乘积表示。组织规模用寿险保费收入与国内生产总值的比值表示，组织效率利用保费收入与赔付金额的比值表示。本节在前人研究基础上，引入乡村组织振兴这一概念，探讨农村地区寿险组织创新对农村组织振兴的作用机制及影响效果。

（一）因变量设定

（1）农村居民收入。随着农业农村改革发展的深入推进，农村居民收入增速明显快于城镇居民，城乡居民相对收入差距持续缩小。农民收入是一项重要的统计指标，为全面了解农村居民收入、消费、生产、积累和社会活动情况，研究农村居民收入和生活质量的变化，监测农村摆脱贫困和全面建设小康的进程，满足各级政府和宏观决策部门研究制定农村经济政策的需要以及社会各界的信息需求，为国民经济核算提供基础数据，依照《中华人民共和国统计法》的规定而制定的。

在我国脱贫攻坚成果下，农村居民收入代表该地区政府基层组织的帮扶成果，反映了该地区的居民经济水平。根据马斯洛需求理论，在经历了较低的生存需求后，人们才会需要实现更高的自我价值实现需求。经济水平的提高代表人们开始由生存需求转向精神需求，自发性的乡村组织活动是实现该需求的一部分，因此，农村居民收入的提高能反映乡村组织振兴进展。

作为反映农村组织振兴的重要一部分，受到多个变量的影响作用。农村居民收入作为反映农村居民家庭福利效应的重要一部分，受到多个变量的影响作用。有学者认为新型农村养老保险的参保人数正向影响了农村居民的人均收入（秦昌才，2017）。因此，本节同样采取这一指标用于反映农村居民收入。

（2）农村居民社会保障水平。社会保障水平反映了该地区的养老、医疗等是否有充分保障，而保障水平的增加反映了该地区基层组织的宣传建设等行动到位。因此，社会保障水平可用于反映该地区的乡村组织振兴程度。社会保障是社会的安全网和稳定器，建立健全同经济社会发展水平相适应的社会保障体系是社会稳定和国家长治久安的重要保证，也是事关群众切身利益的重大民生问题。一般而言，社会保障水平是指在一定时期内一个国家或地区的社会成员所享受社会保障的高低程度，它代表着一个国家为其公民所提供保障的程度和水平。社会保障水平是社会保障体系中的关键要素，直接反映着社会保障资金的供求关系，并间接反映着社会保障体系的运行状况。国家对于农村地区的社会保障和就业的投入资金可视为该农村地区的保障水平。前人采取该指标用于反映政府的福利计划安排（杨风寿和沈默，2016）。因此，本节选取农村居民社会保障水平作为衡量农村组织振兴的替代变量。

（二）控制变量

控制变量的选取主要是为了避免其他与本研究无关的变量带来的影响。除农村寿险组织制度创新之外，一切能使农民收入和农村社会保障水平发生变化的变量，为本节的控制变量。这类变量是应该加以控制的，如果不加控制，它也会造成因变量的变化，即自变量和一些未加控制的因素共同造成了因变量的变化，这叫自变量的混淆。因此，只有将自变量以外一切能引起因变量变化的变量控制好，才能弄清实验中的因果关系。

由文献综述中介绍对农村居民的收入的影响因素可知，农村居民收入受到劳动生产率和购买养老保险人数的影响。劳动生产率是指劳动者在一定时期内创造的劳动成果与其相适应的劳动消耗量的比值。单位时间生产数量越多，劳动生产率越高。

农村居民的社会保障水平受到当地人口结构的影响，有生育或养老压力的地区，政府会适当增加社会保障资金的投入。本节拟在选取解释变量和被解释变量的前提下，使用以上两组指标作为控制变量。农村居民劳动生产率参考前人研究，即将第一产业增加值比第一产业从业人员数后得到农村居民劳动生产率（赵昕东和李翔，2020）。在研究家庭结构对消费影响的文献中，学者尝试用少儿抚养比和老年抚养比反映家庭结构状况（王欢和黄健元，2015）。因此，本节选用这两个指标作为社会保障的控制变量。

（三）内生性问题

内生性问题是指模型中的一个或多个解释变量与误差项存在相关关系，进而导致回归的相关系数出现一定偏差。变量的内生性问题总是不可避免的。内生性引起的问题主要是引起参数估计的不一致。考虑到农村寿险组织制度创新与社会保障水平可能存在双向因果关系，即农村居民在社会保障水平提高的情况下，可能政府会优先考量该地区的组织制度创新，并进行寿险制度创新。根据前人研究可知，制度创新的动力与三类因素相关：成本收益、供需均衡和制度选择（许丹，2021）。其中，农村寿险的供需是否均衡可从当年保费收入得到反映。因此，本节选取 2010～2019 年省级农村寿险保费收入作为工具变量来解决该内生性问题。保费收入是保险公司为履行保险合同规定的义务而向投保人收取的对价收入，是保险公司最主要的资金流入渠道，同时也是保险人履行保险责任最主要的资金来源。保险公司利用资金流入与流出的时间差，通过资金运用以及对保险风险的集中与分散的管理形成损益，与其他行业存在明显的差异。同时，短期保险业务与长期保险业务保费收入也存在内涵上的差异，这些都形成了保险行业收入的基本特征。保费收入与寿险组织制度创新高度相关，而与农村居民社会保障水平无明显关联，因此，本节选取该工具变量是合理的。

根据 2019 年颁布的《国家积极应对人口老龄化中长期规划》可知，为应对人口老龄化结构，我国应建立健全养老保障体系，这其中就包括农村养老保险的发展。而增加保险收入成为扩大农村养老保险影响力的重要途径之一。从外生性来看，保费收入反映的是该地区对于农村寿险的供需状况，而本节选取的社会保障水平指标为政府为农村社会保障提供的资金总量，这两者并无直接联系。从相关性来看，农村寿险保费收入能代表该地区寿险的发展运营状况，而高保费收入的地区有较大空间能进行制度创新，因此，保费收入影响了农村寿险组织制度创新进程。

（四）描述性统计

描述性统计分析要对调查总体所有变量的有关数据进行统计性描述，主要包括数据的频率分析、集中趋势分析、离散程度分析、分布以及一些基本的统计图形。本节主要通过中国劳动经济数据库、中国宏观经济数据库、中国"三农"数据库等统计得出。本节选用了 2010～2019 年中国 31 个省份的农村地区用于面板数据统计。表 7-1 为各变量的描述性统计。

表 7-1　　　　　　　　　　变量的描述性统计

变量	变量名称	观测数	均值	标准差	最小值	最大值
i	农村居民收入	310	11367.7	5200.778	3424.65	33195.2
bz	农村地区社会保障支出	310	616.0403	425.154	31.9119	2019
x	寿险组织制度创新水平	310	18.18823	38.90575	0.7998562	429.9717
label	劳动生产率	310	0.9641202	0.4359603	0.2713982	2.80613

续表

变量	变量名称	观测数	均值	标准差	最小值	最大值
cbrs	农村参加寿险的人数	310	1449.61	1265.668	24.7121	5196.6
se	少儿抚养比	310	22.8299	6.365733	9.88	38.38
ln	老年抚养比	310	13.60132	3.409335	6.71	23.82
bf	农村寿险保费收入	310	79.84454	78.48909	0.7597	437.508
sp	农村社会保障水平	310	0.4435163	0.1945243	0.1151146	1.064115

根据表 7-1 可知，本章实证研究中包含了 310 个观测数，包含了自变量、因变量、控制变量和工具变量 9 个变量。其中，农村居民收入作为反映农村组织振兴的经济层面，均值为 11367.7，且标准差数值较大。自变量寿险组织制度创新水平的均值仅为 18.19，但最小值和最大值相差较大，最小为 0.80，最大为 429.9，这说明各地制度创新水平差异较大。

第四节　模型估计与结果分析

本节为农村寿险组织制度创新对收入及保障的实证分析，并分别介绍了模型结果描述、稳健性检验和异质性检验。由于农村居民经济和社会保障水平能一定程度上反映该地区组织的治理水平，即代表了农村组织的经济保障水平，因此，实证部分采用这两个变量代表乡村组织振兴。另外，根据前面研究发现，本节实证中可能出现内生性问题，因此，本节还加入了工具变量进行分析。

一、农村寿险组织制度创新对收入的影响分析

根据前面的理论推导和文字分析可知，寿险组织制度创新可能会对农村居民收入有一定正向影响。农村居民收入能反映农村居民的经济水平，而这种经济水平的提高，能够帮助居民一定程度上改善生活质量和对冲经济风险。组织振兴是乡村振兴的根本和保障，组织振兴是乡村振兴的保障条件，就是要培养造就一批坚强的农村基层党组织和优秀的农村基层党组织书记，

建立更加有效、充满活力的乡村治理新机制。农村居民收入的增加能带动乡村组织的活力，从而建立更为高效的治理体系。

（一）模型结果描述

为探究农村寿险组织创新对农村居民收入的影响，本节首先从实证研究的角度分析 2010～2019 年各省农村寿险组织创新水平对农村居民收入的影响效果。采用混合回归（OLS）和固定效应（FE）检验保费基金收入对农村居民收入的影响，具体回归结果如表 7-2 所示。

表 7-2 列（1）~列（4）的结果显示，寿险组织创新的系数为正值。尽管在固定效应检验中出现了不显著的状况，但从总体实证趋势来看，农村寿险组织创新对农村居民收入有着显著的正相关影响。在未加入控制变量时，混合回归处理下的寿险组织创新的影响系数为 20.82。加入控制变量后，回归系数变为 16.61 和 8.34。在控制变量中，包含劳动生产率和农村寿险参加人数。其中，劳动生产率的回归分析在混合回归和固定效应分析中，均较为显著且为正。农村寿险参加人数在固定效应回归分析中表现出了显著的正相关。这说明制度创新对劳动生产率和寿险参加人数都有着正向联系。

表 7-2　　　　　　　　制度创新对农村居民收入的影响分析

变量名称	（1）OLS	（2）OLS	（3）FE	（4）FE
x	20.82 *** (7.52)	16.61 ** (7.61)	3.89 (8.80)	8.34 *** (1.08)
label		2084.39 *** (678.28)		9677.12 *** (1258.30)
cbrs		−0.04 (0.23)		1.07 *** (0.25)
常数项	11746.50 *** (322.70)	9718.12 *** (802.54)	11438.60 *** (160.13)	645.47 (915.70)
N	310	310	310	310
R^2	0.024	0.53	0.243	0.56

注：*** 、** 分别表示在 1%、5% 的显著水平上显著。括号中的数字为标准误。列（2）、列（4）加入了控制变量。

（二）稳健性检验

稳健性检验考察的是评价方法和指标解释能力的强壮性，也就是当改变某些参数时，评价方法和指标是否仍然对评价结果保持一个比较一致、稳定的解释。农村居民的收入情况除却农村居民平均收入，还可用其他指标来代替。农村居民人均可支配收入被学者用于反映农村人口收入情况（孙久文等，2019）。因此，本节将采用农村居民人均可支配收入这一指标反映农村居民的收入情况，并从中国"三农"数据库中提取数据进行实证研究，实证结果如表7-3所示。

表7-3 稳健性检验

变量名称	(1) OLS	(2) OLS	(3) FE	(4) FE
x	20.79 ***	16.60 **	3.90	8.28 ***
	(7.56)	(7.65)	(8.84)	(1.09)
label		2097.54 ***		9800.85 ***
		(681.74)		(1272.20)
cbrs		-0.05		1.02 ***
		(0.23)		(0.26)
常数项	11718.72 ***	9698.26 ***	11411.56 ***	570.44
	(324.36)	(806.63)	(160.76)	(925.14)
样本量	310	310	310	310
R^2	0.086	0.083	0.03	0.35

注：*** 、** 分别表示在1%、5%的显著水平上显著，括号中的数字为标准误，列（2）、列（4）加入了控制变量。

实证结果显示，在表7-3列（1）~列（4）中，无论是否加入控制变量，制度创新对农村居民的收入都有着显著的正向效应。通过将表7-3的稳健性检验结果与表7-2的基准分析结果对比发现，两者都显著且为正相关，因此，判定基本保持一致，因此，验证了假设1的成立。

（三）异质性分析

该正向影响的效果在不同地区可能存在一定差别。因此，本节将根据东、中、西地区划分对本研究数据进行分类，并进行加入控制变量的回归分析，回归结果如表 7 - 4 所示。由表 7 - 4 中列（1）、列（2）、列（3）结果显示，东部地区作用效果最优，为 74.06；其次是中部地区，系数为 20.80；西部地区作用效果最弱，仅为 11.41。

表 7 - 4　　　　　　　　　　　　地区异质性分析

变量名称	Fe		
	（1）东部	（2）中部	（3）西部
x	74.06*	20.80*	11.41***
	(127.07)	(58.98)	(2.71)
label	9758.08***	15985.61***	8233.78***
	(2825.16)	(3057.07)	(589.30)
cbrs	1.43**	0.34	0.31
	(0.58)	(0.31)	(0.19)
常数项	3930.71*	-3635.43	928.29*
	(1907.44)	(2051.88)	(527.83)
样本量	100	60	120
R^2	0.024	0.53	0.243

注：***、**、*分别表示在1%、5%和10%的显著水平上显著，括号中的数字为标准误，列（2）、列（4）加入了控制变量。

（四）模型结果分析

首先，农村寿险组织制度创新带来了农村居民收入的增加，即农村寿险的组织制度创新的增加会正向影响农村居民收入。在基准回归分析中，制度创新的系数均为正（如未增加控制变量时的回归系数为 20.82）。稳健性检验进一步验证了该结果的准确性。对比基准回归分析和稳健性检验系数，本节发现两者系数接近。这说明人均可支配收入作为稳健性检验数据也能有效反映居民收入趋势。因此，可基本确定制度创新对农村居民收入有正向影响。

其次，寿险制度创新的作用效果出现了一定的地区差异。自东部到西部，农村组织制度创新的作用效果依次递减。东中西地区的农民经济文化的分化程度有较大差异，应对不同地区采取不同政策（张燮，2020）。经济条件较落后的地区，对制度创新的接受能力较弱，或是制度创新未结合当地农村居民经济生活状况，导致效果递减。但总体上，农村寿险制度创新均为各地带来了正向影响。

最后，农村寿险组织制度能有效促进乡村组织振兴。根据《中国银保监会办公厅关于做好 2019 年银行业保险业服务乡村振兴和助力脱贫攻坚工作的通知》可知，农村寿险具有保障居民生活、调节居民收入的能力。因此，寿险组织的协调创新将影响组织的制度创新，从而影响农村居民收入。农村居民收入可视作乡村振兴的主要衡量标准之一。因此，从该实证分析可知，本节可一定程度上分析出农村寿险组织制度创新作用于农村组织振兴的作用机制。

二、农村寿险组织的制度创新对农村居民保障水平的影响分析

创新理论由经济学家约瑟夫·阿罗斯·熊彼特（Joseph Alois Schumpeter）于 1912 年出版的《经济发展理论》一书中首次提出。他提出，创新就是建立一种新的函数，即把一种从来没有过的生产要素和生产条件的新组合引入生产体系。本节从实证研究的角度出发，深入分析制度创新这一变量对农村保障水平的作用。

（一）模型结果描述

为探究农村寿险组织创新对农村居民收入的影响，本节首先从实证研究的角度分析 2010～2019 年各省农村寿险组织创新水平对农村居民收入的影响效果。采用混合回归和固定效应检验保费基金收入对农村居民收入的影响，具体回归结果如表 7 - 5 所示。

表 7 -5　　　　　　　制度创新对社会保障水平的影响分析

变量名称	(1) OLS	(2) OLS	(3) FE	(4) FE	(5) 2SLS
x	2.03 *** (0.50)	0.36 *** (0.39)	0.24 * (0.51)	0.03 * (0.12)	25.5 ** 10.16
se		-4.01 * (2.33)		1.63 (9.18)	14.49 (27.44)

续表

变量名称	(1) OLS	(2) OLS	(3) FE	(4) FE	(5) 2SLS
ln		69.90 *** (4.24)		94.85 *** (9.18)	40.25 * (19.8)
常数项	607.80 *** (21.31)	- 281.97 *** (83.05)	566.56 *** (9.28)	- 756.89 *** (195.86)	- 81.34 (327.2)
样本量	310	310	310	310	310
R^2	0.05	0.506	0.05	0.49	

注：***、**、*分别表示在1%、5%和10%的显著水平上显著，括号中的数字为标准误，列（2）、列（4）加入了控制变量。

表7-5中列（1）~列（4）的结果显示，寿险组织创新的系数为正值。尽管在固定效应检验中出现了不显著的状况，但从总体实证趋势来看，农村寿险组织创新对农村社会保障水平有着显著的正相关影响。且在未加入控制变量时，混合回归处理下的寿险组织创新的影响系数为2.03。加入控制变量后，回归系数变为0.36。但采取固定效应进行回归分析时，发现显著效果并不明显。

根据前面分析可知，农村寿险组织制度创新与农村居民社会保障水平可能存在双向因果的关系。因此，本节在基准实证分析的基础上加入工具变量，2SLS回归分析结果如列（5）所示。根据列（5）可知，在考虑到自变量与因变量带来的双向因果关系后，制度创新的系数为25.5，相较于未考虑内生性问题的系数（0.36）有较大增加。这说明，在不考虑内生性变量的影响下，影响系数偏低。

（二）稳健性检验

农村社会保障除却政府社会保障支出，还可用其他变量来代替。有学者选取各省份社会保障和就业支出占一般公共预算支出比值来衡量社会保障支出水平（孙久文等，2019）。稳健性检验考察的是评价方法和指标解释能力的强壮性，也就是当改变某些参数时，评价方法和指标是否仍然对评价结果保持一个比较一致、稳定的解释。因此，本节将采用这一指标反映农村社会保障水平，并从中国"三农"数据库中提取数据进行实证研究。实证结果如表7-6所示。

表7-6   稳健性检验

变量名称	(1)	(2)	(3)	(4)
	m1	m2	m3	m4
x	0.02 ***	0.01 ***	0.00	0.01 *
	(0.00)	(0.00)	(0.00)	(0.00)
se		0.01 ***		0.01 **
		(0.00)		(0.00)
ln		0.02 ***		-0.01 ***
		(0.00)		(0.00)
_cons	0.46 ***	0.09	0.44 ***	0.42 ***
	(0.01)	(0.06)	(0.00)	(0.04)
N	310	310	310	310
R^2	0.18	0.52	0.02	0.16

注：*** 、** 、* 分别表示在1%、5%和10%的显著水平上显著，括号中的数字为标准误，列(2)、列(4)加入了控制变量。

实证结果显示，表7-6中列（1）~列（4）显示，无论是否加入控制变量，制度创新对农村居民的收入都有着显著的正向效应。通过将表7-6的稳健性检验结果与表7-5的基准分析结果对比发现，两者都显著且为正相关，因此，判定基本保持一致，因此，验证了假设1的成立。

（三）异质性分析

该正向影响的效果在不同地区可能存在一定差别。因此，本节将根据东、中、西地区划分对本研究数据进行分类，并进行加入控制变量的回归分析。地区异质性分析的结果见表7-7，由表7-7中列（1）、列（2）、列（3）结果显示，东部地区作用效果最优，为9.51；其次是中部地区，系数为6.01；西部地区出现了微弱的负相关，系数为-0.06。

表7-7   地区异质性分析

变量名称	Fe		
	(1) 东部	(2) 中部	(3) 西部
x	9.51 ***	6.01 **	-0.06 *
	(3.29)	(2.16)	(0.36)

续表

变量名称	Fe		
	（1）东部	（2）中部	（3）西部
se	1.21 (2.86)	17.79 (25.00)	-6.07 (4.98)
ln	92.78 *** (5.07)	120.13 *** (15.24)	59.86 *** (6.11)
_cons	-678.62 *** (86.35)	-1573.14 * (636.74)	-172.17 (180.45)
N	100	60	120
R^2	0.03	0.53	0.24

注：***、**、* 分别表示在1%、5%和10%的显著水平上显著，括号中的数字为标准误，列（2）、列（4）加入了控制变量。

（四）模型结果分析

首先，农村寿险组织创新提高了农村社会保障水平，即农村寿险的组织创新的增加会正向影响农村社会保障水平。在基准回归分析中，制度创新的系数均为正（如未增加控制变量时的回归系数为2.32）。稳健性检验进一步验证了该结果的准确性。根据《关于全面推进乡村振兴加快农业农村现代化的意见》可知，社会保障在乡村振兴任务中具有重要地位。农村社会保障水平的提升能有效带动农村组织的运行效率，提高组织成员的工作热情。因此，农村寿险的协调创新带动的组织制度创新，能够从提升社会保障水平这一角度促进乡村组织振兴。

其次，寿险制度创新的作用效果出现了地区差异。自东部到西部，农村组织制度创新的作用效果依次递减。尤其在西部地区，制度创新反而造成了社会保障水平下降。根据前人的研究，从相对贫困的视角出发，现有社会保障制度对西部地区的主观减贫效果不明显（郑时彦和王志章，2021）。这说明在当前西部农村地区环境背景下，还不适宜进行大规模的农村寿险制度创新活动，或者是当前制度创新不符合该地区实际情况。

最后，通过比较制度创新对收入和社会保障的系数，本节发现制度创新对收入的正向影响较大而对社会保障的影响较小。这说明在同一地区实施制度创新，较容易对农村居民收入有明显作用。根据本节理论推导和实证分析，制度创新对社会保障影响小的原因在于，制度创新通过控制农村寿险组织的经营成本，进而增加其保障能力，而保险保障只是社会保障的一部分，因此，制度创新对其作用效果较弱。

第五节　结论和政策建议

根据上面的分析结果，本节对其进行归纳并得出结论，即农村寿险组织制度创新能推动乡村组织振兴的经济保障层面的发展，并在结论的基础上进行拓展，提出相关建议。

一、研究结论

本节根据前面的理论模型及实证分析，结合系数分析得出结论。本节分为三部分，分别论述了寿险组织制度创新对居民收入、社会保障水平的影响及地区间差异。由于农村居民经济和社会保障水平能在一定程度上反映该地区组织的治理水平，即代表了农村组织的经济保障水平，因此，本节采用这两个变量代表乡村组织振兴。

（一）农村寿险组织制度创新对组织振兴的正面影响

农村寿险组织制度创新对组织振兴有正面影响，表现在农村居民收入和农村社会保障水平均有显著的正向影响。具体表现为本章从理论推导的角度得出农村寿险组织制度创新对农村居民收入和农村社会保障水平都产生正向作用。在实证部分的基准性检验中，尽管在固定效应检验中出现了不显著的状况，但从总体实证趋势来看，农村寿险组织创新对农村居民收入有着显著的正相关影响。在未加入控制变量时，混合回归处理下的寿险组织创新的影响系数为 20.82。加入控制变量后，回归系数变为 16.61 和 8.34。无论是否加入控制变量，制度创新对农村居民的收入都有着显著的正向效应。通过将稳健性检验结果与基准分析结果对比发现，两者都显著且为正相关。

另外，但从总体实证趋势来看，农村寿险组织创新对农村社会保障水平有着显著的正相关影响。在未加入控制变量时，混合回归处理下的寿险组织创新的影响系数为 2.03。加入控制变量后，回归系数变为 0.36。农村寿险组织制度创新能对乡村组织振兴的经济及保障层面有正向影响。农村寿险组织协调创新通过作用于组织运行效率，使制度创新具有持续性。总之，制度创新带来了资本与技术利用效率的提升，并降低了寿险组织的经营成本，使得居民收入和社会保障水平增加，因此，促进了乡村组织振兴。

（二）制度创新对组织振兴的经济层面有较大影响

本节通过收集和处理面板数据，采用实证考察农村寿险组织制度创新对农村居民收入和农村社会保障水平的作用效果。根据前面分析可知，农村寿险组织创新对农村居民收入为 20.82，与此同时对社会保障水平的影响系数为 2.03。加入控制变量后，这一差距进一步扩大。尽管农村寿险组织制度创新对农村社会保障水平呈现正向影响，但当前的影响程度较小。从系数大小来看，农村寿险组织制度创新对农村居民收入的影响明显大于保障水平，这说明组织制度创新更容易增加居民的现有收入，进而推动乡村组织振兴。

（三）制度创新影响存在东、中、西依次递减的影响差异

农村寿险制度创新的作用效果出现了地区差异，整体趋势是从东到西作用效果依次递减。在农村寿险组织制度创新对农村居民收入的实证分析中，东部地区作用效果最优，为 74.06；其次是中部地区，系数为 20.80；西部地区作用效果最弱，仅为 11.41。对社会保障水平的异质性分析中，也表现出近似趋势。尽管制度创新对收入和保障都呈现正相关，但其对前者的影响明显大于后者。制度创新对乡村振兴的正向影响从东到西呈递减态势。据此，本节提倡继续推动制度创新的落实，使其更着力于增加农村

居民收入。

二、研究建议

根据理论分析及实证研究结果，结合农村寿险现状，本节提出以下六点建议：推动农村寿险组织制度创新的落实，改善农村寿险组织营销创新方案，促进农村寿险制度创新建立相关政策法规，引入同业竞争监督机制，引入保险中介服务机制，规范营销服务机制。

（一）推动农村寿险组织制度创新的落实

继续推动农村寿险组织制度创新的落实，即通过创新农村组织与寿险组织的协调方式，积极推动农村基层组织、政府组织与寿险组织的联合活动，进而推动制度创新。具体操作如下：第一，按经济区域设点。依托市周边的行政村铺设网点，各乡镇以及经济区域要根据业务分类，充分利用平原和经济条件都不错的区域组建规模较大的机构网点，对于山区和经济条件差的地区，在全年保费收入超过 50 万元的地方构建网点。同时，还要扩大农村的业务，依靠一线业务网络的布局结构，直接与农民接触。第二，根据机构定位，明确销售保单职责。在乡镇设立的保险机构，要根据业务部门或办公室的需求，按照规定的程序审查批准，由国家保险监督管理部门实行垂直管理，由县级支公司直接在当地金融机构设立收支账户。第三，按代理方式运行，以本地人才为主体增加成员。所有农村业务员都应该在个人代理机制的管理下明确雇佣关系。农村业务团队的大小取决于各乡镇营业部所处地区人口、交通、网络等具体情况。

（二）改善农村寿险组织营销创新方案

制度创新采用鼓励农村基层组织积极参与的模式，从扩大乡村寿险组织运行规模出发，并通过创新提高组织运行效率。具体包括提高农村寿险组织服务水平，大力支持农村寿险组织的规模性建设，提升农村居民的风险防范意识和保险意识。第一，开拓农村寿险市场，必须加强保险队伍建设，提高保险从业人员素质。要充分发挥现有人才的积极作用，以体制机制创新为契机，制定和完善各项政策。第二，调整农村寿险营销渠道。企业和农村基层干部应积极利用媒体的强大力量，通过电视、广播和其他宣传载体，大力宣传保险知识，创造一个有效的平台，为农民了解保险提供便利。第三，农村寿险应开展有针对性的宣传。农村的宣传应该从农村干部开始，首先，改变干部本身的想法，让更容易接纳新事物和相对经济基础比较好的干部深入了解保险，通过培训农村干部保险意识来带动村民了解保险；其次，保险名称、保险覆盖面、保障水平等都是宣传的重点，可以通过这些要点的宣传，发挥农村寿险的作用。

（三）促进农村寿险制度创新，建立相关政策法规

作为农村保险重要组成部分的农村寿险具有准公共物品的性质，决定了农村寿险需要政府的支持。特别是在我国目前的情况下，农民的收入水平仍较低，限制了其投保能力和投保积极性，在低收入水平下推行农业保险更需要借助政府力量的推动。因此，我国应加大对农村寿险的财政支持力度，明确对农业寿险业务的税收减免政策。第一，政府要鼓励各类保险公司进入农村开展寿险业务，对开办农村寿险的商业保险公司给予政策上的倾斜，采取"政府补一点，家庭出一点，保险公司让一点"的策略，在不影响保险公司盈利的情况下，将农民投保的门槛降低，大胆走出一条具有中国特色的农村寿险之路。第二，要制定并出台专门针对我国农村寿险发展的法律法规，现在寿险在农村的发展缺乏法律法规的支持，造成无法可依的局面，而《保险法》又是对于我国的整个宏观保险业而言的，由于我国农村情况特殊复杂，《保险法》的有些规章条款不适用于农村寿险，因此，国家应该加快步伐建立健全符合我国农村寿险的法律法规，让农村寿险有法可依、有章可循，从而使寿险在农村得到健康有序的发展。

（四）引入同业竞争监督机制

在当前的监管体制下，国家应当鼓励各保险公司进一步向农村延伸触角，扩大业务范围，并开展适度的同业竞争，以达到相互监督、相互促进的

目的。但是，这种同业竞争监督如果缺乏相关组织、监管机构的引导和机制保证，就可能产生适得其反的效果，造成农村保险市场的无序竞争。为此，需要建立健全保险协会网络体系，强化保险业协会的监督作用，让保险业协会督促各保险公司严格遵守保险同业自律公约，并在其职能范围内对保险公司违法违纪行为及时作出处理，切实维护正常的市场竞争秩序。此外，还可在地市一级设立保险监管分支机构，加强对区、县、乡镇保险市场的监督管理，促进保险业的稳健发展。

（五）引入保险中介服务机制

在机构设立和市场开发方面，应坚持少设立保险机构，多引入能够面对整个保险市场、实行双向负责和双向服务的保险中介机构。市场的开发和业务的经办，应尽量由中介机构来操作。具体而言，第一，在农村引入保险经纪人机制。保险经纪人具有专业技术优势，其除了可为农民投保提供中介服务、协助保险公司销售个性化产品以外，还可在政府与保险监管机构的支持下，进行产品创新和体制机制创新，推出适合农民需求的新险种，协调若干保险公司搞好统保、共保和再保险的安排，以及防灾减损、帮助受损农民办理保险索赔等。这样不但可以解决保险需求方面的矛盾，也能有效地避免保险公司一拥而上，都去设机构、抓业务，从而造成资源浪费。第二，在农村引入保险公估人机制。在保险标的出险后，需要保险公估人进行现场勘查并参与保险理赔。保险公估人还可协助保险人员开展及时的风险评估，提出整改意见，努力防范保险事故的发生，尽量减轻可能造成的经济损失。

（六）规范营销服务机制

针对农村保险市场的现状，各保险公司应从以下四个方面转换经营理念，规范和完善保险营销服务：一是加快农村保险产品的研发，结合农村的实际情况，有选择地改造某些现有保险产品，开发推广新的保险产品，以满足农村消费者低保费、低保障、广覆盖的保险需求。二是加强农村保险机构网络建设，合理调整保险机构在农村的布局，在网点设置上适当向农村偏远地区倾斜，以最大程度地实现对农村保险市场的辐射和带动作用。三是要强化营销队伍的培训和管理，政府部门和保险公司要重视在乡镇经常性地开展保险经营业务知识的培训，在基层造就一批精通保险业务的人才。基层保险工作人员应当学会保险基本理论知识、公共关系知识、农业基础知识、乡土乡情知识等。同时，必须实现保险营销人员的本地化和农村化。四是在保险营销过程中，保险公司和保险代理人要通过多种途径宣传普及保险法的基本知识，并在订立保险合同时向投保人通俗易懂地讲明双方的权利和义务，特别是对于有关免责条款应当进行重点强调。

第八章

研究结论和政策建议

本章综合前面章节的研究内容，从定性到定量，从理论研究到实证分析，系统梳理、提炼出本书的研究结论。结合寿险业发展困境和乡村振兴战略发展要求，进一步为寿险业助推乡村振兴战略的制度创新提出新的发展设想，并从多元产品制度创新、信息化制度创新、市场普及创新、资源投入制度创新、组织制度创新五个维度提出具体的政策建议，以期为寿险业高质量发展以及助推乡村振兴战略提供方向指引。

第一节　研究结论

保险业高质量发展要融入国家发展大局，乡村振兴战略为寿险业高质量发展提供了契机，寿险业对于保障和改善民生和完善农村产业服务体系至关重要。制度创新是寿险业助推乡村振兴战略新的发展方向，因此，本节综合理论研究进行结论总结，进一步结合实证分析从制度创新的五个维度具体提炼本书的研究结论。

一、乡村振兴战略为寿险业高质量发展提供契机

服务国家战略、契合"三农"需求是当前保险业高质量发展的内涵与要

求。寿险业高质量发展要融入国家发展大局，乡村振兴战略的提出为寿险业高质量发展提供了契机。一方面，随着农村人口老龄化形势不断加剧，农村养老、健康、医疗等问题成为乡村振兴过程中亟待解决的问题，这为寿险业发展提供了广阔的市场。另一方面，乡村振兴战略的实施提高了农村居民的生活和收入水平，基本医疗、养老保险已经无法满足农村居民的需要，农村寿险产品需求不断增加且向多样化方向转变，这对寿险业发展提出了新的诉求。

二、寿险业助推乡村振兴战略具有独特优势

保险具有服务经济和民生的功能，寿险业助推乡村振兴战略在保障和改善民生以及完善农村产业服务体系方面具有独特优势：一方面，寿险业能通过对农村基本医疗与养老保险覆盖不到的区域进行补充，为农村养老、医疗等问题提供新的解决方案，完善农村社会保障体系；另一方面，寿险业能引导更多资源配置到农村经济社会发展的重点领域和薄弱环节，通过业务拓展延长养老、医疗等相关产业链，通过创新资金投入机制支持农村小微企业、特色产业发展，完善农村产业服务体系。

三、制度创新是寿险业助推乡村振兴战略新的发展方向

创新是引领发展的第一动力，基于制度创新理论，结合寿险业发展困境和乡村振兴战略的发展要求分析得出，制度创新是寿险业助推乡村振兴战略新的关键。寿险业通过多元产品制度创新，能够为农村发展和农业生产提供配套的保险产品和金融服务，助推乡村产业振兴，通过信息化制度创新，能够促进乡村人才聚集和成长，助推乡村人才振兴，通过市场普及创新，能够提升农村居民的保险意识，完善农村社会保障精神文化，助推乡村文化振兴，通过资源投入制度创新，能够为乡村生态产业发展和生态环境建设提供更多、更优惠的金融服务，助推乡村生态振兴，通过组织制度创新加强组织间的协调发展和相互配合，助推乡村组织振兴。

四、地区差异影响寿险业助推产业振兴的多元产品制度创新

由普惠型商业养老保险与土地流转意愿及土地流转规模的实证分析得出：地区差异会影响寿险业助推乡村产业振兴的多元产品制度创新。受经济发展水平、土地流转意愿、就业机会等各种因素的影响，西部地区商业养老保险参保情况对于土地流转的影响显著，中东部地区商业养老保险参保情况对于土地流转的影响不显著；东部地区商业养老保险收入对于土地流转规模的影响显著，而中西部商业养老保险收入对于土地流转规模的影响则不显著。因此，寿险业在进行多元产品制度创新过程中应重点关注不同地区的显著影响因素，根据不同地区的具体情况因地制宜地进行多元产品制度创新，形成助推乡村产业振兴的差异化发展路径。

五、信息化制度创新通过经济效应促进乡村人才振兴

由信息化制度创新与人才收入、就业市场以及寿险业发展的实证分析得出：寿险业信息化制度创新通过经济效应促进乡村人才振兴。信息化制度创新促进了信息技术在寿险业的应用，通过提供多层次的养老、医疗、健康保险等保障服务，解决了人才在乡村的保障问题，推动城乡保障一体化。信息化制度创新增加人才收入，吸引更多的人才前往乡村工作。此外，信息技术应用提高了服务质量和效率，给寿险企业带来了利润，帮助生成更多的就业市场，为乡村人才提供就业渠道和大展身手的平台，进一步促进乡村人才振兴。因此，寿险业助推乡村振兴战略的信息化制度创新要促进经济效应转化，通过提高人才收入、扩大就业市场推动寿险业与乡村人才振兴同步发展。

六、寿险密度和深度失衡不利于市场普及创新和乡村文化振兴

由我国寿险市场普及创新和农村居民社会保障水平进行实证分析得出：寿险深度和密度失衡会对农村居民社会保障水平产生消极影响，不利于市场

普及创新和乡村文化振兴。寿险深度失衡，意味着寿险在地方经济市场地位的下降，人们购买寿险的意愿也将持续降低。寿险密度失衡则会造成人均社会保障不足，对生产生活造成消极影响。寿险密度的提升会促进欠发达地区农村居民的寿险消费，提升寿险的经济发展地位，进而提高了农村居民的社会保障水平。寿险密度失衡必然引起寿险深度的失衡，降低农村居民的社会保障水平。因此，寿险业市场普及创新应平衡保险密度和深度，确保寿险业市场普及创新的均衡发展，才能够提升农村居民社会保障水平，促进乡村文化振兴。

七、投资规模和结构是资源投入制度创新助推生态振兴的关键

由我国寿险业资金投资规模和投资结构与生态产业发展规模和产出水平的实证分析得出：投资规模和投资结构是寿险业资源投入制度创新助推乡村生态振兴的关键。一方面，寿险业通过创新资金配置途径，提高资金配置规模，能够不断推动生态产业发展实现乡村生态振兴。寿险业拓宽资源投资规模还可以提高保险规模、保险保障范围，为生态产业发展提高风险防范水平。另一方面，寿险业资源投入结构影响生态产业获取资源的投资效率。寿险业为促进乡村生态产业发展对保险资金投资结构进行优化，减轻债券投资资源分配比例，提高银行存款资金余额分配比例。因此，寿险业资源投入制度创新应协同投资规模和结构，确保寿险业助推乡村生态振兴的资源配置实现均衡发展。

八、经济和技术是寿险业组织制度创新促进组织振兴的重点

寿险业组织制度创新围绕寿险业产业组织变化与农村地区组织治理水平的内在联系，由寿险组织制度创新与居民收入、社会保障水平的实证分析得出：经济和技术是寿险业组织制度创新促进乡村组织振兴的重点。农村寿险制度创新促使资本与技术利用效率的提升，并降低了寿险组织的经营成本，使得居民收入和社会保障水平增加，因此，促进了乡村组织振兴。此外，寿

险业组织制度创新对农村居民收入和社会保障水平的影响总体从东向西呈递减趋势，其主要原因就在于不同区域在经济和技术方面存在的差异，东部地区拥有经济和技术优势，组织制度创新能够更快地转化为助推乡村振兴发展的力量。因此，寿险业组织制度创新应加强经济发展和科技应用，提高组织运行效率，推动乡村组织振兴。

第二节　政策建议

综合前面章节的研究内容，当前寿险业助推乡村振兴战略制度创新面临一系列发展困境，必须完善政策体系、加强监管考核、加强科技和人才支撑，寿险业还要统筹经济效益和社会效益，提升寿险服务的可得性。这些从整体上为寿险业助推乡村振兴战略的制度创新提供了新的发展设想。此外，本节进一步结合上述研究结论从九个维度提出具体的政策建议，以期为寿险业高质量发展以及助推乡村振兴战略提供方向指引。

一、以政策体系完善化增强制度创新的合法性

到 2021 年，我国已经连续四年在中央一号文件中对保险业服务乡村振兴提出要求、作出部署，这为寿险业助推乡村振兴战略提供了良好的制度环境。但由于地方政府对于保险的重视程度不够，寿险业助推乡村振兴战略的制度创新常常面临着政策体系不完善的困境。完善政策体系能够增强寿险业制度创新的合法性，从而更好地助推乡村振兴战略的发展。完善政策体系和专业化体制机制：一是要从产品研发、经济资本配置等方面对寿险业助推乡村振兴战略予以政策支持，如对于寿险业开发农村居民寿险产品、投资农村产业可以出台针对性的政策并且提供一定的税收优惠和财政补贴等。二是各级政府要完善寿险业服务农村民生与实体经济发展的监管、审批和保障等相关政策，营造健康高效的制度环境，提升寿险业服务经济社会发展的能力，如保险科技的普及和应用会提高服务质量和效率，也会带来客户信息安全、

消费者权益等问题，不仅需要健全审批制度，还需要完善监管政策。三是要将行政系统与人保系统对接，建立政府、企业、农民之间良性互动机制能及时有效地解决寿险业助推乡村振兴战略过程中的问题。政府和寿险业可以建立服务乡村振兴的专门机构，形成专业化的体制机制，通过严格限制权力与职能的范围，增强寿险业助推乡村振兴战略的合法性。

二、以监管考核的差异化提升制度创新的有效性

《中国银保监会办公厅关于 2021 年银行业保险业高质量服务乡村振兴战略的通知》提出，加强差异化监管考核，引领不同地区寿险业助推乡村振兴战略面临着不同的困境，政府要通过构建专业化的体制机制，对涉农相关金融活动提供差异化考核和监管，打造不同特点的寿险业助推乡村振兴战略的模式，对于提升制度创新的有效性至关重要。加强差异化监管考核：一是要明确差异化考核目标，寿险业不同机构在不同地区要根据当地的经济发展水平和人文地理条件设置差异化的考核目标，如东部地区经济发展水平较高，寿险业助推乡村振兴战略不能仅仅局限于寿险业资源投入规模，更要注重资源投入质量。二是要根据考核目标进行进度检查和行为优化，完善监管激励约束机制。对于完成情况较好的寿险业机构，采取多种形式给予正向激励；对完成情况较差的寿险业机构，既要视情况进行惩处，还要及时发现总结行动中的不足并进行优化。三是探索寿险业助推乡村振兴战略的有效途径。不同地区具有不同的经济发展水平和人文地理条件，结合不同地区农业农村发展特点和差异化考核目标，因地制宜探索寿险业助推乡村振兴战略的有效途径是制度创新的最终目标。根据不同地区经济发展特点，加强差异化监管考核，提升寿险业服务质效，能够更好地促进寿险业高质量发展和助推乡村振兴战略的制度创新。

三、以人才和科技的中心化促进制度创新的可持续性

人才资源是第一资源，科学技术是第一生产力，人才和科技对于寿险业

发展和乡村振兴战略具有重要意义。寿险业助推乡村振兴战略的制度创新必须以人才和科技为中心，以人才和科技的中心化促进制度创新的可持续化。以人才和科技为中心：一是要构建寿险业助推乡村人才振兴的长效机制，政府要做好顶层设计，完善助推乡村人才振兴的相关政策，为寿险业助推乡村振兴战略营造良好的制度环境。政府和寿险企业都要把人才资源是第一资源的理念落到实处，促进人才资本优先投资、人才资源优先开发，加大人才培养与培训，着力提升乡村寿险人才和其他各种类型人才的整体素质，汇聚促进农业农村现代化的各类人才。二是要大力发展"保险+科技"，加强科技在整个寿险领域的应用，促进寿险业数字化转型。寿险业数字化转型不仅仅是根据客户的需求设计个性化的产品，还要借助信息技术对咨询、投保、理赔、管理等一整套业务服务进行优化，如中国人寿寿险公司不断扩大大数据、人工智能等技术在理赔方面的应用范围，全面重塑高效的理赔系统。寿险业数字化转型能够节约人力物力财力，符合寿险业和整个金融领域的发展趋势。三是寿险业要结合不同时期的人才要求和科技发展趋势，创新人才培养模式与科技投入机制，推动科技和人才转化为推动乡村振兴和寿险业高质量发展的动力。寿险业助推乡村振兴战略还可以将科技创新与人才培养相结合，以人才培养助推科技创新，科技创新反过来推动人才培养，形成科技创新、人才培养互动机制。

四、以经济效益和社会效益的统筹化提升寿险服务的可得性

《中国银保监会办公厅关于2021年银行业保险业高质量服务乡村振兴战略的通知》要求统筹考虑经济效益和社会效益，避免农村金融空白问题，优化县域和社区金融服务。考虑到经济效益，我国保险机构及其网点往往设立在县级以上地区，这使得农村居民的保险服务需求常常得不到满足，也为其保险业务办理带来不便。只有统筹经济效益和社会效益，才能够更好地满足农村居民的服务需求，提高寿险服务的可得性。统筹社会和经济效益，提升寿险服务的可得性：一是寿险企业要结合自身能力和消费需求，创新资金投入，加强农村寿险网点和网上寿险机构建设。寿险业通过逐步将网点扩展至

农村地区，为农村居民办理寿险业务提供便利。寿险业也可以利用大数据、互联网等信息技术，建立网上保险机构进行业务办理与售后保障，但这种方式要注意相关高端人才的培养与服务水平的保障。二是寿险业可以与银行合作，利用银行的机构设置与信息资源优势合作发展，共同助推乡村振兴战略。如在广西，中国人寿与当地银行展开合作推出国寿扶贫贷，为乡村企业发展提供金融支持。三是扩大县域和社区寿险机构的服务能力和服务范围，更好地为农村经济社会发展提供金融供给，一方面有利于满足农村居民养老、医疗等服务需求，有效发挥保障和改善民生功能；另一方面有利于农村客户融资，推动农村产业发展，有效发挥服务实体经济功能。

五、以多层次、全方位、宽领域为目标创新寿险产品和服务

2021 年，中央一号文件强调，构建现代乡村产业体系，提升农村基本公共服务水平。寿险业助推乡村振兴战略的制度创新要弥补现行社会保障制度的不足、服务实体经济，切实解决社会痛点，服务国家战略。以多层次、全方位、宽领域为目标，创新寿险产品和服务：一是要借助科技手段对产品的开发与设计进行赋能，在服务体验和运营模式方面对保险业进行重塑。当前农村居民寿险需求向个性化方向转变，寿险业创新保险产品要确立需求导向，借助信息技术对用户体验、意见进行收集，通过创新提供多层次的产品和服务，推进寿险业供给侧结构性改革，化解供需矛盾。二是要与助推乡村振兴战略的行动计划相结合，切实加强保障和改善民生功能。寿险业要深度挖掘客户需求，开发差异化、定制化、全方位的寿险产品和服务，织密织实服务网络，将服务民生做到实处，如浙江省发布《全面推进乡村振兴战略行动计划 2018－2022》，寿险业结合行动计划要求，加强农村保险保障制度和体系的建设，创造全面提高农民生活水平和养老保障水平的农村社会保障体系。三是寿险业创新发展助推乡村振兴战略要将保险与医疗、养老等相关产业结合起来，延长产业链，提供宽领域、多元化的寿险产品和服务。此外，寿险业多元产品制度创新要结合地区差异影响，根据不同地区的经济发展水平和人文地理条件，开发与当地需要相吻合、极具特色的寿险产品和服务，

如保障水平与农民收入水平相一致、缴费方式与农民收入特点相匹配，将农村地区的潜在需求转化为有效需求。

六、线上线下相结合创新寿险普及方式助推乡村文化振兴

寿险业市场普及创新的目的在于让农村居民提高风险保障意识，调动农村居民参保积极性，完善农村社会保障精神文化，助推乡村文化振兴。寿险业市场普及创新要以贴近农村居民生活和实际的方式开展，不断创新宣传工作思路。线上线下相结合的方式，不仅让农村居民对寿险形成更为直观、全面的认识，还有利于打破地域限制，平衡寿险密度和深度与寿险业市场普及的均衡发展。以线上线下相结合创新助推乡村文化振兴的寿险普及方式：一是要积极开展各种形式的市场普及活动，提高居民的参与度，促进社会保障文化和意识的形成。寿险业可以通过在农村开展客户节，推出一系列丰富多彩的活动项目，推动农村社会保障精神文化的发展，如 2021 年中国人寿通过客户节提供重趣味、优体验的游戏活动，提升了客户参与的乐趣。二是要提高寿险产品覆盖范围，培养寿险保障意识。寿险业要加大在农业、农村、农民各方面的保险覆盖和涉及范围拓展的力度，让寿险产品"飞入寻常百姓家"，融入乡村居民的日常生产和生活的方方面面，营造寿险普及的氛围，培养农村居民保障意识，充分开发农村寿险市场潜力。以寿险产品如养老保险的普及推动孝文化的创新发展，同时，形成保障意识，推动保险文化的形成。三是要积极开发寿险营销线上信息平台。寿险业要注重自媒体等营销渠道的开发，针对农村居民常使用的软件投入寿险产品宣传广告，拓宽乡村居民与寿险产品的接触渠道，如中国人寿寿险公司不断创新线上服务模式，打造了集 App、官方公众号、小程序于一体的多元化线上服务矩阵。

七、加强信息化制度创新的经济效应转化助推乡村人才振兴

人才支持对于现代保险业的发展具有重要意义。寿险业助推乡村振兴战略的信息化制度创新通过经济效应转化，提高人才收入，扩大就业市场，推

动与乡村人才振兴。因此，要注重经济效应转化，加强信息化制度创新在人才振兴中的作用：一是要创新科技应用，加强科技对整个寿险领域的重塑。运用信息技术对农村寿险业重塑，需要相应的人才队伍配套，创造一定数量的就业机会，从而吸引具有高技术水平的人才聚集，如中国人寿寿险公司不断扩大大数据、人工智能等技术在理赔方面的应用范围，全面重塑高效的理赔系统，从而吸引新的人才加入。二是要利用信息技术延长产业链，除了加强线上销售和线上服务，还可以促进信息技术与农业深度融合，邀请从事农业科技相关领域的专业人才建立研究基地，培育本土的农业人才，为本土人才培育增添力量，促进乡村人才振兴。三是寿险业要结合不同时期的人才要求和科技发展趋势，加强不同领域人才的培养。当前，寿险业的发展不仅需要大量具有保险知识、能够运用信息技术的复合型人才，还需要医疗、保健、法律等方面的人才。可以借助高校育人平台为企业员工提供进修机会，提升员工的专业化能力，还可以通过加强人员内部培训，增强其专业服务技能，从而为农村地区培养各种类型的人才，促进乡村人才振兴。

八、协同投资规模和结构创新资源配置助推乡村生态振兴

协同投资规模和结构、创新助推乡村生态发展的资源配置模式：一是要完善寿险业保险资金使用机制和制度规定的顶层设计，与时俱进地对生态产业、绿色投资的相关内容进行创新，紧跟最新的发展理念，从促进生态产业发展的角度，进一步加大引导寿险资金支持生态产业发展的力度，充分发挥寿险资金余额规模扩大对生态产业发展规模扩张的保障作用。二是要结合最新绿色产业发展方向，精准定位生态产业风险控制的保险需求，创新寿险产品设计和保险内容，加大与银行等金融机构的合作力度，对寿险业投资内容和投资形式进行多元化交流和创新，最大程度发展和完善寿险资金投资机制，如中国人寿为以绿色金融保险的方式助推生态振兴。在福建龙岩，中国人寿开发了林业碳汇指数保险，因为病虫灾害的出现造成生态林的碳汇能力减少到一定程度，购买林业碳汇指数保险的企业都可以申请保险赔偿。三是要拓宽寿险业金融服务领域，实现精准补偿，促进生态产业发展。利用寿险

财产资源，通过其他投资形式创新，探索针对优质生态企业进行精准投资的途径，依据政策要求有方向地进行资金资源配置，帮助解决生态产业资金问题，提供金融服务，扶持企业发展。针对绿色生态产业行业特征，设置专项绿色保险，对生态产业形成精准补偿和帮扶机制，保障产业稳定运营和发展。

九、借助信息技术探索寿险业组织制度创新的多方合作模式

农村寿险组织制度创新，即通过创新农村组织与寿险组织的协调方式，积极推动农村基层组织、政府组织与寿险组织的联合活动，进而推动制度创新。科技应用能够提高组织运行效率，寿险业组织制度创新应加强技术应用，探索寿险组织制度创新的多方合作模式。一是要创新内部组织形式，优化服务队伍。寿险业可以借助信息技术创新其内部的组织形式和组织结构，优化乡村寿险业服务的队伍，为乡村居民提供高质量寿险服务。通过寿险业内部团队组织创新，不断提高寿险业服务水平，为与乡村基层组织展开合作奠定基础。二是要加强不同部门的联系，积极开展多方合作。寿险业要建立与多部门合作的协调机制，增强自身与乡村组织、政府机构的合作关系，以乡村组织为单位，整体开发寿险产品，提高产品服务的效率。如中国人寿浙江省分公司，近年来不断加大与浙江省扶贫办、计生协、老龄办等多部门的协调与合作，积极签订实现普惠保险、小额信贷、绿色金融等多领域合作的合同，力争提升浙江省寿险产品的服务水平和服务效率。三是要加强金融机构、政府部门、扶贫机构的合作，加强信息共享。由政府牵头组织、统筹协调保险公司、医保机构及其他组织搭建信息共享平台，政府鼓励医疗、养老等多方机构加强与保险机构的信息数据共享，促进数据融合。寿险机构可以借助区块链技术将不同部门、组织的数据结合，通过对社保部门和各类医疗机构之间的信息进行梳理和连接，建立统一的信息共享系统。如宁夏"扶贫保"利用信息技术突破了社保与商保的沟通屏障，方便了居民理赔。

参考文献

［1］鲍文爽．互联网金融平台予以填补农村金融空白［J］．人民论坛，2019（5）：78-79．

［2］蔡昉，王美艳．从穷人经济到规模经济——发展阶段变化对中国农业提出的挑战［J］．经济研究，2016（5）：14-26．

［3］曹勇．通货膨胀与人寿保险产品创新［J］．保险研究，2008（4）：28-30，47．

［4］曹中秋．打造人才引擎助力乡村振兴［J］．人民论坛，2019（23）：70-71．

［5］陈波．公共文化空间弱化：乡村文化振兴的"软肋"［J］．人民论坛，2018（21）：125-127．

［6］陈迪红，孙福伟．中国城镇居民养老保障水平的区域差异研究——基于2007-2016年区际面板数据的实证分析［J］．财经理论与实践，2019，40（3）：46-51．

［7］陈放．乡村振兴进程中农村金融体制改革面临的问题与制度构建［J］．探索，2018（3）：163-169．

［8］陈俭，侯长林，陈治国，等．"乡村振兴"背景下贵州省农村居民消费结构研究——基于LA-AIDS模型的实证分析［J］．中国农业资源与区划，2020，41（9）：119-127．

［9］陈经伟，姜能鹏，李欣．"绿色金融"的基本逻辑、最优边界与取

向选择 [J]. 改革, 2019 (7): 119 - 131.

[10] 陈美球, 廖彩荣, 刘桃菊. 乡村振兴、集体经济组织与土地使用制度创新——基于江西黄溪村的实践分析 [J]. 南京农业大学学报 (社会科学版), 2018 (2): 27 - 34, 158.

[11] 陈野, 王平. 历史站位与全局关切: 习近平关于乡村振兴战略的重要论述 [J]. 浙江学刊, 2018 (6): 22 - 32.

[12] 程华, 赵祥. 政府科技资助对企业 R&D 产出的影响——基于我国大中型工业企业的实证研究 [J]. 科学学研究, 2008 (3): 519 - 525.

[13] 储德银, 邵娇, 迟淑娴. 财政体制失衡抑制了地方政府税收努力吗? [J]. 经济研究, 2019, 54 (10): 41 - 56.

[14] 戴稳胜, 张阿兰, 林桢舜, 等. 寿险业产业结构与企业经营策略对获利能力的影响 [J]. 统计研究, 2004 (9): 19 - 22.

[15] 杜晨媛, 许恒周. 农户兼业、新农保与土地流转 [J]. 农村经济, 2021 (4): 87 - 94.

[16] 杜春林, 孔珺. "慢城" 何以 "快干": 乡村旅游产业振兴的多元共治路径 [J]. 西北农林科技大学学报 (社会科学版), 2021, 21 (2): 80 - 90.

[17] 杜莉, 郑立纯. 我国绿色金融政策体系的效应评价——基于试点运行数据的分析 [J]. 清华大学学报 (哲学社会科学版), 2019, 34 (1): 173 - 182, 199.

[18] 杜莉, 郑立纯. 中国绿色金融政策质量评价研究 [J]. 武汉大学学报 (哲学社会科学版), 2020, 73 (3): 115 - 129.

[19] 杜鑫. 我国农村金融改革与创新研究 [J]. 中国高校社会科学, 2019 (5): 85 - 94, 158.

[20] 段国圣, 段胜辉. 保险机构项目投资问题研究 [J]. 保险研究, 2018 (10): 8 - 14.

[21] 方颖, 赵扬. 寻找制度的工具变量: 估计产权保护对中国经济增长的贡献 [J]. 经济研究, 2011, 46 (5): 138 - 148.

[22] 高尚宾, 徐志宇, 靳拓, 等. 乡村振兴视角下中国生态农业发展

分析 [J]. 中国生态农业学报 (中英文)，2019，27 (2)：163 - 168.

[23] 谷树忠. 产业生态化和生态产业化的理论思考 [J]. 中国农业资源与区划，2020，41 (10)：8 - 14.

[24] 顾海，吴迪. "十四五"时期基本医疗保障制度高质量发展的基本内涵与战略构想 [J]. 管理世界，2021，37 (9)：158 - 167.

[25] 顾昕. 走向准全民公费医疗：中国基本医疗保障体系的组织和制度创新 [J]. 社会科学研究，2017 (1)：102 - 109.

[26] 郭俊华，卢京宇. 乡村振兴：一个文献述评 [J]. 西北大学学报 (哲学社会科学版)，2020，50 (2)：130 - 138.

[27] 国务院发展研究中心"绿化中国金融体系"课题组，张承惠，谢孟哲，田辉，王刚. 发展中国绿色金融的逻辑与框架 [J]. 金融论坛，2016，21 (2)：17 - 28.

[28] 韩长赋. 关于实施乡村振兴战略的几个问题 [J]. 中国人大，2019 (7)：31 - 37.

[29] 何帆，刘红霞. 数字经济视角下实体企业数字化变革的业绩提升效应评估 [J]. 改革，2019 (4)：137 - 148.

[30] 何宏庆. 数字金融助推乡村产业融合发展：优势、困境与进路 [J]. 西北农林科技大学学报 (社会科学版)，2020，20 (3)：118 - 125.

[31] 贺娟，肖小勇，等. 大数据背景下的农险反欺诈检测：国际经验与技术选择 [J]. 保险研究，2019 (7)：53 - 66.

[32] 赫国胜，柳如眉. 财政社会保障支出的地区收入差距收敛效应分析——基于东中西部 2000 ~ 2012 年面板数据 [J]. 社会科学辑刊，2015 (4)：94 - 100.

[33] 洪银兴，刘伟，高培勇，等. "习近平新时代中国特色社会主义经济思想"笔谈 [J]. 中国社会科学，2018 (9)：4 - 7，204 - 205.

[34] 胡晓宁，李清，陈秉正. 科技保险问题研究 [J]. 保险研究，2009 (8)：57 - 64.

[35] 胡运良. 基于职业教育的保险人才培养模式探讨 [J]. 保险研究，2009 (2)：91 - 95.

［36］黄国勤. 论乡村生态振兴［J］. 中国生态农业学报（中英文），2019，27（2）：190－197.

［37］黄少安. 改革开放40年中国农村发展战略的阶段性演变及其理论总结［J］. 经济研究，2018，53（12）：4－19.

［38］黄颖，吕德宏. 农业保险、要素配置与农民收入［J］. 华南农业大学学报（社会科学版），2021，20（2）：41－53.

［39］黄祖辉. 准确把握中国乡村振兴战略［J］. 中国农村经济，2018（4）：2－12.

［40］姜长云. 关于实施乡村振兴战略的若干重大战略问题探讨［J］. 经济纵横，2019（1）：10－18.

［41］姜芳，姜含春，中国农村商业保险营销问题及对策探讨［J］. 安徽农业大学学报（社会科学版），2011（5）：1－3.

［42］姜华. 新时期、新定位、新目标下的农业保险高质量发展研究［J］. 保险研究，2019（12）：10－17.

［43］蒋辉，刘兆阳. 乡村产业振兴的理论逻辑与现实困境——以湖南千村调研为例［J］. 求索，2020（2）：128－134.

［44］蒋奇. 论寿险营销创新［J］. 保险研究，2000（6）：38－39.

［45］蒋远胜，徐光顺. 大力发展补充保险构建多层次养老保障体系［J］. 西南民族大学学报（社会科学版），2019（8）：47－56.

［46］蒋卓晔. 乡村振兴，人才是关键［J］. 人民论坛，2018（19）：62－63.

［47］金绍荣，张应良. 农科教育变革与乡村人才振兴协同推进的逻辑与路径［J］. 国家教育行政学院学报，2018（9）：77－82.

［48］睢岚，锁凌燕，汪颖. 中国农村小额人身保险需求影响因素分析——基于安徽省黄山市的实证研究［J］. 保险研究，2015（4）：51－62.

［49］兰斯·E. 戴维斯，道格拉斯·C. 诺思. 制度变迁与美国经济增长［M］. 张志华，译. 上海：上海人民出版社，2019.

［50］雷钦礼. 制度环境与经济增长：理论模型与中国实证［J］. 经济与管理研究，2017，38（12）：3－16.

［51］李宏，张向达．中国财政社会保障支出扩面效应的测算与比较［J］．经济学家，2020（4）：68－79．

［52］李瑾．突破农村养老保险的发展瓶颈［J］．人民论坛，2018（34）：90－91．

［53］李琦，倪志良．公共服务支出提升了居民收入差距容忍度吗？——基于公共服务获得感的中介效应研究［J］．经济问题探索，2021（8）：31－42．

［54］李实，陈基平，等．共同富裕路上的乡村振兴：问题、挑战与建议［J］．兰州大学学报（社会科学版），2021，49（3）：37－46．

［55］李文涛，苏琳．制度创新理论研究述评［J］．经济纵横，2001（11）：61－63．

［56］李小林，赵永亚，司登奎．保险业发展与金融稳定：来自金砖国家的经验证据［J］．世界经济研究，2021（6）：106－120，137．

［57］李晓西，王佳宁．绿色产业：怎样发展，如何界定政府角色［J］．改革，2018（2）：5－19．

［58］李心愉，付丽莎．基于 Black－Litterman 模型的保险资金动态资产配置模型研究［J］．保险研究，2013（3）：24－38．

［59］李秀芳，傅国耕．寿险业产品结构优化的方向与对策［J］．中国金融，2012（21）：41－42．

［60］李旸，郑培江．社保支出增长与经济增长的周期性协调及长期适度均衡——基于 OECD 国家的经验研究［J］．四川大学学报（哲学社会科学版），2020（6）：174－184．

［61］李周．中国经济学如何研究绿色发展［J］．改革，2016（6）：133－140．

［62］梁刚．论绿色金融与区域生态环境的耦合协调发展策略［J］．环境工程，2021，39（3）：242．

［63］廖进球，吴昌南．关于生态产业发展的几点思考［J］．当代财经，2010（12）：84－92．

［64］林凯旋．农业信贷与保险联动支持农业发展：内在逻辑与改进路

径 [J]. 保险研究，2020 (4)：69 - 76.

[65] 林星，王宏波. 乡村振兴背景下农村基层党组织的组织力：内涵、困境与出路 [J]. 科学社会主义，2019 (5)：115 - 120.

[66] 刘蓓，赵修安. 基于熵权 TOPSIS 法的基本公共服务均等化评价实证研究——以广西为例 [J]. 学术论坛，2016，39 (3)：72 - 76.

[67] 刘斌，林义. 国家安全视角下构建多层次养老保险体系的制度创新——基于城镇职工养老保险缴费比例下调后基金缺口的测算 [J]. 财经科学，2020 (8)：39 - 51.

[68] 刘厚莲，张刚. 乡村振兴战略目标下的农村人口基础条件研究 [J]. 人口与发展，2021，27 (2)：130 - 139.

[69] 刘厚莲. 靠谁养老、去哪养老：乡城流动人口养老意愿分析 [J]. 人口与发展，2019，25 (3)：57 - 66.

[70] 刘客. 熊彼特创新理论对中国煤炭产业转型的启示——本质、动力和方向 [J]. 经济问题，2014 (12)：9 - 14.

[71] 刘娜. 非劳动收入的时间福利——基于中国微观数据的实证 [J]. 世界经济文汇，2013 (4)：98 - 120.

[72] 刘锐. 农村产业结构与乡村振兴路径研究 [J]. 社会科学战线，2019 (2)：189 - 198.

[73] 刘赛红，杨颖. 金融资源配置与乡村产业振兴的交互作用及其空间溢出效应 [J]. 经济问题，2021 (11)：98 - 106.

[74] 刘社欣，刘亚军. 农村金融供给侧改革如何发力 [J]. 人民论坛，2020 (10)：86 - 87.

[75] 刘玉焕，江生忠. 中国寿险业盈利模式和价值定位研究 [J]. 保险研究，2013 (5)：22 - 30.

[76] 卢向虎，秦富. 中国实施乡村振兴战略的政策体系研究 [J]. 现代经济探讨，2019 (4)：96 - 103.

[77] 鲁全. 生产方式、就业形态与社会保险制度创新 [J]. 社会科学，2021 (6)：12 - 19.

[78] 鲁全. 中国养老保险管理体制变革与发展 [J]. 山东社会科学，

2020（4）：75－81，23.

［79］鲁伟．生态产业：理论、实践及展望［J］．经济问题，2014（11）：16－19，43.

［80］陆静超．新时期金融精准支持乡村振兴对策研究［J］．理论探讨，2021（3）：145－149.

［81］吕洪燕，孙喜峰，齐秀辉．制度创新与企业全要素生产率——来自中国自由贸易试验区的证据［J］．软科学，2020，34（10）：76－83.

［82］吕文栋，赵杨，彭彬．科技保险相关问题探析［J］．保险研究，2008（2）：36－40.

［83］栾江，张玉庆，等．土地经营权流转的农村居民收入分配效应研究——基于分位数处理效应的异质性估计［J］．统计研究，2021，38（8）：96－110.

［84］罗承舜，我国农村保险扶贫的困境及对策［J］，当代农村财经，2018（9）：61－64.

［85］罗仁福，刘琰，刘承芳，等．新型农村养老保险对农户家庭土地流转行为的影响——基于中国农村发展调查的5省农户微观数据［J］．经济经纬．2019，36（3）：33－40.

［86］罗胤晨，李颖丽，文传浩．构建现代生态产业体系：内涵厘定、逻辑框架与推进理路［J］．南通大学学报（社会科学版），2021，37（3）：130－140.

［87］骆世明．农业生态转型态势与中国生态农业建设路径［J］．中国生态农业学报，2017，25（1）：1－7.

［88］马九杰，崔恒瑜，吴本健．政策性农业保险推广对农民收入的增进效应与作用路径解析——对渐进性试点的准自然实验研究［J］．保险研究，2020（2）：3－18.

［89］马莉．以绿色金融推动绿色发展［J］．人民论坛，2019（24）：72－73.

［90］马学琳，夏李莹，应望江．普惠金融视角下农民商业保险消费与投资倾向——基于"千村调查"调研样本数据分析［J］．西北农林科技大学

学报（社会科学版），2021，21（5）：85 - 94.

[91] 茅锐，徐建炜. 劳动力结构与产业结构调整 [J]. 浙江大学学报（人文社会科学版），2015，45（2）：164 - 183.

[92] 南永清，贺鹏皓，周勤. 商业保险对居民消费影响研究——基于中国省级面板数据的经验证据 [J]. 保险研究，2020（3）：23 - 40.

[93] 聂建亮，董子越，吴玉锋. 从"无休"到退休：农民退休的逻辑与制度设计 [J]. 学习与实践，2021（7）：73 - 84.

[94] 蒲实，孙文营. 实施乡村振兴战略背景下乡村人才建设政策研究 [J]. 中国行政管理，2018（11）：90 - 93.

[95] 钱文荣，洪甘霖，郑淋议. 社会养老保障水平与农地流转市场发育——基于数量和质量的双重视角 [J]. 农业技术经济，2021：184 - 199.

[96] 钱再见，汪家焰. "人才下乡"：新乡贤助力乡村振兴的人才流入机制研究——基于江苏省 L 市 G 区的调研分析 [J]. 中国行政管理，2019（2）：92 - 97.

[97] 秦昌才. 新农保对家庭养老的替代效应——基于 CFPS 的微观证据 [J]. 东岳论丛，2019，40（6）：87 - 95，192.

[98] 秦昌才. 新农保对中国农村家庭收入的促进效应 [J]. 华南农业大学学报（社会科学版），2017，16（5）：41 - 48.

[99] 秦德智，邵慧敏. 我国农业产业结构调整动因分析——基于扩展的柯布—道格拉斯生产函数 [J]. 农村经济，2016（5）：59 - 63.

[100] 秦杨. 发展乡村生态旅游 促进精准扶贫 [J]. 人民论坛，2019（3）：64 - 65.

[101] 邱晗，黄益平，纪洋. 金融科技对传统银行行为的影响——基于互联网理财的视角 [J]. 金融研究，2018（11）：17 - 29.

[102] 邱兆祥，罗满景. 科技保险支持体系与科技企业发展 [J]. 理论探索，2016（4）：94 - 98.

[103] 曲朦，赵凯. 不同土地转入情景下经营规模扩张对农户农业社会化服务投入行为的影响 [J]. 中国土地科学，2021，35（5）：37 - 45.

[104] 任春生. 我国保险资金运用改革发展 40 年：回顾与展望 [J].

保险研究，2018（12）：29 – 33.

[105] 邵全权，解强，陈月. 保险保障基金对中国保险业产业组织的影响 [J]. 数量经济技术经济研究，2010，27（2）：118 – 132，152.

[106] 石晓军，闫竹. 城镇化一定能促进寿险业发展吗？——基于人类发展指数的异质性分析 [J]. 财经研究，2017，43（6）：105 – 117.

[107] 孙刚，罗昊. 乡村振兴背景下文化治理现代化的价值意蕴与政策路径 [J]. 江汉论坛，2021（7）：85 – 90.

[108] 孙久文，张静，李承璋，等. 我国集中连片特困地区的战略判断与发展建议 [J]. 管理世界，2019（10）：150 – 159，185.

[109] 孙蓉，吴剑，崔微微. 普惠保险及其发展水平测度 [J]. 保险研究，2019（1）：58 – 74.

[110] 孙蓉. 保险资源配置中的政府与市场 [J]. 保险研究，2008（5）：17 – 20.

[111] 孙喜红，贾乐耀，陆卫明. 乡村振兴的文化发展困境及路径选择 [J]. 山东大学学报（哲学社会科学版），2019（5）：135 – 144.

[112] 唐任伍. 新时代乡村振兴战略的实施路径及策略 [J]. 人民论坛·学术前沿，2018（3）：26 – 33.

[113] 唐焱，韩欢，吴群. 土地股份合作对农村劳动力非农转移的影响研究：理论框架与作用路径——基于安徽省4市农户调研数据的实证分析 [J]. 南京农业大学学报（社会科学版），2021，21（4）：117 – 129.

[114] 陶建群，刘时安，周艳，等. 以制度创新推动自贸试验区高质量发展的"福建样本" [J]. 人民论坛，2020（27）：84 – 87.

[115] 童光荣，刘畅，邹芸螺. 我国寿险业发展潜力研究 [J]. 保险研究，2013（4）：52 – 62.

[116] 庹国柱. 我国农业保险的发展成就障碍与前景 [J]. 保险研究，2012（12）：21 – 29.

[117] 庹国柱. 我国农业保险政策及其可能走向分析 [J]. 保险研究，2019（1）：3 – 14.

[118] 完颜瑞云，锁凌燕. 保险科技对保险业的影响研究 [J]. 保险研

究，2019（10）：35 - 46.

［119］王成刚，石春生，李坤．企业组织创新与技术创新匹配决策关系研究［J］．科研管理，2018，39（S1）：245 - 253.

［120］王聪，何爱平．创新驱动发展战略的理论解释：马克思与熊彼特比较的视角［J］．当代经济研究，2016（7）：57 - 65，97.

［121］王飞．政策性农业保险的制约因素及发展对策研究［J］．山东社会科学，2015（S1）：241 - 242.

［122］王海娟．资本下乡与乡村振兴的路径——农民组织化视角［J］．贵州社会科学，2020（6）：163 - 168.

［123］王海巍，周霖．区块链技术视角下的保险运营模式研究［J］．保险研究，2017（11）：92 - 102.

［124］王和，鞠松霖．基于大数据的保险商业模式［J］．中国金融，2014（15）：28 - 30.

［125］王欢，黄健元．中国人口年龄结构与城乡居民消费关系的实证分析［J］．人口与经济，2015（2）：11 - 20.

［126］王劲屹．农村金融发展、资本存量提升与农村经济增长［J］．数量经济计算研究，2018（2）：64 - 81.

［127］王向楠，吴婷．保险发展、产业间资源配置与经济增长［J］．金融评论，2019，11（6）：36 - 55，121.

［128］王小茵．经济双循环格局下农村金融困境及系统性对策研究［J］．宏观经济研究，2020（9）：68 - 76.

［129］王肖芳．农民工返乡创业集群驱动乡村振兴：机理与策略［J］．南京农业大学学报（社会科学版），2018，18（6）：101 - 108，160.

［130］王修华．乡村振兴战略的金融支撑研究［J］．中国高校社会科学，2019（3）：35 - 43，157.

［131］王绪瑾，王浩帆．改革开放以来中国保险业发展的回顾与展望［J］．北京工商大学学报（社会科学版），2020，35（2）：91 - 104.

［132］王雪平．乡村振兴与农户组织化［J］．人民论坛，2018（25）：56 - 57.

［133］王媛媛. 保险科技如何重塑保险业发展［J］. 金融经济学研究, 2019, 34 (6): 29 – 41.

［134］王云华. "双生"循环系统下的生态农业与乡村振兴路径探析——基于生态与经济的视角［J］. 吉首大学学报 (社会科学版), 2019, 40 (2): 150 – 160.

［135］王震. 公共政策 70 年: 社会保障与公共服务供给体系的发展与改革［J］. 北京工业大学学报 (社会科学版), 2019, 19 (5): 25 – 35.

［136］魏华林, 黄余莉. 我国寿险营销方式转变研究［J］. 保险研究, 2012 (4): 72 – 78.

［137］魏玲丽. 生态农业与农业生态旅游产业链建设研究［J］. 农村经济, 2015 (10): 84 – 88.

［138］魏紫, 姜朋, 王海红. 小型微利企业所得税优惠政策经济效应的实证分析［J］. 财政研究, 2018 (11): 96 – 106.

［139］温暖. 多元共治: 乡村振兴背景下的农村生态环境治理［J］. 云南民族大学学报 (哲学社会科学版), 2021, 38 (3): 115 – 120.

［140］温涛, 王煜宇. 改革开放 40 周年中国农村金融制度的演进逻辑与未来展望［J］. 农业技术经济, 2018 (1): 24 – 31.

［141］文魁, 徐则荣. 制度创新理论的生成与发展［J］. 当代经济研究, 2013 (7): 52 – 56.

［142］西南财经大学发展研究院、环保部环境与经济政策研究中心课题组, 绿色金融与可持续发展［J］. 金融论坛, 2015, 20 (10): 30 – 40.

［143］肖望喜, 陶建平. 政策性农业保险如何助力乡村振兴［J］. 人民论坛, 2019 (18): 92 – 93.

［144］肖忠意, 林琳, 陈志英, 等. 财务柔性能力与中国上市公司持续性创新——兼论协调创新效应与自适应效应［J］. 统计研究, 2020, 37 (5): 82 – 93.

［145］谢地, 李梓旗. "三权分置"背景下农村土地规模经营与服务规模经营协调性研究［J］. 经济家, 2021 (6): 121 – 128.

［146］熊文, 王轶, 李朝鲜. 乡村振兴战略下失地农民与未失地居民社

会保障水平的比较研究 [J]. 统计与信息论坛，2021，36（4）：104 - 117.

[147] 修永春. 区块链技术推动保险创新的路径研究 [J]. 人民论坛，2019（36）：100 - 101.

[148] 徐凤辉. 社保体系财政支出与商业保险替代效应研究——基于人口老龄化视角 [J]. 中央财经大学学报，2018（8）：14 - 24.

[149] 徐浩，冯涛. 制度环境优化有助于推动技术创新吗？——基于中国省际动态空间面板的经验分析 [J]. 财经研究，2018，44（4）：47 - 61.

[150] 徐琴. 乡村振兴背景下农民主体性建设的自组织路径研究 [J]. 内蒙古社会科学（汉文版），2021，42（1）：20 - 28.

[151] 徐婷婷，陈先洁. 农村普惠保险减贫的机制及空间效应研究 [J]. 保险研究，2021（1）：3 - 21.

[152] 徐晓慧. 科技保险支持企业自主创新问题与对策研究 [J]. 科学管理研究，2011，29（4）：109 - 112.

[153] 徐勇. 乡村文化振兴与文化供给侧改革 [J]. 东南学术，2018（5）：132 - 137.

[154] 许丹. 中国农村公共文化服务制度创新动力分析——基于理性选择制度主义的考察 [J]. 行政论坛，2021（2）：90 - 98.

[155] 许飞琼. 中国保险业人才战略：现状、目标与关键措施 [J]. 保险研究，2011（12）：108 - 112.

[156] 许梦博，陈楠楠. 我国农业保险发展的深层矛盾、转型契机与改革取向 [J]. 求是学刊，2021，48（2）：80 - 89.

[157] 许梦博，王明赫，李新光. 乡村振兴背景下农业保险发展面临的机遇、挑战与改革路径——以吉林省为例 [J]. 经济纵横，2018（8）：121 - 128.

[158] 许闲. 区块链与保险创新：机制、前景与挑战 [J]. 保险研究，2017（5）：43 - 52.

[159] 许秀川，张卫国，刘新元. 农民工养老保险参与决策：一个 OLG 模型的考察 [J]. 华中农业大学学报（社会科学版），2018（1）：88 - 98，160.

[160] 杨帆，梁伊馨. 职业化发展：民族地区乡村振兴的人才困境与路

径选择 [J]. 民族学刊, 2021, 12 (4): 25 - 32, 113.

[161] 杨风寿, 沈默. 社会保障水平与城乡收入差距的关系研究 [J].
宏观经济研究, 2016 (5): 61 - 72.

[162] 姚树荣, 周诗雨. 乡村振兴的共建共治共享路径研究 [J]. 中国
农村经济, 2020 (2): 14 - 29.

[163] 于法稳. 乡村振兴战略下农村人居环境整治 [J]. 中国特色社会
主义研究, 2019 (2): 80 - 85.

[164] 约瑟夫·熊彼特 (Joseph Alois Schumpeter). 资本主义、社会主
义与民主 [M]. 北京: 商务印书馆, 1999.

[165] 翟坤周. 新发展格局下乡村"产业—生态"协同振兴进路——
基于县域治理分析框架 [J]. 理论与改革, 2021 (3): 40 - 55.

[166] 詹新宇, 苗真子. 地方财政压力的经济发展质量效应——来自中
国 282 个地级市面板数据的经验证据 [J]. 财政研究, 2019 (6): 57 - 71.

[167] 张灿强, 付饶. 基于生态系统服务的乡村生态振兴目标设定与实
现路径 [J]. 农村经济, 2020 (12): 42 - 48.

[168] 张栋浩, 蒋佳融. 普惠保险如何作用于农村反贫困长效机制建
设?——基于贫困脆弱性的研究 [J]. 保险研究, 2021 (4): 24 - 42.

[169] 张峰, 邱玮. 探索式和开发式市场创新的作用机理及其平衡
[J]. 管理科学, 2013, 26 (1): 1 - 13.

[170] 张国林, 何丽. 土地确权与农民财产性收入增长 [J]. 改革,
2021 (3): 121 - 133.

[171] 张国志, 刘慧, 卢凤君, 等. 我国保险资金投资种业的路径及机
制研究 [J]. 农业经济问题, 2017, 38 (1): 48 - 56, 111.

[172] 张海军. 我国农业保险高质量发展的内涵与推进路径 [J]. 保险
研究, 2019 (12): 3 - 9.

[173] 张海鹏, 郜亮亮, 闫坤. 乡村振兴战略思想的理论渊源、主要创
新和实现路径 [J]. 中国农村经济, 2018 (11): 2 - 16.

[174] 张建, 徐景峰, 康凯. 基于多重均衡模型的农业保险精准扶贫效
果研究 [J]. 现代财经, 2020, 40 (7): 44 - 53.

［175］张军发 . 农村信用体系建设探析——基于平凉市"三信"建设的实践［J］. 山西财经大学学报，2017，39（S2）：41 – 45.

［176］张立勇 . 发达国家保险资金运用主要做法中国化的思考［J］. 保险研究，2012（8）：89 – 94.

［177］张林，温涛 . 农村金融发展的现实困境、模式创新与政策协同——基于产业融合视角［J］. 财经问题研究，2019（2）：53 – 62.

［178］张晓山 . 农业保险制度创新研究——基于福建龙岩"三农"综合保险模式的案例分析［J］. 河北学刊，2015，35（5）：100 – 106.

［179］张蘡 . 农民分化与农村阶层关系的东中西差异［J］. 甘肃社会科学，2020（1）：38 – 45.

［180］张照新，吴天龙 . 培育社会组织推进"以农民为中心"的乡村振兴战略［J］. 经济纵横，2019（1）：29 – 35.

［181］张志胜 . 多元共治：乡村振兴战略视域下的农村生态环境治理创新模式［J］. 重庆大学学报（社会科学版），2020，26（1）：201 – 210.

［182］赵佳，姜长云 . 农民专业合作社的经营方式转变与组织制度创新：皖省例证［J］. 改革，2013（1）：82 – 92.

［183］赵尚梅，李勇，庞玉锋 . 保险业对经济增长贡献的理论模型与实证检验［J］. 保险研究，2009（1）：51 – 56.

［184］赵晓峰，任雨薇，杨轩宇 . 资本下乡与农地流转秩序的再造［J］. 北京工业大学学报（社会科学版），2021，21（5）：30 – 38.

［185］赵昕东，李翔 . 教育与健康人力资本对劳动生产率的影响［J］. 社会科学战线，2020（5）：53 – 60.

［186］郑时彦，王志章 . 我国社会保障减缓主观贫困的实证研究——基于倾向得分匹配方法的检验［J］. 西南大学学报（社会科学版），2021，47（3）：112 – 126，221.

［187］支燕 . 我国寿险业的效率研究［J］. 经济理论与经济管理，2009（6）：59 – 64.

［188］钟水映，李强谊，肖攀 . 我国保险业发展水平的地区差异及其分布动态演进［J］. 保险研究，2016（3）：3 – 17.

［189］周爱玲．农业保险何以助力乡村振兴［J］．人民论坛，2018（33）：82－83．

［190］周灿，欧阳挥义．开拓我国农村寿险市场实现寿险业的可持续发展［J］．经济纵横，2008（5）：82－84．

［191］周华林，郭金龙．中国寿险产品供给及其影响因素分析［J］．保险研究，2012（11）：62－74．

［192］周建伦，刘飞．我国区域经济发展水平的动态综合评价［J］．西安交通大学学报（社会科学版），2008，28（5）：9－15．

［193］周京奎，王文波，等．农地流转、职业分层与减贫效应［J］．经济研究，2020，55（6）：155－171．

［194］周伍阳．生态振兴：民族地区巩固拓展脱贫攻坚成果的绿色路径［J］．云南民族大学学报（哲学社会科学版），2021（9）：1－6．

［195］周兴云，刘金石．我国区域绿色金融发展的举措、问题与对策——基于省级政策分析的视角［J］．农村经济，2016（1）：103－107．

［196］朱铭来，房予铮．基于投资视角的我国寿险需求实证研究［J］．南开经济研究，2008（5）：80－95．

［197］朱铭来，乔丽丽．家庭人力资本投资与商业保险保障［J］．财经论丛，2019（5）：42－52．

［198］朱天义，张立荣．乡村振兴背景下基层政府培育农业产业的组织机制［J］．西南民族大学学报（人文社会科学版），2020，41（8）：190－200．

［199］卓志．扎根中国大地，创新保险理论——写在《保险研究》创刊四十周年［J］．保险研究，2020（10）：3－19．

［200］卓志．中国保险文化自觉的培育与生成［J］．保险研究，2012（10）：3－7．

［201］左停，苏青松．农村组织创新：脱贫攻坚的经验与对乡村振兴的启示［J］．求索，2020（4）：99－105．

［202］Assa H, Hossein S, Andrew L. An Examination of the Role of Price Insurance Products in Stimulating Investment in Agriculture Supply Chains for Sustained Productivity［J］. European Journal of Operational Research, 2021, 288

（3）：918 - 934.

［203］Barker A R. Effect of Population Size on Rural Health Insurance Premiums in the Federal Employees Health Benefits Program ［J］. Health Affairs, 2019, 38（12）：2041 - 2047.

［204］Beck T, Ian W. Economic, Demographic, and Institutional Determinants of Life Insurance Consumption across Countries ［J］. World Bank Economic Review, 2003, 17（1）：51 - 88.

［205］Bellettini G, Ceroni C B. Social Security Expenditure and Economic Growth: An Empirical Assessment ［J］. Research in Economics, 2000, 54（3）：249 - 275.

［206］Cao S Q, Liu H J, Xu X. Insur Tech Development: Evidence from Chinese Media Reports ［J］. Technological Forecasting and Social Change, 2020, 161（5）：239 - 254.

［207］Carter Charles. Induced Innovation. Technology, Institutions, and Development ［J］. The Economic Journal, 1979, 89（354）：437 - 439.

［208］Chen X W. The Core of China's Rural Revitalization: Exerting the Functions of Rural Area ［J］. China Agricultural Economic Review, 2020, 12（1）：1 - 12.

［209］Chunliu G, Li C, Javed I, et al. An Integrated Rural Development Mode Based on a Tourism - Oriented Approach: Exploring the Beautiful Village Project in China ［J］. Sustainability, 2019, 11（14）：3890 - 3890.

［210］Clemente G P, Pierpaolo M. The Broker Model for Peer - To - peer Insurance: An Analysis of Its Value ［J］. The Geneva Papers on Risk and Insurance - Issues and Practice, 2020, 45（2）：457 - 481.

［211］Dafny L S, Hendel L, Marone V, et al. Narrow Networks on the Health Insurance Marketplaces: Prevalence, Pricing, and the Cost of Network Breadth. ［J］. Health Affairs（Project Hope）, 2017, 36（9）：1606 - 1614.

［212］Davis L, North D. Institutional Change and American Economic Growth: A First Step Towards a Theory of Institutional Innovation ［J］. The Journal of Economic History, 1970, 30 (1): 131 – 149.

[213] Emanuel S, Christian D, Falk U. Exploring Characteristics and Trans-formational Capabilities of Insurrect Innovations to Understand Insurance Value Cre-ation in a Digital World [J]. Electronic Markets, 2018, 28 (3): 287 – 305.

[214] Fan H L, Yan Q Y, Liu S C, et al. Childhood Nutrition in Rural China: What Impact Does Public Health Insurance Have? [J]. Value in Health, 2021, 24 (3): 317 – 324.

[215] Gao J, Wu B H. Revitalizing Traditional Villages through Rural Tourism: A Case Study of Yuanjia Village, Shaanxi Province, China [J]. Tourism Manage-ment, 2017, 6 (63): 223 – 233.

[216] Gao L Y, Wang X L. Healthcare Supply Chain Network Coordination Through Medical Insurance Strategies with Reference Price Effect [J]. Interna-tional Journal of Environmental Research and Public Health, 2019, 16 (18): 1 – 23.

[217] GARREC G L. Social Security, Income Inequality and Growth [J]. Journal of Pension Economics and Finance, 2011, 11 (1): 53 – 70.

[218] Gonzalez R, Llopi J, Gasco J. Information Technology Outsourcing in Fi-nancial Services [J]. Service Industries Journal, 2013, 33 (9 – 10): 909 – 924.

[219] Green C, Hollingsworth B, Yang M. The Impact of Social Health In-surance on Rural Populations [J]. The European Journal of Health Economics, 2021 (4): 1 – 11.

[220] Grossman M. On the Concept of Heath Care and the Demand for Halth [J]. Journal of Political Economy, 1972, 80 (2): 223 – 255.

[221] Hongsoo K, Soonman K. A Decade of Public Long – Term Care Insur-ance in South Korea: Policy lessons for aging countries [J]. Health Policy, 2021, 125 (1): 22 – 26.

[222] Hu L. The Effect of the New Rural Social Pension Insurance program on the Retirement and Labor Supply Decision in China [J]. The Journal of the Economics of Ageing, 2018, 12 (3): 135 – 150.

［223］Huang X, Wu B. Impact of Urban – Rural Health Insurance Integration on Health Care: Evidence from Rural China ［J］. China Economic Review, 2020, 64（2）: 101543.

［224］Insa K, Reeves A. From Social Security to State – Sanctioned Insecurity: How Welfare Reform Mimics the Commoditization of Labour through Greater State Intervention ［J］. Economy and Society, 2021, 50（3）: 448 – 470.

［225］Jeffrey T T, Jennifer L W, Larry Y T. On the Optimal Product Mix in Life Insurance Companies Using Conditional Value at Risk ［J］. Insurance Mathematics & Economics, 2019, 46（1）: 235 – 241.

［226］Jiayue W, Liangjie X, Yahui W. How Farmers' Non – Agricultural Employment Affects Rural Land Circulation in China? ［J］. Journal of Geographical Sciences, 2020, 30（6）: 378 – 400.

［227］Li J, Liu Y S, Yang Y Y, et al. County – Rural Revitalization Spatial Differences and Model Optimization in Miyun District of Beijing – Tianjin – Hebei Region ［J］. Journal of Rural Studies, 2019, 86（2）: 724 – 734.

［228］Liu J Y. Development Research on Rural Human Resources under Urban – rural Integration ［J］. Biotechnology and Applied Microbiology, 2017, 28（3）: 2974 – 2978.

［229］Liu Y S, Zang Y Z, Yang Y Y. China's Rural Revitalization and Development: Theory, Technology and Management ［J］. Journal of Geographical Sciences, 2020, 30（12）: 1923 – 1942.

［230］Lu S S, Zhou Y, Sun H S, et al. Examining the Influencing Factors of Forest Health, Its Implications on Rural Revitalization: A Case Study of Five Forest Farms in Beijing ［J］. Land Use Policy, 2021, 102（10）: 52 – 65.

［231］Lu W M, Wang W K, Kweh Q L. Intellectual Capital and Performance in the Chinese Life Insurance Industry ［J］. Omega – international Journal of Management Science, 2014, 42（1）: 65 – 74.

［232］Munge K, Mulupi S, Barasa E, et al. A Critical Analysis of Purchasing Arrangements in Kenya: The Case of Micro Health Insurance ［J］. BMC

Health Services Research, 2019, 19 (1): 45.

[233] Nagy, B Z; Alt, M A, Saplacan Z. How Do Loss Aversion and Technology Acceptance Affect Life Insurance Demand? [J]. Applied Economics Letters, 2020, 27 (12): 977 –981.

[234] Namin A T, Vahab V, Catherine D, et al. Adoption of New Medical Technologies: The effects of Insurance Coverage vs Continuing Medical Education [J]. Health Policy and Technology, 2020, 9 (1): 39 –41.

[235] Nobanee H. A Bibliometric Review of Big Data in Finance [J]. Big Data, 2021, 9 (2): 73 –78.

[236] Peng J Q, Chen J, Liu W J. Will Land Circulation Sway "Grain Orientation"? The Impact of Rural Land Circulation on Rarmers' Agricultural Planting Structures [J]. Plos One, 2021, 16 (6): 866 –879.

[237] Qin X F, Li Y R, Lu Z, et al. What Makes Better Village Economic Development in Traditional Agricultural Areas of China? Evidence from 338 Villages [J]. Habitat International, 2020, 106 (10): 278 –286.

[238] Seth F, Haizhen L, Kosali S. Public Health Insurance Expansions and Hospital Technology Adoption [J]. Journal of Public Economics, 2015, 121 (1): 117 –131.

[239] Shen B Q, Guo J Z, Yang Y L. MedChain: Efficient Healthcare Data Sharing via Blockchain [J]. Applied Sciences, 2019, 9 (6): 1 –23.

[240] Steven G. How Do Politicians Save? Buffer – Stock Management of Unemployment Insurance Finance [J]. Journal of Urban Economics, 2016, 93 (2): 18 –29.

[241] Tan M J, Yan X T, Feng W L. The Mechanism and Empirical Study of Village Rules in Rural Revitalization and Ecological Governance [J]. Revista de Cercetare si Interventie Sociala, 2019, 12 (64): 276 –299.

[242] Tao Y, Wu Y H, Barry J. B, et al. Area Yield Index Insurance or Farm Yield Crop Insurance? Chinese Perspectives on Farmers' Welfare and Government Subsidy Effectiveness [J]. Journal of Agricultural Economics, 2020, 71

(1): 144 - 164.

[243] Tian P, Lin B Q. Impact of Financing Constraints on Firm's Environmental Performance: Evidence from China with Survey Data [J]. Journal of Cleaner Production, 2019, 217 (9): 432 - 439.

[244] Tobin D. Economic Liberalization, the Changing Role of the State and "Wagner's Law": China's Development Experience since 1978 [J]. World Development, 2005, 33 (5): 729 - 743.

[245] Wu, Z L, Li B, et al. Coupled Relationship between Rural Livelihoods and the Environment at a Village Scale: A Case Study in the Mongolian Plateau [J]. Land, 2020, 9 (2): 338 - 352.

[246] Xu Y A, Zhao Y X, Sui P, et al. Emergy - Based Evaluation on the Systemic Sustainability of Rural Ecosystem under China Poverty Alleviation and Rural Revitalization: A Case of the Village in North China [J]. Energies, 2021, 14 (13): 1 - 16.

[247] Yu J K, Yu J. Evolution of Mari culture Insurance Policies in China: Review, Challenges, and Recommendations [J]. Reviews in Fisheries Science & Aquaculture, 2020, 29 (4): 566 - 581.

[248] YU L R, LI X Y. The Effects of Social Security Expenditure on Reducing Income Inequality and Rural Poverty in China [J]. Journal of Integrative Agriculture, 2021, 20 (4): 1060 - 1067.

[249] Yuan Z G, Yang Z, Yan S L. The Inequality of Educational Resources and Its Countermeasures for Rural Revitalization in Southwest China [J]. Journal of Mountain Science, 2020, 17 (2): 304 - 315.

[250] Zhang D S, Gao W, Lv Y Q. The Triple Logic and Choice Strategy of Rural Revitalization in the 70 Years since the Founding of the People's Republic of China, Based on the Perspective of Historical Evolution [J]. Agriculture - Basel, 2020, 10 (4): 1 - 19.

[251] Zhang Y C, Westlund H, Klaesson J . Report from a Chinese Village 2019: Rural Homestead Transfer and Rural Vitalization [J]. Sustainability, 2020,

12 (20): 30 – 52.

[252] Zhang Y Y, Ju G W, Zhan J T. Farmers Using Insurance and Cooperatives to Manage Agricultural Risks: A Case Study of the Swine Industry in China [J]. Journal of Integrative Agriculture, 2019, 18 (12): 2910 – 2918.

[253] Zhao X, et al. Optimization Problem of Insurance Investment Based on Spectral Risk Measure and RAROC Criterion [J]. Mathematical Problems in Engineering, 2018, 2 (18): 1 – 7.